앞으로 10년, 대한민국 골든타임

앞으로 10년, 대한민국 골든타임

ⓒ김경집 2017

초판 1쇄 발행일 2017년 3월 24일
초판 4쇄 발행일 2018년 8월 7일

지 은 이 김경집

출판책임 박성규
편   집 박세중 · 남은재
디 자 인 조미경 · 김원중
마 케 팅 나다연 · 이광호
경영지원 김은주 · 장경선
제작지원 구법모
물류지원 엄철용

펴 낸 곳 도서출판 들녘
펴 낸 이 이정원
등록일자 1987년 12월 12일
등록번호 10-156
주   소 경기도 파주시 회동길 198
전   화 마케팅 031-955-7374 편집 031-955-7381
팩시밀리 031-955-7393
홈페이지 www.ddd21.co.kr

I S B N 979-11-5925-240-2 (03300)

값은 뒤표지에 있습니다. 잘못된 책은 구입하신 곳에서 바꿔드립니다.

「이 도서의 국립중앙도서관 출판예정도서목록(CIP)은 서지정보유통지원시스템 홈페이지(http://seoji.nl.go.
kr)와 국가자료공동목록시스템(http://www.nl.go.kr/kolisnet)에서 이용하실 수 있습니다.(CIP제어번호:
CIP2017006718)」

앞으로 10년, 대한민국 골든타임

가만히 있으면 망한다

김경집

들녘

새로운
세상을 위하여

누구나 행복을 꿈꾼다. 그러나 어떤 이는 힘겹게 일하느라 꿈을 꿀 시간이 없고, 어떤 이는 꿈을 품을 여력이 없으며, 또 어떤 이는 어쩔 수 없이 일찍 꿈을 포기한다. 생물학적으로는 살아 있지만 존재론적으로나 가치론적으로는 과연 살아있는 것인지 알 수 없다. 불행히도 이런 현실이 우리의 자화상이다. 너무 비관적으로 보는 것 아니냐고 타박할 수도 있을 것이다. 인정한다. 그러나 21세기 들어 우리는 이미 십 수 년을 헛되이 보냈을 뿐 아니라 끔찍하고도 태연하게 과거로 퇴행했다. 누굴 탓할 일이 아니다. 우리 모두가 저지른, 또는 방관했던 것의 부끄러운 결과이니.

그러는 사이 가장 행복하고 희망에 부풀어야 하며 건강해야 할 우리의 젊은이들은 불행을 원망하고 절망을 학습하며 심신은 피폐해지고 있다. 끝내 매일 7명의 청년들이 자살한다. 정치는 민주주의를 성장시키기고 진화하기는커녕 오히려 지난 10년 동안 거의 만신창이의 상태로 망가졌고, 정의는 우롱되었으며, 악이 선을 유린하는 지경에 이르렀다. 더 이상 이런 퇴행을 방치해서는 안 된다.

어떻게 21세기를 살아야 할 것인가. 무엇보다, 이 세기를 살아갈 주역들은 어떤 삶을 누려야 하겠는가. 절망이 아닌 희망, 체념이 아닌 의지, 분노보다는 열정으로 살아야 하지 않겠는가. 그러나 현실은 어떠한가. 나만 아니면 된다는 비겁이, 내 이익에 부합하기만 하면 악마와도 손을 잡을 수 있다는 탐욕이, 내 신념과 어긋나면 격렬하게 적으로 몰아대는 천박이 우리 사회를 옭아매고 있지 않은가. 여기에는 어떤 식으로든 우리 모두 책임이 있다. 이 책은 바로 그 점에서 시작한다.

건강한 미래로 진입하려면 우선 진영의 논리를 벗어나야 한다. 물론 누구나 나름의 신념과 의지, 그리고 인생관과 세계관에 따라 판단하고 행동한다. 이는 서로가 달라도 인정되어야 할 상대적 가치들이다. 하지만 일단 진영의 틀에 갇히는 순간, 이런 가치들은 터무니 없는 이념 논리로 공격당하고 훼손된다. 이 부박한 현실이 교정되지 않는 한 우리 사회는 한 발짝도 앞으로 나아갈 수 없다. 이는 정치적 논쟁의 문제가 아니다. 우리의 미래 생존의 문제고, 다음 세대에 대한 책무다. 21세기다. 이념의 갈등으로 분열하고 붕괴할 게 아니라 미래가치로 대결하고 실천의 당위를 따져야 할 중요한 시기다.

나는 이 책을 민주주의와 정의가 더 이상 망가지고 퇴행하지 않아야 한다는 의제에서 출발한다. 그러나 의도적으로 정치나 경제의 거대 담론 구조를 피했다. 두 가지 이유 때문이다. 첫째, 정치 비판이나 경제 논쟁은 이미 많은 학자들이 제시했기 때문에 내가 더 보태지 않는 게 낫다 여겼기 때문이다. 몰라서 안 하는 게 아니라 막상 개인과 공동체가 실천하기에는 선언적이고 복잡하거나 관념적이어서 결국 공허한 외침이 되는 것을 너무 많이 봤다. 민주주의는 우리 사회가 당연히 구현하고 누려야 하는 가장 기본적 요건임에도 너무나 쉽게 무시되고 억압되었다. 그걸 방치한 것은 "공부하지 않아서 생긴 맹목" 때문이었고,

그것을 부추긴 것은 "배운 자들이 자신의 이익에만 몰두한 부역질" 때문이었다. 이제 그 악순환의 고리를 끊어야 한다. 그렇지 않으면 더 이상 대한민국에 희망이 없다.

둘째, 민주주의의 정치체제 문제는 굳이 언급하지 않아도 기본적 이해는 이미 마련되었다고 본다. 정치적 실천은 남의 몫으로 돌리면서도 정치에 대한 시시비비는 우리의 일상 대화 목록에서 늘 우선순위를 차지한다. 이제는 그런 소극적이고 방관자적인 논객의 자세를 벗어나, 실제 우리가 일상에서 실천할 수 있는 가치를 찾아내고 함께 고민하며 미래의제를 풀어낼 실마리들을 찾아내야 한다고 나는 믿는다.

지난 세기가 철저하게 수직사회였다면 새로운 세기는 최대한 수평사회로 전환해야 하는 것이 시대정신이고 미래의제의 바탕이다. 그러나 불행히도 우리는 수직사회 속에서 자랐고 배웠으며 그렇게 살아왔다. 그런 가운데 수직사회가 초래한 삶의 부조리를 직접 체험했고, 수평사회에 대한 희구를 어느 정도 갖게 되었다. 그러나 수평사회 지향은 말로만 머릿속으로만 외칠 뿐 구체적인 고민과 실천은 동반되지 않았다. 아니, 오히려 중요한 정치적 결정 앞에서는 서슴없이 퇴행을 선택했다. 그것도 자발적으로. 지난 두 차례의 대선이 그러했다.

경제가 어렵다. 미래 전망도 밝지 않다. 지금까지 성장해온 밑돌이던 적당한 지원(그게 노골적으로 정경유착으로 굳어지는 못된 관행이 지금 오히려 더 심화된 것은 그래서 치명적이다)과 과다한 노동의 희생으로는 더 이상 이 위기를 이겨낼 수 없다. Fast-moving사회에서 성장하고 성공했던 추억을 버리고 First-moving사회로 완전하게 전환해야 한다. 그러기 위해서는 위에서부터 아래까지 모든 조직이 온전한 수평사회로 전환하고 진화해야 한다. 이렇게 미래가치가 창출되어야 제대로 된 일자리도 생기고 시민들의 삶도 개선된다. 다음 세대는 더 나은 경제 환경을 제공받을 권리가 있다. 무엇보다 경영자들, 특히 이사급 이상 경영자들의 사고 전환과 민주적 조직으로의 완전한 개편은 필수적이다. 아무리 아래의 조직이 수평적으로 변화해도 위에서 막으면 무용지물이다.

수평사회를 실현하기 위한 가장 기본적이고 필수적인 조건은 다름 아닌 민주주의다. 민주주의 가치는 진보든 보수든 감히 거스를 수 없는 절대적 의제다. 나는 2015년에 『고장난 저울』에서 이 문제를 다뤘다. 이 책은 그것의 연속편이다. 그러나 지난 번 책이 분석과 비판이었다면 이 책은 대안과 실천을 다뤘다.

나는 이 책을 크게 일곱 개 장으로 나눴다. 1장과 2장은 전체적인 성찰을 통해 시대정신과 미래의제에 대해 함께 사고하자는 것, 3장과 4장은 21세기를 살아가기 위해 필수적인 수평사회의 당위성과 미래가치를 도출할 수 있는 사고의 전환을 다룬다. 그리고 5장에서 7장은 세대, 교육, 문화 등에서 소소한 듯하지만 우리가 생각만 바꾸면, 그리고 마음만 먹으면 언제든 함께 고민하고 토론하며 실천의제로 만들 수 있는 것들을 다뤘다. 제도의 개선도 중요하지만 그보다 더 중요한 것은 사고와 사상의 진화다. 그리고 그것은 '생각하는 방식'을 바꾸고 확장함으로써 가능하다는 것을 제시하고자 한다.

이 책의 후반부는 체계적인 이론을 토대로 서술한 게 아니라 몇 개의 '점'을 제안하는 방식을 취했다. 그러나 그냥 던지는 게 아니다. '그 점들을 이어서' 그 사이에 있을 수 있는 다른 수많은 가능성들을 각자가 찾아보고 서로 제안하고 논의해서 실현가능한 사회적 의제와 미래가치를 도출할 수 있도록 하는 방식이다. 얼핏 보면 약간 뜬금없고 연결성이 없는, 단편적 나열처럼 보일지 모르겠지만 나로서는 더 많은 상상과 창조의 가능성을 열어두고자 했다는 점만은 분명히 밝힌다. 또한 앞의 명제들은 묵직한데 뒤로 갈수록 가볍게 느껴질 수도 있을 것이다.

그것은 용의 머리에 뱀의 꼬리의 형국이 아니라 '의제와 실천가능성'의 고리를 추구했기 때문이다. 그 판단은 물론 독자들의 몫이고 책임은 전적으로 글쓴 나의 몫이다.

앞으로의 10년은 대한민국의 미래를 가늠할 중요한 시기다. 그야말로 절체절명의 골든타임이다. 이미 지난 10년을 어리석게 허비했다. 그러므로 그 퇴행의 몫까지 더해 20년의 발전을 마련해야 한다. 세상이 변하고 있다. 대한민국도 변해야 한다. 그러기 위해서는 우리의 생각이 바뀌어야 한다. 무엇보다 청년들이 살아갈 멋진 대한민국의 토대를 다시 마련해야 한다. 우리에게 주어진 시간이 별로 없다. 생각을 바꾸면 '10년 후 대한민국'이 바뀔 수 있다. 건강하고 정의로운 세상, 민주주의 대한민국, 공정하고 당당한 경제발전 등의 과제가 우리 앞에 놓여 있다.

거친 글을 꼼꼼하게 읽고 날카로운 비평과 대안을 깨우쳐준 고마운 벗 이승희와 다른 출판사에서 펴낼 책인데도 오래 읽고 좋은 아이디어와 격려를 아끼지 않은 동아시아출판사의 한성봉 대표께 특별한 감사를 전한다. 원고를 읽고 통찰력을 주신 미래학자 김건주 목사님께도 고마움을 간직한다. 그분들의 깊은 사랑은 두고두고 갚을 빚이다.

어려운 출판 현실에서 기꺼이 작업실을 내주고 전심으로 응원해준 들녘출판사의 '부처님 같은' 이정원 대표와 이 책의 출간을 관장해준 박성규 주간께 특별한 감사를 전한다. 이 책은 전적으로 그분들의 후원 덕분에 가능했다. 미래를 살아갈 후배 청춘들에게 응원을 보낸다.

2017년 정월, 새로운 시대를 바라보며
파주의 작업실에서,
김경집

차례

1장   현재는 미래의 과거다

2장   10년 후 대한민국을 위하여: 걸림돌인가 디딤돌인가

1

현재는
미래의 과거다

여전히 20세기에 갇힌 대한민국

우리의 미래는 어떤 빛깔일까? 장밋빛일까, 잿빛일까? 당연히 우리가
살아가는 시간은 과거가 아닌 미래를 향한 시간이다. 무엇보다 다음
세대가 살아가야 할 시간이다. 어느 누가 과거에 매어 살까만 불행히도
지금 우리 상당수는 그렇게 살고 있지 않은지 두렵다. 왜 과거에 매달
려 사는가? 누구나 자신의 경험에 의존해서 산다. 그건 어쩔 수 없다.
그러나 그것만으로 변명되지는 않는다. 이 문제를 먼저 철저하게 성찰
해야 할 것이다.

　지난 20세기는 '속도와 효율'로만 유지된 시대였다. 전반부는 전 세
계가 전쟁에 휩싸였다. 전쟁은 오로지 속도와 효율로 채워진다. 인격,
도덕성, 연대감, 창의성 따위는 끼여들 여지가 없다. 제2차 세계대전이
끝난 뒤에도 그런 가치들은 회복되지 않았다. 전 세계가 대량생산 대량
소비의 산업화 흐름을 따랐다. 19세기의 산업화는 산업혁명을 주도한
몇 개 나라에 국한되었지만 20세기 중반 이후의 세계는 산업화의 혜택

을 더 많은 나라가 어느 정도는 두루 소비할 수 있는 구조로 발전했다. 전쟁의 질곡에서 벗어나 억눌렸던 욕망이 분출되었으니 산업화는 그 탈출구 역할을 했다.

대한민국은 1960년대 중반에 이르러서야 산업화의 길을 걷기 시작했다. 해방되었을 때 개인소득은 100달러를 밑돌았다. 최빈국의 하나였다. 자원도 자본도 없는, 그야말로 백수공권의 국가였다. 가진 거라곤 사람뿐이었다. 다행히 교육열이 높았다. 양질의 노동력이 싼값에 공급되는 것 말고는 다른 방도가 없었다. 식민지의 고단함을 경험한 한국인들에게 질곡에서 벗어날 유일한 방법은 교육이었다. 해방 이후에도 변한 것은 없었다. 그래도 교육의 기회는 식민지 시절에 비하면 나았다. 가난하고 힘없이 사는 까닭은 제대로 배우지 못하였기 때문이라고 여긴 부모들은 무슨 수를 써서라도 자녀의 교육에 매달렸다. 12남매를 뒀어도 초등학교(당시 국민학교)는 어떤 수를 쓰든 보내려고 했다. 아주 작은 돈에 불과한 월사금(육성회비, 기성회비 등으로 이름이 바뀐)조차 내지 못해서 아이가 집으로 쫓겨나도 다음 날 어김없이 학교에 보냈다. 지금도 가난한 나라의 부모들이 아이를 학교에 보내지도 않는 것과는 뚜렷하게 대조적일 만큼 우리 부모들은 교육에 대한 열의가 대단히 강했다. 그게 양질의 노동력의 바탕을 마련했다.

산업화시대는 쿠데타로 정권을 탈취한 군부세력에 의해 본격화되었다. 1963년 대한민국의 1인당 국민소득은 고작 87달러였다. 당시 필리핀은 220달러로 우리의 3배에 가까웠다. 최빈국 대한민국은 산업화와 경제발전에 올인했다. 1965년 굴욕적인 한일협정(당시에 졸속적으로 맺은 협정은 21세기까지 발목을 잡고 있다. 예를 들어 '강제적 성 노예'(위안부) 문제도 일본은 당시 협정으로 다 청산했다는 근거로 어깃장을 놓고 있다. 그리고 박근혜 정부는 고작 10억 엔의 돈에 덜컥 그 문제를 끝냈다. 앞으로 두고두고 발목을 잡을 것인데)을 통해 마련한 자본을 토대로 수출 주도의 산업화를 택했다. 그건 불가피한 선택이었다. 내수 시장이 미흡한 상태에서 산업화는 공급 과잉을 초래할 것이 뻔한 노릇이었다. 수출로 외환을 벌어야할 필요가 있었다. 그렇게 수출이 대한민국의 젖줄이 되었다.

뒤늦게 산업화에 뛰어든 대한민국이 30여 년 만에 OECD(경제협력개발기구)에 가입한 것은 그 자체로 위대한 일임에 틀림없다. 그것은 전적으로 속도와 효율의 시대에 가장 적절한 형태로 호응한 결과였다. 대한민국의 성장에는 당연히 위기도 있었다. 대외의존도가 높은 처지에서 오일쇼크는 큰 충격과 위기였다. 그 밖에도 많은 위기를 겪었다. 그러나 놀랍게도 그 위기들을 이겨냈다. 우리의 역량이 집결된 결과였다. 사실 행운도 따랐다.

바깥세상을 바라봐야

얼마 전 공자의 고향인 중국 산뚱(山東) 성 취푸(曲阜)에 다녀온 적이 있다. 거기에서 이런 질문을 던졌다. "만약 1960년대 문화대혁명이 없었다면 어떤 일이 생겼을까?" 진부한 질문이었다. 공자의 사당과 묘에 있는 많은 비석들이 홍위병들의 난동으로 파괴된 것을 나중에 수습해서 복구한 것을 보며 마음이 아파서 물었던 질문이다. 그런데 그 질문을 받은 이가 조금도 주저하지 않고 내놓은 대답은 나를 깜짝 놀라게 했다. "그랬다면 한국의 경제발전은 어려웠을 겁니다." 무슨 뚱딴지같은 소리인가. 그러나 곰곰 생각해보고는 그 말이 틀리지 않다는 걸 알았다.

1950년대부터 이어진 마오쩌둥(毛澤東)의 대약진운동의 핵심인 중공업사업은 실패로 끝났다. 중공업이라는 것은 무기 생산이었으니 인민의 삶과 직접적 관련이 없는데도 거기에만 치중하면서 농업국가인 중국에서 수천만 명이 기아에 시달리게 되자 국가주석을 사임했다. 마오의 사임 후 집권한 류사오치(劉少奇)와 덩샤오핑(鄧小平)은 상업과 공업으로 정책을 전환했다. 만약 이 정책이 성공하게 되면 마오쩌둥의 입장에서는 다시 권력을 되찾지 못할 수 있다는 조바심에 친위쿠데타로 정권을 탈취한 것이 문화대혁명이었다. 공식적으로는 1966년에 시작되어 1976년에 종결된 것이지만 이미 그 조짐은 1960년대 초반부터 시작되었다.

대약진운동이 좌절된 후 공산당 내부에서 노선이 충돌했다. 마오는 대중노선을, 실용주의자였던 류와 덩은 분야별 전문가를 우선시하면서 상공업으로 전환할 것을 주장했다. 류와 덩은 민생경제를 회복하기 위해 일부 자본주의 정책을 채용했고 이것이 효과를 거두면서 실세로 부상하자 마오는 위기의식을 느꼈던 것이다. 권력에 대한 본능적 집착과 감각을 지닌 마오는 이들을 부르주아 세력과 결탁했으며 자본주의를 따르고 있다고 비판했다. 1962년 중앙위원회 전체회의에서 마오는 계급투쟁을 강조하며 두 사람을 주자파(走資派)와 수정주의자로 몰았다. 그는 이 투쟁에 청소년들이 나서야 한다고 주장했다. 그렇게 등장한 것이 홍위병이었다.

마오의 사주에 따른 홍위병들의 난동과 이후의 문화대혁명은 중국을 정치투쟁과 숙청의 정국으로 이끌었고 류와 덩이 실각하자 그들의 상공업 정책 또한 자연히 소멸했다. 만약 이러한 갈등과 투쟁이 없었더라면 류와 덩의 정책은 상당한 성공을 거뒀을 것이다. 그런데 무기 생산과 자급자족의 농업과는 달리 상공업은 필연적으로 잉여생산을 초래했을 것이다. 그렇다면 그 잉여생산물을 어떻게 했을까? 하나를 나눠주던 것을 두 개로 배급하지는 않았을 것이다. 그렇다면 그것들을 나라 밖으로 팔아야 했을 것이다. 그 당시 대한민국의 수출품이라 해봐야 고작 가발과 보세가공무역 제품들에 불과했다. 그때 중국의 공산품들이 세계 무역시장에 나왔다면 우리의 임금 경쟁력과 제품의 품질은 어떻게 되었을까.

중국에서 문화대혁명이 없었다면 대한민국의 경제발전이 어려웠을 것이라는 주장은 바로 그러한 맥락에서 나온 것이다. 문제는 이런 생각을 나라 안에 있을 때 거의 해본 적이 없다는 점이다. 고등학교는 말할 것도 없이 대학에서 동양사(물론 중국사가 거의 다인)를 배웠을 때도 그러한 지적은 듣지 못했고 중국 취푸에서 그런 말을 듣기 전까지는 생각해본 적도 없었다. 물론 내 지식이 얕고 세상을 두루 보는 시각이 풍부하지 않기 때문에 그랬을 것이다. 하지만 아무리 그래도 이 나이에 그것도 외국에 나가서야 깨닫게 되었다는 건 나 개인적인 문제에 그치지는 않을 것이다. 이게 우리의 사고와 지식의 편향성과 편협성이라면, 더 치열한 세계화의 틀 안에서 생존해야 하는 21세기 지형을 고려할 때 매우 심각한 문제일 것이다.

국제화를 외치지만 그 내용이라는 게 그저 영어 잘하는 것에 집중되어 있을 뿐, 정작 세계사 공부에도 소홀하고(선택이 아니라 필수여야 하는데도 불구하고) 언론 매체에서도 국제 뉴스를 충분히 다루지 않는다. 심지어 우리와 경쟁하는 나라나 우리의 상품을 판매할 나라에 대해서도 그 역사와 문화 등에 대해서는 별 관심이 없다. 그 원인은 다양하겠지만 나는 그 주범이 바로 20세기 '속도와 효율'의 틀 안에서 성공했기 때문에 거기에 익숙하고 결국 거기에 함몰되었기 때문이라 생각한다. 60년대의 고도 성장기를 거쳐 오일쇼크의 충격도 극복하고 도박

과도 같았던 중화학공업으로의 전환도 성공했다. 대단한 일이다. 내적으로 큰 대가를 치렀고 내핍을 강요받았지만, 어쨌거나 다행히 성공했다.

그러나 빛이 있으면 어둠이 있는 법. 그 성공이 발목을 잡았다. 속도와 효율의 프레임이 사회 전체를 장악했다. 민주주의가 후퇴한 것도 이러한 틀 안에서 합리화되었다. 지난 산업화 시절 이른바 개발독재가 통했던 것도 속도와 효율의 프레임에서는 그게 효과적이라고 여겼기 때문이다. 모든 힘을 하나의 목표점으로 집중시켜 성과를 얻어내게 하는 방식이 통했다. 그 과정에서 개인의 자유가 제한되고 정의가 유린되며 인격이 말살되었지만 "나만 아니면 된다."는 야비함과 내 손에 쥐어지는 게 있으면 된다는 천박함이 독재에 눈감게 했다. 유신체제는 그 정점이었다. 사람들은 강제로 주입당한 사고와 이념에 순응하며 스스로를 합리화시켰다. 그렇게 민주주의는 망가졌고 대신 경제적 부를 얻었다. 하지만 그 부의 대부분은 대기업들의 차지였고 노동자들은 예전보다 살림살이는 나아졌지만 여전히 임금을 착취당했다. 어쨌거나 '예전에 비해' 나아진 현재의 안락과 부의 증대에 취했다. 그러니 통치하는 쪽이나 통치되는 쪽이나 모두 주어진 목표를 향해 내달리는 것에서 벗어나지 않았다.

그러나 지난 세기 말엽부터 세상이 변하기 시작했다. 1989년 베를린 장벽이 무너지고 독일이 통일되었다. 우리는 그것을 바라보며 대한민국이 지구상 유일하게 남은 분단국가라는 감상적 접근과 우리도 곧 통일되겠다는 막연한 기대만 품었다. 통일을 위한 구체적 대안을 마련하지도 공부하지도 않으면서 그저 감상적 접근에 그쳤다. 그 절정은 1991년에 다가왔다. 소비에트연방, 즉 소련이 마침내 해체되었다. 이 같은 세계사적 급변 앞에서 우리가 한 것이라고는 고작 마침내 공산주의에 대

해 자본주의가, 사회주의에 대해 민주주의가 승리했다고 우쭐대는 것
뿐이었다. 그것이 어떻게 세계질서를 재편하게 될지, 자본주의의 흐름
이 어떠한 방향으로 나아갈지 등에 대해서는 진지하게 성찰하지 않았
다. 우리는 자본주의(그나마도 불성실한 자본주의와 천민자본주의인 경우였
지만)에 충실했고 그 선봉에 섰으니 그 혜택도 우리가 크게 누릴 것이
라는 막연한 희망에 부풀어 있었다.

그러나 냉전의 종식은 단순한 이념과 체제 대결의 마감으로 그치지
않는다. 그것은 20세기 경쟁의 틀이 깨졌다는 신호탄이었다. 미국과 소
련의 대립으로 응집되는 냉전 체제는 속도와 효율의 경쟁 체제였다. 프
랜시스 후쿠야마가 『역사의 종말』에서 결국 민주주의와 자본주의 진영
이 승리할 것이라고 예측했던 바탕은 그 체제가 속도와 효율 경쟁에서
절대적으로 유리하다고 판단했기 때문이었다. 우리는 이후 새로이 도
래할 변화를 읽었어야 한다. 그러나 이전의 프레임에 갇혀 그것을 읽지
못했고 대비하지 않았다. 그러다 한 방에 무너진 게 1997년 외환 위기
였다. 그것은 단순히 외환 관리를 잘못한 것에 그치지 않고 기존의 틀
이 완전히 붕괴한 것을 의미한다.

97년 체제 그 이후

97년 체제는 사회 전체에 엄청난 변화를 초래했다. 금융권은 말할 것
도 없고 내로라하는 기업들도 부도 위기에 내몰렸다. 가까스로 IMF로
부터 긴급 자금을 지원 받아 버텼다. 그러나 그 대가는 혹독했다. IMF
가 요구하는 것을 아무 조건 없이 수용해야 했다. 당시 IMF의 기조는

신자유주의의 수용이었다. 그것은 승자독식의 프레임이었다. 모든 조직은 구조조정을 따라야 했다. 물론 그것은 IMF의 요구가 아니더라도 생존과 자구를 위해 필요한 것이었다. 그러나 문제는 그 대가를 노동자들과 서민들이 고스란히 떠안아야 한다는 것이었다. 물론 기업들도 출혈을 감수했다. 하지만 국소적 매각과 통폐합은 이전의 문어발식 확장에 따른 필연적 적폐의 결과였다. 금융은 이른바 메가 뱅크로 가야 한다는 명제하에 전면적 통폐합이 수반되었다. 무엇보다 금융의 붕괴를 막아야 경제 붕괴를 막을 수 있다는 절박감 때문에 거기에 우선적으로 공적자금이 투입되었다. 그건 국민들의 세금이었다.

그뿐인가. 나는 지금도 '금 모으기'의 '미담'에 대해 생각이 복잡하다. 세상 어느 나라가 필요한 외환을 위해 자기 패물을 내놓고 팔아 해결하는 나라가 있는가. '제2의 국채보상운동'의 열정으로 그리고 국가를 위해 기꺼이 개인의 희생을 감수하겠다는 순수한 마음으로 이루어진 일이다. 감동적인 일이다. 대한민국 국민의 역량과 애국심으로 보여준 드라마였다. 그러나 엄밀히 말해 그 미담에는 두 가지 함정이 있다.

하나는 국민들이 내놓은 금을 싼 값에 사서 외국에 팔아 외환으로 바꿨는데 그건 국가가 할 수 없는 일이기 때문에 몇 개의 기업들이 대행했고 그 차익은 그 기업들이 상당 부분 차지했다는 점이다. 그리고 또 다른 하나는 더욱 심각한데, 엄청난 고난을 감내해야 할 그 사태에 대해 정작 책임져야 할 자들, 즉 국가의 최고위직 관료들이나 기업의 회장을 비롯한 최고경영자들은 그대로 자리를 지키며 아무도 책임지지 않았다는 점이다. 그러면서 금 모으기의 감동적 드라마 뒤로 숨었다. 당시 환율과 유가가 6백 원대에서 2천 원 넘게 올랐으며 부동산 가격은 1/3로 폭락했다. 그런데 그들은 가지고 있는 돈으로 차익을 챙겼고 부동산을 매입하여 나중에 외환위기가 해소된 뒤에 서너 배로 오른 부동산 차액으로 다시 엄청난 이익을 챙겼다. 양극화는 이전부터 조짐이 있었지만 극심한 시작은 바로 그때부터였다. 그런데 얼렁뚱땅 넘어갔다. 그래서 지금 양극화는 갈수록 악화되는 구조적 모순이 잉태되었다.

위기의 원인은 우리 사회가 구조적 모순을 키워왔기 때문이다. 노동자들이 열심히 일하지 않아서도, 서민들이 낭비해서도 아니었다. 그러나 일단 모든 책임을 그들에게 떠넘겼다. 대량해고가 속출했고 험한 일하는 사람들은 거의 '비정규직' 혹은 '계약직'이라는 이름의 일로 내몰렸다. 기업은 '아웃소싱'이니 '다운사이징'이니 하는 것을 최대의 구조조정 목적으로 삼으면서 어렵사리 살아남은 직원들을 마저 해고했다. 이전에는 있지도 않았던 용어였다. 그러나 국가적 위기와 사회 총체적 어려움 속에서 국민들은 눈물을 머금고 그러한 폭력을 감내했다. 다만 일시적일 뿐 다시 좋아지면 일자리도 되찾고 더 나아질 것이라는 희망을 품고 견뎠다. 그러나 그것은 스무 해가 지나도 이루어지지 않은 허망한 바람일 뿐이었다. 승자독식의 프레임은 더욱더 모진 상황으로 내몰았고 이제는 젊은이들조차 꿈을 포기하고 스스로를 소멸시키는 사회로 전락했다.

대한민국은 IMF체제를 3년 만에 졸업했다. 대견한 일이다. 위대한 일이다. 그러나 나는 이 문제를 냉정하게 되돌아봐야 한다고 여긴다. 어차피 그 체제를 받아들여야만 했던 시기에 차라리 5년쯤은 이어졌어야 했다. 어깃장 놓자는 게 아니다. 3년 동안의 구조조정은 이른바 하부구조에 대한 수술뿐이었다. 하부 구조조정을 그렇게 했으면, 그래서 어느 정도 버틸 여력을 마련했으면, 그다음에는 상부 구조조정을 했어야 한다. 물론 흉내는 냈다. 하지만 상부의 인력을 약간 교체하거나 감원한 것을 두고 구조조정이라 말하는 것은 당치도 않다. 상부의 구조조정은 시스템 전체에 대한 반성적 분석과 비판을 토대로 구조적 모순을 드러내고 새로운 미래 구조로 전환하는 것이라야 한다. 그러나 과연 그렇게 했는가? 정부도 기업도 정작 그런 일에는 소홀했다. 그러면서 IMF체제 졸업만 외쳤다. 그렇게 악화된 구조적 모순이 지금까지 이어지고 있다.

대한민국에서 '자기계발서' 열풍은 고용불안정이 일반화된 97년 체제의 유산이었다. 불안하니까 그런 책들을 두루 읽었고 그 책에서 하라는 대로 따랐다. 그러나 아무리 따라 해도 삶은 조금도 나아지지 않았다. 그 이유는 자명하다. 불안과 공포의 현실은 사회의 구조적 모순 때문에 생긴 일인데 자기계발서들은 모든 것을 개인의 문제로 치환시키고 있기 때문이다. 사회의 모순을 그대로 두고서는 개인의 힘으로 개선되거나 해결될 수 있는 것은 없다. 그런데도 그런 문제에 대한 반성적 성찰은 없었고 오히려 마케팅의 측면에서만 열풍을 이어갔을 뿐이다. 이제 그러한 피상적이고 단편적인 방식은 지양해야 한다.

지난 세기가 '속도와 효율'의 프레임과 패러다임으로 작동되었다면 21세기는 어떠한 방식으로 전개될 것인가? '창조, 혁신, 융합'의 방식으로 작동된다. 그러나 안타깝게도 우리 사회는 이러한 방향으로 전개되고 있는지 의심스럽다. 선언적으로는 말하지만 구체적인 방법이나 태도의 변화는 크게 감지되지 않는다. 미래사회는 지난 세기가 수직사회였던 데에 반해 '수평사회'여야 한다. 독재적 방법까지 구사하며 오로지 속도와 효율의 방식만 추구하였던 20세기, 특히 대한민국의 개발독재 시대는 철저하게 수직적 사회였다. 그것이 어느 정도 통했다. 가뜩이나 가부장적이고 전체주의적 사고로 학습된 상황에서 그것이 대중의 저항 없이 작동되었다. 그런 사회구조에서는 집단지성의 형성이 불가능하다. 창조와 혁신 그리고 융합의 대전제는 수평적 사회구조다. 그것은 민주적 절차에 따른 토론과 자유로운 사고의 융합과 집단지성화를 통해 이루어진다. 그러므로 우리는 이전의 악습을 깨뜨려야 한다. 그래야 산다. 이건 절박한 시대정신이다.

앞으로의 10년이 우리의 미래를 결정한다

2034년을 주목해야 한다. 얼마 남지 않았다. IMF 사태가 일어난 게 1997년이다. 벌써 20여 년이 지났다. 시간은 우리의 느낌과 기대보다 훨씬 빨리 흐른다. 여유를 부릴 때가 아니다. 두려운 마음으로 그 시간을 내다보아야 할 때다. 왜 2034년인가? 지금의 상태가 지속되면 2034년 이후에는 국가채무를 갚을 수 없는 상태에 빠진다고 한다. 2015년 하반기에 국가기관인 국회의 예산정책처에서 국회에 보고한 내용이다. 다른 기관도 아닌 국가기관이 이렇게 진단하는 건 예사롭지 않다. 심하게 말하면 그건 모라토리엄의 징후가 아닌가. 그런데도 지금 우리는 그 시간이 오지 않을 것처럼 넋을 놓고 있다. 언론에서도 의도적이건 아니건 크게 보도하지도 않는다. 바보 나라다 이건. 사람들이 이를 절실히 체감하지 못하는 것은 알아서 기는 언론의 보도 관행 탓도 있지만, 당장 골치 아픈 문제는 내 임기에서는 외면하면 된다는 저급한 정치적 판단도 크게 한몫했다. 그런 식이다, 늘.

　그러면 어떻게 할 것인가? 대안은 증세란다. 그런데 이명박 정부와 박근혜 정부 모두 증세에 반대하니 대놓고 말하지 못했다. 증세란 기본적으로 많은 수입을 얻은 사람들에게 보다 많은 세금을 부과하는 것이 기본적 개념이다. 그러나 재벌을 비롯한 기업의 입장, 그리고 많은 수입을 얻는 상위층 사람들에게는 달갑지 않으니 이런저런 이유를 달아 증세에 반대한다. 그러면서 엉뚱하게 돈 없는 서민들의 호주머니는 제 주머니 공깃돌 다루듯 털어내 그 부족분을 채운다. 그러면서도 뻔뻔하게 오리발만 내민다. 이건 원천적 정경유착이다. 놀랍게도 그 피해를 고스란히 떠안은 서민들이 그런 정치인들을 뽑고 그런 정부를 지지한다. 경제를 살리겠다는 거짓 약속에 속아 표를 넘겨주었기 때문이다. 이게 매번 되풀이되는데도 고쳐지지 않는다.

지금은 '점진적 개혁' 운운하고 있을 때가 아니다. 이미 늦었다. 21세기의 1/5 정도를 이미 까먹었다. 심지어 퇴행까지 저질렀다. 사회 전반의 대대적 개혁, 아니 심하게 말해서 혁명이 필요한 때다. 혁명이라는 말이 불편하다면 대수술이라 하자. 지금 대한민국은 거대한 암세포가 온몸 구석구석 퍼져 있는 절체절명의 상황에 놓여 있다. 앞으로의 10년이 존망을 결정한다. 그것만은 분명하다.

다시 말하거니와 2034년을 주목해야 한다. 그리 오래 남지 않았다. 당장의 이익에 탐닉하지 말고 환부를 과감히 도려내야 한다. 생각의 방식을 바꿔야 한다. 그리고 휴먼웨어에 과감하게 투자해야 한다. 그래야 미래가 산다. 권력과 재력의 기만적 야합과 유착을 도려내야 한다. 무엇보다도 민주주의를 회복해야 한다. 안 그러면 곧 우리 모두 죽는다. 지금, 정신 바짝 차리자!

2

10년 후 대한민국을 위하여
: 걸림돌인가 디딤돌인가

우리는 어떠한 미래를 꿈꾸는가?

사람은 미래를 바라보고 산다. 지금은 힘들어도 미래의 삶은 보다 나을 것이라는, 나아야 한다는 믿음을 지니고 산다. 그러한 미래를 어떻게 읽어내느냐에 따라 미래의 삶은 달라진다. 그래서 미래의 의제를 정확하게 인식하고 그 방법을 구해야 한다.

최근 가장 흔한 게 이른바 '먹방(먹는 방송)' '쿡방(요리하는 방송)'이다. 온통 먹는 프로그램들이다. 왜 온통 먹방, 쿡방일까? 보는 관점에 따라 다르겠지만, 나는 이런 방송들이 일종의 '사회적 막장 방송'이라고 생각한다. 내 생각이 틀리기를 바란다. 사는 게 좋아져서, 삶의 질을 추구해서 보다 맛있는 거, 건강에 좋은 거 먹는 데에 관심이 커져서 그렇다면야 좋은 일이다. 그러나 과연 지금 우리의 삶은 그런 방향으로 가고 있는가?

사람은 욕망을 갖고 있다. 본능적 욕망뿐 아니라 의지적 욕망을 갖고 있다. 의지적 욕망은 인간의 특권이고 특징이다. 그 욕망은 대개 권력, 재력, 명예 등에 관한 것들이다. 그것을 획득하려면 상당한 노력이 필요하다(물론 금수저 물고 태어난 사람들은 다르겠지만). 그렇게 노력해서 얻는 것이기에 가치도 만족도도 높다. 그런데 아무리 노력해도 그러한 욕망을 달성할 수 없다는 현실을 깨닫게 되면 어떻게 될까? 절망, 분노, 체념으로 이어진다.

과거에는 열심히 노력하면 바라는 바를 어느 정도 얻을 수 있었다. 열심히 일할 수 있는 조건이 주어졌고 실제로 죽어라고 일했다. 열심히 공부해서 좋은 학교 졸업하면 신분이 바뀔 수도 있었다. 이른바 '80:20'의 사회에서는 그게 가능했다. "개천에서 용 났다."는 사례도 많았다. 그러나 지금은 어떤가. 신분의 상승과 순환은 구조적으로 막혀 있고 부자가 될 가능성은커녕 부의 재분배조차 왜곡된 상태에서 가난을 대물림하기 십상이다. 부채는 나날이 늘고 희망은 갈수록 준다. 인정하기 싫지만 우리는 이미 '99:1'의 사회에서 살고 있다. "개천에서 욕 나오는" 사회다.

힘들게 대학을 졸업하고 200통의 이력서를 내보지만 번듯한 직장 얻기는 하늘의 별따기다. 오죽하면 초등학교 어린이의 희망이 '정규직 일자리 얻는 것'이 되었을까! 희망을 포기하면 남는 것은 분노와 절망을 넘어 체념뿐이다. 그리고 숨 쉬고 있는 생명체로서 남아 있는 건 본능적 욕망뿐이다. 노골적으로 말하자면 성욕과 식욕만 남는 셈이다. 그러나 '출산, 결혼'은 언감생심, 이제는 '연애'마저 포기하고 있다. 그러니 남은 건 식욕뿐이다. 정규직 일자리를 얻지 못해 비정규직 파트타임 아르바이트로 최저임금에도 미치지 못하는 수입으로 버텨야 하는 '88만 원 세대'(그러나 최근에는 그마저도 '77만 원 세대'로 하강했다)는 대학 졸업과 동시에 채무자여서 학자금 융자 갚기에도 버겁다. 하루 종일 서서 주유소에서 기름을 넣는 것으로는 수입이 턱없이 부족하여 저녁에는 편의점에서 일한다. 그리고 집에 돌아와 지친 몸으로 겨우 생존을 위해 먹는다. 그래서 먹방이 뜬 것이다. 그게 청춘의 몫이고, 그것을 바라보고 있어야 하는 게 부모 세대의 역할인가? 노엽고 슬픈 일이다.

이제는 먹방 쿡방을 넘어 '노래방'이 판친다. 〈슈퍼스타 K〉시리즈의 성공은 유사한 프로그램을 양산했고 〈나는 가수다〉의 성공은 기성 가수들의 경연장을 다양한 방식으로 잉태했다. 예부터 노래를 좋아하는 민족이라는 평가를 받았을 만큼 신명 많고 노래 좋아한다고 해도 이런 유사 프로그램이 줄기는커녕 갈수록 늘어가는 것은 무슨 이유 때문일까? 노래도 별 돈 들지 않는다. 그리고 내 감성을 충족시키기에 적합하다. 직설적이고 폐부를 파고드는 노래를 누가 마다하겠는가. 그러나 기형적으로 거기에 몰두하고 있는 건 그만큼 돈 안 들이고 해결할 수 있는 욕망이 바로 '노래'이기 때문이 아닌가. 이렇게 해석하고 보면 모골이 송연한 일이다.

이런 사회에서 과연 무슨 꿈을 꿀 수 있는가? 꾸역꾸역 밥이나 먹고 소리 질러 노래나 부르면서? 우리는 어떤 꿈을 꾸는가? 그리고 그 꿈을 실현할 수는 있는가? 또한 사회는 그런 꿈을 보장하는가?

청춘들을 공감하지 못하는 기성세대

불행히도 기성세대들은 지금 청년들을 공감하지 못한다. 지금의 청춘들은 고달프다. 사는 것조차 버겁다. 갈수록 숨통은 조여 오고 의욕은 사라진다. 이른바 '3포 세대'는 연애, 결혼, 출산을 포기한 세대였다. 이제는 '5포 세대'를 거쳐 '7포 세대'의 시대가 되었다. 청춘이 사랑을 포기한다는 건 미래를 포기하는 것이다. 그건 이미 인간으로서의 삶이 아니다. 그런데 그 목전까지 다다랐다. 두렵다. 연애도 돈이 있어야 하고 미래가 열렸을 때 사랑을 꿈꾼다. 지금의 청춘들은 데이트 자금도 없어서 연애를 포기한다. 그리고 더 나아가 인간관계까지 포기하고 있다. 그들이 누군가? 우리 자식들이다!

동물도 짝짓기는 한다. 그런데 우리의 청춘들은 사랑을 포기하고 있다. 그러니 다른 희망이나 욕망이 무슨 의미가 있고 가능성이 있겠는가. 꿈과 희망을 포기해야 하는 삶은 생물학적으로 숨만 쉬고 있는 거지 살아 있는 게 아니다. 하지만 기성세대는 그들의 고통을 공감조차 못 한다. 아니, 안 한다. 그런 삶을 경험하지 않았기 때문이다. 그러면서 "그래도 니들은 젊으니까" 하면서 능친다. 사실, 기성세대들의 삶도 버겁기는 마찬가지다. 그러니 이해할 수는 있다. 하지만 정도가 있어야 하지 않겠는가. 먼 나라 사람이 아니라 바로 우리들 자식의 청춘이 아니던가.

반복되는 말이지만 먹방에 대해 냉정하게 바라봐야 한다. 지금의 청춘들은 연애는커녕 친구 만나는 것도 버겁다. 커피 두 잔이면 1만 원이고 소주라도 한잔 기울이면 그달치 지갑이 텅 비어버린다. 만나봐야 신세 한탄과 사회에 대한 분노뿐이다. 그러니 자연스럽게 그런 만남도 꺼려진다. 파김치의 몸으로 퇴근해서 고시원이나 원룸의 삭막한 공간으로 돌아와 TV를 튼다. 먹는 방송이 나온다. 본격적인 먹방 프로그램 이전에도 〈생생 정보통〉〈VJ 특공대〉 등의 프로그램은 대부분 먹는 내용으로 채워져 있다.

수입은 적지만 먹는 건 그럭저럭 해결할 수 있다. 처음에는 시켜 먹다가 요리사들이 나와서 간편한(?) 레시피를 보여주니 따라 할 만하다. 먹방의 시대를 연 〈냉장고를 부탁해〉라는 프로그램은 매우 시사적이다. 어느 집 냉장고에나 많든 적든 자투리 식자재가 보관돼 있을 것이다. 그것으로 뚝딱 요리를 해낸다. 내 냉장고에 있는 식자재 꺼내 해본다. 비용도 절감하고 뭔가 손수 해낸다는 창조의 기쁨도 맛볼 수 있다. 그렇게 너도나도 먹방 프로그램에 빠져들었다.

사랑의 본능마저 '포기해야 하는' 삶에 남는 건 오직 식욕뿐이다. 죽어라고 '공부만' 해서(정말 공부만 한다! 노는 법조차 아예 잊었고, 가르치지도 않았다. 놀 시간과 환경이나 줬는가.) 힘들게 대학을 졸업해도 취업은 요원하니 이런저런 알바로 때우며 연명한다. 말도 안 되는 시급을 받아 최저생계비에도 미치지 못하는 돈으로 무엇을 할 수 있을까? 거의 없다, 숨 쉬는 것 말고는. 그래도 밥은 먹고 살아야 한다. 세 끼 식사는 해야 한다. 하루 종일 힘들게 일하고 돌아와 습관처럼 TV를 튼다. 그게 유일한 휴식이고 놀이다. 그런데 어느 채널을 돌려도 먹는 프로그램들만 난무한다.

남은 유일한 욕망인 식욕을 자극한다. 먹는 것조차 연명을 위해 쑤셔 넣는 수준의 식사를 반복하는 삶이 스스로 가련하다. 그런데 먹는 방송을 보니 그거는 나도 할 수 있다는 생각이 든다. 어차피 먹어야 하고, 그렇다면 이왕 맛있는 거라도 먹고 살자 싶다. 직접 만들지 못하면 전화해서 배달해서 먹으면 된다. 그것으로 나의 유일한 욕망을 실현할 수 있고, 그렇게 겨우 나의 존재감을 확인한다. 게다가 어른들이라고 크게 다르지는 않다.

전부 그런 건 아니겠지만 이런 심리 기저들이 먹방과 쿡방 프로그램을 만들어내는 시장 환경일 것이다. 도대체 누가 우리의 청춘들을 이 지경으로 만들었는가? 어른들은 이런 상황에 대한 죄책감이라도 있을까? 세상을 엉망으로 만들어놓고도 나 몰라라 외면하고 있는 것은 아닌가?

청년 자살률 1위라는 통계 앞에서 어른들은 말한다. 죽을 생각이라면 그 정신으로 살면 되지 않느냐고. 하지만 이는 자신의 경험만을 내세운 독선일 수 있다. 사실, 기성세대 남자들은 군대 다녀오면 하고 싶은 거 마음껏 할 수 있다는 마음으로 버텼다. 그러나 지금의 청년들은 군 제대 후가 더 막막하다. 그들의 처지를 조금이라도 이해하고 공감한다면 그런 말 못 한다. 지금의 4, 50대는 취업 걱정 별로 하지 않았다. 대학에서도 4학년 1학기 때까지 졸업에 필요한 학점을 다 이수하게 했다. 여름에 리쿠르트(사원 채용 모집)가 있었고 원서 5통쯤 내면 그중 3곳쯤에서 합격통지를 받아 '어디를 가줄까' 하는 행복한 고민을 잠깐 할 정도였다. 4학년 2학기 때부터는 학교가 아니라 회사에 다녔다. 졸업 사은회를 대부분 고급호텔에서 했다. 돈을 벌었기 때문이다. 그런 세대들이 지금 세대의 지옥 같은 현실을 얼마나 이해하고 공감할 수 있겠는가.

기성세대가 이만큼 누리고 살게 된 데에는 그 부모 세대의 일방적 희생이 있었다. 그런데 지금 우리의 자식 세대는 나보다 덜 누리기는 것도 모자라 아예 바닥에 처박혀 있다. 부당한 해고에 대해 절규하는 노동자들을 보고 젊은이들은 "나도 해고 좀 당해봤으면 좋겠다."고 말한다. 노동시간이 너무 길다며 야근을 줄여달라는 요구에 대해 젊은이들은 "나도 야근이라는 걸 좀 해봤으면 좋겠다."고 말하는 것을 그냥 흘려들어선 안 된다. 정치인들의 가장 큰 죄악은 바로 이 점에 대해 무감각하다는 것이고, 정치지도자의 가장 큰 패악은 이들을 위한 미래의 제를 제시하고 비전을 보여주며 더 나은 삶의 환경을 만들어주는 일은 외면하면서 자신의 입지와 이익에만 몰두하고 있다는 것이다.

누가 저들을 뽑았는가? 바로 우리다. "모든 국민은 자신들의 수준에 맞는 정부를 갖는다."는 알렉시스 드 토크빌의 말은 기분 나쁘기는 하지만 곱씹어야 할 문장이다. 정치는 정치인들만의 몫이 아니다. 정치는 우리의 삶의 방식을 결정한다. 어째서 지금의 힘든 삶이 정치 때문이냐고 반문할 수 있을 것이다. 그러나 현실을 규정하는 것도 정치요, 미래의 향방을 가름하는 것도 정치다.

보수냐 진보냐, 좌파냐 우파냐 따위의 논쟁은 차치하자(실제로 우리 사회에 진정한 의미의 진보와 좌파가 있기는 한지도 의문스럽지만). 정치적인 문제를 거론하면 곧바로 진영논리 들고 와 신 매카시즘의 굴레로 묶는다. 진영논리는 이분법적 편가름으로 이득을 보는 세력들의 '전가의 보도'다. 그들에게 미래 따위는 관심 없다. 오로지 지금의 권력을 누리는 것만이 최종의 관심사다. 21세기 세상에서 '빨갱이 종북좌파'의 효력이 여전히 통한다는 건 정말 끔찍한 비극이다. 이 책은 정치의 문제를 '의도적으로' 다루지 않는다. 그러나 이것은 결국 정치적 이야기이다. 정치와 정치인들을 언급하지 않을 뿐, 정권과 권력에 대해 말하지 않을 뿐, 이것은 정치 담론이다. 그러나 그것은 '정치는 삶의 방식을 결정하는 중요한 요소'라는 점에서 그렇다는 의미일 뿐이다.

에둘러 말하지 말자. 더 이상 청춘들의 절망과 좌절을 외면하지 말자. 기성세대도 치열하게 살았다. 그래도 그들은 일할 기회는 얻었다. 그래서 여기까지 왔다. 그런데 우리의 다음 세대는 일할 기회조차 없다. 실제로 가장 민감한 문제는 경제다. 누구에게나 먹고사는 문제가 가장 중요하다. 그래서 정치가들은 걸핏하면 '경제성장'이라는 당근과 '경제위기'라는 협박으로 우리의 정치적 판단을 혼란시켰다. 그것에 휘둘리지 않으려면 경제에 대해 명확한 인식을 갖춰야 한다. 무엇보다도 젊은이들에게 양질의 일자리가 돌아갈 수 있도록 정치적 판단을 해야 한다. 그것은 우리의 의무다.

더 이상 먹는 방송 보면서 겨우 기본적 욕망을 '대체 실현'하는 일을 멈추게 해야 한다. 일본에서 초식남이라는 신조어가 나올 때 먹는 방송이 많이 나왔다는 건 예사롭지 않은 일이다. 그런데 지금 우리 청년들이 그렇게 되고 있다. 초식남은 '섹스리스'의 청년들을 표현하는 말이다. 동물적 욕구 이상의, 의지적 욕구를 실현할 수 있는 그런 세상을 만들어야 한다.

세상은 90년대부터 이미 빠르게 변했다. 그런데 그 '빠르게'는 이전의 속도 프레임이 아니다. 세상은 효율과 속도의 프레임에서 '창조, 혁신, 융합'의 프레임으로 바뀌고 있었다. 소유에서 물류로 바뀌고, 유형자산에서 무형자산으로 변화하는 것들은 그 대표적 사례의 하나일 뿐이다. 속도와 효율의 한계를 인식하기 시작한 것이다. 그래서 그 프레임을 버리고 새로운 지평으로 향했다. 빠르게 움직이는(fast moving) 시대는 '먼저 시작하는(first moving)' 시대로 변했다. 그 변화를 읽어내지 못해서 속수무책으로 당한 게 1997년의 위기였다면 지나친 해석일까?

기존의 권리를 어떻게 더 극대화시킬 것인가에만 몰두한 1%에게, 공감의 능력도 미래 전망의 혜안도 없는 그들에게, 더 이상 우리의 미래를 맡기고 있을 때가 아니다. 99%가 깨어 일어나야 한다. 그래야 세상이 바뀐다. 그래야 밝은 미래가 가능하다. 기성세대가 대오각성해야 청춘이 산다. 그들을 살려야 기성세대도 산다!

젊은이들을 살려내야 한다

2015년 초 가뜩이나 절망한 청년들에게 싸늘한 미래를 보여주는 일이 있었다. 대기업인 두산인프라코어에서 스물네 살 청춘에게 희망퇴직을 강요했다. 나이 많은 노동자도 아니다. 어렵사리 대기업에 입사한 청년이다. 상상이나 했던 일인가? 단순한 충격이 아니다. 미래 노동시장의 판도가 어떻게 돌아갈지 보여주는 가늠자다. 그 회사는 엄연히 흑자를 이뤄낸 회사다. 그런데 무리한 기업 인수로 인한 금융비용 증가 부담 때문에 고용 비용을 줄이겠다며 내린 결정이었다. 그러면서 정작 기업의 오너(이것 또한 얼마나 웃기는 말인가! 고작 한 자리 수의 지분으로 어떻게 '소유'한다는 말인가. 그리고 설령 지분이 많다 해도 그것이 어찌 한 개인 혹은 가문 구성원들의 몫으로 독점한다는 말인가) 자신은 아무런 책임도 지지 않는다. 그러면서 자회사면서 그룹 이름을 사용한다는 이유로 엄청난 비용의 이름 사용료는 꼬박꼬박 받아 챙긴다. 참으로 희한하고 쉽게 돈 번다. 당연히 그 행태를 비판해야 하는데 그런 건 쏙 빠진다. 이러니 부패한 엘리트카르텔 사회라는 말 듣는다.

그 청년이 어떤 과정으로 퇴사 혹은 재교육되는지 들여다보자. 기업은 나름대로 인사고과의 평가 제도를 통해 그렇게 한다고 강변하겠지만 과연 그 평가에 객관성과 체계성이 담보되고 있는지는 의문스럽다. 평가자의 판단에 사적인 잣대가 전혀 개입하지 않는다고 보기 어렵다. 그렇다면 평가에 노출되는 사람들은 자연히 누군가의 눈치를 볼 수밖에 없고(그 누군가가 아마도 '빅 브라더'의 형태일지 모른다) 비판이나 저항은 엄두조차 내지 못할 것이다. 이것은 결국 자기 기업의 인적 자산을 위축시키는 꼴이 되고 만다.

재교육을 빙자한 '퇴사'(해고는 부담스러우니 본인의 퇴사로 이끄는) 작전은 더욱 충격적이다. 재교육을 받는 사람은 연수원 등에 가서 교육을 받는데 재배치나 역량강화를 위한 재교육이 아니라 자신이 왜 저성과자로 평가되었는지에 대해 자술하기를 강요당한다. 그것은 인민재판과 다르지 않다. 그런데 자술하기 위한 공간에 들어갈 때 노트북, 휴대전화, 책 등은 압수될 뿐 아니라 화장실에 갈 때도 관리자의 허락을 받아야 한다(요즘은 초등학교 학생들도 생리적인 문제는 굳이 허락받지 않아도 된다). 자신이 왜 저성과자인지 서술하는 일은 대단히 자존심 상하는 일이다. 그러나 어렵게 들어온 회사에서 쫓겨나지 않으려면 어쩔 수 없이 그것을 따라야 한다. 자존심 다 버리고 썼는데 그다음 날도 똑같은 것을 요구받는다. 경찰이나 검찰에 불려가 조서 쓸 때도 그런 수법들이 가끔 동원된다. 한두 번은 견뎌도 여러 차례 반복되면 끝까지 버텨낼 재간이 없다. 기업 위기의 가장 큰 원인은 최고경영자의 몫이다. 오죽하면 이 나라에서는 '오너 리스크'라는 말이 일반적으로 사용될까. 그런데 엉뚱하게 그 책임을 이제 막 입사한 사원들에게 떠넘긴다.

IMF사태에도 고위관료나 기업최고경영자는 책임지지 않고 서민들이 그 짐 고스란히 떠안았다. 죽어라고 일한 애먼 노동자들에게 대량해고(구조조정이라는 허울 좋은 포장을 덮었을 뿐인)로 그 책임을 떠넘겼다. 그러고도 아무 탈이 없었다. 그러니 관성이 생기기도 했을 것이다. 엉뚱하게도 스물네 살 청춘도 퇴직해야 하는 위기상황을 강조하며 어설픈 중장년들에게 자리를 내놓으라 윽박지른다. 이런 행태를 아예 법으로 보장하기 위한 것이 이른바 노동개혁이다.

얼마 전 발표된 미국과 한국의 상위소득자 분포 조사를 눈여겨봐야 한다. 미국은 70% 이상이 자기창업자인 데 비해 한국은 80% 이상이 가업승계자다. 창업자는 미련을 둘 과거가 없기에 미래를 바라보며 나아간다. 미래가치를 추구하고 도전한다. 거기에서 새로운 양질의 일자리가 생기고 발전적 미래가 생긴다. 그러나 가업승계자는 기존의 체제에서 여전히 이익이 담보된 까닭에 그런 도전에 옹색하다. 미래투자를 하려면 새로운 시스템으로 전환해야 하고 직원도 재교육시켜야 하는데 시장은 불확실하다. 그러니 당장 이익을 낼 수 있는 기존의 방식을 고수한다. 거기에 인건비를 줄일 수 있다면 5%쯤의 이익이 더 생긴다. 해고는 마음대로 할 수 있고 비정규직을 늘리면 된다. 이런 조건이면 앞으로 10년 동안 남은 단물 더 빨 수 있다. 그러고는 끝이다. 그 뒤에는 몰락의 가속도만 남게 된다. 그걸 두려워해야 한다. 그런데도 그 질주에 가속기를 달아주겠다는 게 정부의 선택이다. 이대로 간다면 10년 후 우리를 기다리는 것은 재앙일 뿐이다. 지금의 선택이 그래서 중요하다.

양질의 일자리는 갈수록 줄어들고 있다. 전체 임금 노동자들 가운데 월 급여가 200만 원 미만 인구가 45.8%에 이르고 있다(통계청 2016년 자료). 그 가운데는 100만 원 미만 노동자가 11.2%란다. 노동자 절반이 200만 원도 되지 않는 급여를 받고 있는 셈이다. 국민 전체를 따졌을 때 중위소득과 그 이하의 빈곤층 간의 평균소득 격차는 계속 증가일로에 있으며 이미 2016년 기준으로 36%를 넘어섰다. 그런데도 보수를 참칭하는 수구정권과 그 비호를 받는(아니 어쩌면 비호하는) 기업들은 비용을 줄여야(그런데 그게 임금에만 해당되는 해괴한 논리) 경쟁력이 생긴다는 주장을 일삼으며 나쁜 일자리만 양산하고 있다.

대부분 '고정비'를 줄인다고 하면 거의 반사적으로 '인건비'를 들먹인다. 그리고 그것을 당연한 것처럼 받아들인다. 그러나 진짜 고정비를 줄이기 위해서는 그에 앞서 두 가지 과정이 필요하다. 하나는 '경영합리화'고 다른 하나는 '노동생산성 증가'다. 도대체 이 나라에서는 경제학을 어떻게 가르치고 배웠기에 걸핏하면 고정비를 줄이기 위해 인건비를 줄여야 하고 그러기 위해서는 법률에 보장된 권리를 깨뜨려서라도 노동자들을 자유롭게 해고할 수 있어야 한다고 주장하는가. 이른바 '노동유연성'(어떤 놈이 그렇게 번역했는지 정말 한심하다. '유연'이라는 좋은 말을 그따위 악행에 붙여놓는다는 건 말장난으로 자신들의 책임을 회피하려는 의도일 뿐이다)이라는 말은 대놓고 마음대로 자르겠다는 것이다. 경기가 좋아지면 선심 쓰듯 다른 노동자 고용하면 된다는 심사다.

경영합리화의 대전제는 경영의 투명성이다. 분식회계 따위는 꿈도 꿀 수 없게 만들어야 한다. 정경유착과 오너 일가의 재산 빼돌리기는 경영을 어렵게 만드는 대표적인 암적 요소다. 과연 우리나라 기업들 가운데 얼마나 많은 기업들이 경영합리화를 위해 노력하고 있는가. '쥐어짜기'를 경영합리화로 착각하는 자들이 의사결정의 자리에 있으니 지금과 같은 악습이 근절되기를 바라는 것은 무망한 노릇이다. 하지만 기업의 생존을 위해서도 경영합리화는 필연이지 선택의 문제가 아니다. 새로운 시스템을 구축하고 낭비를 줄이며 최적의 방식을 추구해야 한다. 그것은 노동자들의 몫이 아니라 경영자들의 몫이다.

OECD 가입국 가운데 우리나라 노동자들만큼 오랜 시간 노동하는 나라 거의 없다. 죽을 만큼 일한다. '저녁이 있는 삶'을 포기하고 산다. 그런데도 소득은 높지 않다. 그 이유는 두 가지다. 하나는 공정한 분배를 하지 않기 때문일 것이다. 기업의 소득의 상당 부분을 오너들과 최고경영자들이 차지한다. 물론 그들에게도 높은 보상체계가 필요하다. 그러나 그 비율이 과연 합당하고 합리적인지는 따져봐야 할 문제다. 또 다른 하나의 이유는 'input' 대비 'output'이 낮기 때문이다. 달리 말하면 노동생산성이 떨어지기 때문이다. 무조건 죽어라 일만 한다고 해결되는 게 아니다. 이미 일은 넘치게 한다. 물론 많은 기업들이 QC니 뭐니 하면서 다양한 교육을 하고 있지만 문제는 생산과정 시스템에 대한 전면적 대수술이다. 대증적 방식의 처치는 캠퍼주사처럼 일시적 효과는 있을지 모르지만 장기적 대안은 되지 못한다. 그런데 시스템을 재정비하려면 인력을 재배치해야 하고 재교육을 시켜야 하며 지속적인 투자가 따라야 한다. 그러나 늘 당장의 이익에 쫓기는 한국의 기업 풍토에서는 그러한 방식을 꺼린다. 그게 누적되고 이제는 아예 당연한 것으로 여긴다. 어떻게 이런 상태에서 미래의 가치를 창출할 수 있겠는가.

이제라도 제발 고정비를 줄이기 위해 무조건 인건비를 줄이고 대량 해고를 밥 먹듯 하는 짓은 그만둬야 한다. 지금이 마지막 기회다. 진정 미래를 바라본다면 '윗대가리들'의 생각부터 바꿔야 한다.

우리는 한동안 중국을 우습게 여겼다. 기술과 자본의 축적은 미비하고 시스템은 자본주의로 완전히 적응하지 못했으며 그저 낮은 인건비로 생산원가를 낮춰 세계무역시장에서 생존하고 있다고 여겼다. 그래서 쉽게 생각하고 거대소비의 매력이 있는 중국시장을 공략했다. 그러나 중국은 무섭게 성장하고 미래 동력은 어마어마해졌다. 중국에 상대적으로 우위에 있던 업종들도 이미 추월당했거나 거의 대등한 상태가 되었다. 특별히 주목해야 할 대목이 있다. 중국은 가업계승자가 거의 없으니 90% 이상 자기창업자들이 주도한다. 물론 그들도 부침을 겪고 걸러질 것이다. 그러나 대세는 분명하다. 그걸 두려워해야 한다.

여전히 우리는 20세기에 익숙한 속도와 효율에만 함몰되어 있다. 다시 말하지만 21세기는 창조, 혁신, 융합의 시대다. '자유로운 개인'과 무한한 상상력이 그 뿌리고 바탕이다. 이를 위해서는 온전한 민주주의와 자유가 필수적이다. 그리고 경쟁의 저울이 공정해야 한다. 이건 정치의 문제가 아니라 생존의 문제다.

이제 사람의 가치에 눈을 돌려야 한다. 하드웨어는 돈만 어느 정도 있으면 갖출 수 있다. 게다가 눈에 확 뜨이니 매력적이다. 건물은 후딱 짓는다. 소프트웨어는 마인드와 지식이 있으면 개발할 수 있다. 그마저도 없으면 프로그램 자체를 통째로 사다 장착하면 된다. 우리는 지금까지 이 두 가지에만 몰두했다. 이전까지 하드웨어와 소프트웨어의 효율적인 결합은 어느 정도의 성과를 이끌었다. 이젠 과거의 일이다. 미래의 진정한 성과는 휴먼웨어에서 나온다. 그런데 휴먼웨어의 성과를 얻으려면 시간과 돈이 많이 든다. 그 결실을 얻는 건 훨씬 나중이다. 그러니 '당장 먹기에는 곶감'이라고, 아무도 사람에 대해 투자하지 않는다.

무조건 기업에 유리한 혜택을 쏟아붓는다고 양질의 일자리가 생겨나는 거 아니다. 그건 약이 아니라 독이다. 기득의 이익을 고수하고 미래에 대한 통찰과 투자를 꺼리게 할 뿐이다. 지금 기업들은 역사상 최대의 유동성을 확보하고 있다. 그러면서 기존의 방식에 안주하고 있다. 사람에 대한 투자는커녕 오히려 고정비를 줄인다는 명목으로 고용 조건을 지속적으로 악화시키고 있다. 사람에 투자하지 않는 사회에 미래는 없다. 사람에 대한 존중과 투자가 우리의 미래다.

얼마 전 중국에서 강연하면서 충격을 받았다. 한국의 상사 주재원의 기한이 1년 내지 1년 반으로 주는 곳이 늘고 있단다. 이해할 수 없었다. 늘리기는커녕 줄인다? 이유가 기가 막히고 한심하다. 3년 기한이면 가족이 따라가니 큰 집 구해줘야 하고 교육비 지원해야 한다. 기한이 줄면 혼자 가게 되어 그 비용을 절감할 수 있다. 그러면서 중국시장이 중요하니 보다 많은 이들에게 기회를 준다는 명분 내세운다. 그럴 거면 장기연수를 보내면 된다. 그 짧은 기간에 중국어나 제대로 할 수 있을까? 몇 마디 일상적 회화 간단히 배우다 귀국해야 한다. 회사는 긴축 압박경영을 표방하며 불용예산 줄이라고 채근한다. 그러면서 고작 이런 인건비 감소로 대응한다. 인건비 줄이는 것 말고는 해본 게 없기 때문이다. 일단 지출이 주니 당기순이익은 일시적으로 는다. 더 한심하고 구조적 악습을 만들어내는 건, 그러면 회장은 자기 말 잘 들어서 그런 성과 냈다고 그런 결정을 내린 책임자를 승진시키는 짓이다. 그런 기업이 미래를 어찌 감당할까.

일본 기업들의 경우 주재원 근무 기한 3~5년을 보통 2기까지 채운다고 한다. 그 정도 기간이면 중국어 구사도 능숙해지고, 예를 들어 쓰촨의 음식이 매운데 이 식당과 저 식당의 매운 맛이 어떻게 다른지도 구별할 수 있다고 한다. 그리고 소소한 것까지 개인적인 것을 제외하고는 모든 정보를 저장해서 공유함으로써 정보를 유용하게 활용하는 것이 일상화되었다고 한다. 둘을 단순 비교해봐도 과연 어떤 것이 미래지향적인지 판단하는 것은 어렵지 않을 것이다. 적당히 땜질하는 방식으로 당장 고비는 넘길지 모르지만 그 다음은 답이 없다. 몽땅 바꿔야한다. 그래야 산다.

청년들의 미래에 투자하라

이미 지나간 일을 되돌아봐야 무슨 의미가 있을까. 분노와 회한밖에 없는 것을. 왜 부끄러움은 국민들의 몫이어야 하는가. 이명박 정부는 절대로 하면 안 되는 일을 저질렀다. 바로 '4대강 살리기'였다. 지금도 그게 당위였다고 주장하는 일부 몰지각한 자들이 없는 건 아니지만 대부분의 국민들은 그게 잘못된 것임을 안다. 그리고 분노한다. 그러나 체념을 학습한 탓에 금세 잊고 만다.

대운하를 주장했다가 4대강 개발로 물러섰지만 그 과정은 비민주적이고 비경제적이며 반환경적이었을 뿐이고 그 후유증은 지금 우리가 고스란히 떠안았다. 일자리가 30여만 개 이상 창출된다는 것도 20세기 토건족들의 논리였을 뿐, 실제로 생긴 일자리는 일시적인 것들 약간에 지나지 않았다. 게다가 그 사업을 따낸 자들은 대부분 공교롭게도 대통령의 고등학교 동문들이었다. 환경부는 환경의 측면에 서기보다 정부와 업자들 편이었으니 환경의 파괴는 필연적인 일이었다. 심지어 문화재청은 개발 시 발굴된 문화재에 대해서도 기이한 반문화적 반역사학적 논리를 내세우며 파괴를 옹호했다. 토목을 전공한 학자들은 문제를 비판하기보다 옹호에 앞장섰다. 그렇지 않으면 관변 연구 용역을 받을 수 없기 때문이라지만 그건 학자로서의 양심을 스스로 저버리는 짓이었다. 더 큰 문제는 강 하나만 선택해서 신중하고 장기적인 안목으로 접근하고 문제의 해결책을 모색하며 수행했어야 함에도 불구하고 한꺼번에 다 처리했다는 것이다. 그것도 임기 내에 끝내기 위해 온갖 무리수를 마다하지 않고. 그러나 그들이 주장했던 홍수와 가뭄의 대책은 전혀 약발이 들지 않았고 오히려 흐름을 차단당한 강은 썩어가기만 했다. 그것을 정화하고 관리하는 데에 계속해서 들어가야 할 비용은 또 얼마인가.

이런저런 문제들은 차치하고 거기에 투입된 비용을 본다면, 공식적으로 22조 원에 수자원공사가 떠안은 우회적인 방식의 투자까지 합치면 거뜬히 30조 원이 넘는 막대한 비용이었다. 일반적으로 건축에서 묵인되는 리베이트가 10%라고 하는데 토건의 경우는 15% 이상이 될 것이라고 한다. 그렇다면 그 리베이트 비용만 해도 수조 원이 넘을 것이다. 어쩌면 그걸 탐해서 그 숱한 무리수를 동원하면서까지 임기 내에 한꺼번에 해치웠을 것이라는 추론이 큰 무리 없이 받아들여지는 이유다. 정권을 잡은 자가 국가를 자기 이익을 취하는 대상으로 이용했다는 비판에서 자유롭지 않다. 그렇게 엄청난 비용을 낭비한 반면, 정작 미래를 위한 투자는 거의 하지 않았다. 일자리 타령은 했지만 양질의 일자리는커녕 노동력의 착취를 당연하게 만드는 나쁜 일자리들만 쏟아냈다. 그 와중에 젊은이들은 분노하고 절망하다 끝내는 체념의 단계에 이르렀다. 그 대통령과 정권은 역사에 큰 죄를 지었지만, 여전히 뻔뻔하고 당당하다. 물론 그다음 정권의 발목을 잡을 건을 단단히 쥐고 있기 때문이었겠지만.

이명박 정권이 그런 방식을 택한 것이 개인의 치부를 위한 것이 아니었다고 자신 있게 말할 수 있을까? 경제의 회복과 활성화를 기껏 토건이라는 방식으로? 그런 선택을 가능하게 한 것은 바로 직전의 'IT 버블'이었다. 1997년 체제 이후 급성장한 것이 IT산업이었다. 신데렐라처럼 급부상한 젊은 기업가들이 엄청난 수익을 일궈내고 강남 테헤란로의 임대료 비싼 사무실들을 점령했다. 너도나도 그런 사업에 뛰어들어 일확천금을 노렸다. 다른 제조산업과 달리 IT산업은 큰 초기 투자 비용이 필요한 것도 아니고 아이디어와 기술력만 있으면 그리고 그게 다행히 시장의 요구에 부합하면 빠른 성공이 가능했다. 우후죽순처럼 업체들이 간판을 내걸었지만, 그리 오래 가지 못했다. 금세 바닥이 드러났다. 성공한 기업보다 실패한 기업들이 훨씬 더 많았으며 강남의 비싼 사무실에서 하나둘씩 빠져나가기 시작했다. 장밋빛 청사진은 우울한 블루 노트로 변했다.

그러나 장기적인 안목으로 보면 그건 필연적 과정이다. 너무 빨리 가열되었고 시장은 아직 채 성숙하지 않았으며 기술력의 성장은 더뎠다. 그러니 경쟁력을 상실한 기업은 도태되는 것이 당연하다. 벤처사업이라는 게 성공할 확률이 5%만 넘어도 대성공이다. 그런데 그 5%가 200%의 결과를 만들어내는 것이 또한 벤처사업의 매력이다. 우리는 그 거품이 걷히는 과정을 냉정하게 지켜보고 건실한 기업의 성장에 투자를 집중했어야 한다. 그러나 뜬구름 잡는 희망으로 뛰어든 사업들이 급속히 몰락하는 것을 보면서 우리는 혀를 차기만 했을 뿐, 거기에서 뭔가를 배우려고 하지는 않았다.

딱 그 타이밍에, 대한민국은 경제를 살리겠다는, 그러나 고작해야 20

세기 토건족 사고를 벗어나지 못한, 그리고 민주주의적 과정과 동떨어진 삶을 살아온 경제인 출신의 정치인을 뽑았다. '저 사람을 뽑으면 경제는 나아지겠지. 저 사람은 젊었을 때부터 대표이사를 지내면서 돈을 많이 벌었으니 저 사람 뽑으면 내 살림도 나아지겠지.'하는 막연한 기대와 망상으로 표를 던졌다. 우리가 어떠한 미래를 향해 나아가야 할지, 특히 젊은이들이 살아가야 할 세상에서 미래가치와 일자리는 어디에서 어떻게 마련되어야 할지 등은 고민하지 않았다. IT거품에 대한 회의가 거기에 한몫을 했다. 두고두고 생각해도 참 안타까운 타이밍이었다.

하지 말았어야 할 일에 엉뚱하게 낭비한 혈세 30조 원 안팎 가운데 매년 1~2조 원만 청년들의 미래 사업을 위해 투자했더라면 지금보다 훨씬 나아졌을 것이다. 취업이 어려운, 혹은 취업보다 창업에 관심이 많은 청년들에게 기초적인 자금을 제공했다면 엄청나게 많은 벤처비즈니스가 가능했을 것이다. 무조건 돈만 주는 게 아니라 기업을 운용하는 방식이나 정보의 접근 방법, 그리고 경영에 필요한 세법 등을 가르치는 과정을 수반하는 지원을 함으로써 청년들이 처음 사업을 시작하면서 봉착하게 될 문제들을 해결할 수 있는 역량을 키웠어야 한다. 그리고 전담 멘토나 공무원 혹은 전문가를 붙여서 지속적으로 체크하고 문제가 생기면 해결책을 모색하게 하고 현실 가능한 비즈니스 환경에 이르면 재정적으로 추가 지원할 수 있는 투명한 지원책을 마련했어야 한다.

그래도 성공하는 비율은 지극히 낮을 것이다. 하지만 실패한 청년들에게 그 실패가 중요한 자산으로 작용할 수 있다는 점을 고려한다면, 또한 실패의 원인들 가운데 타이밍을 못 맞췄거나 작은 기술적 한계 등 때문인 경우가 많다는 점을 고려한다면, 실패는 이미 실패가 아니게 된다. 그것은 오히려 인력의 고급화에 큰 기여를 한 셈이 된다. 그리고 성공한 벤처는 더 많은 전문 인력을 필요로 할 것인데, 실력은 있지만 비즈니스에서 실패한 청년기업의 인원을 거기에 충원할 수 있는 보완책을 처음부터 옵션으로 마련해두었다면 상생할 수 있는 좋은 여건을 조성할 수 있었을 것이다. 성공한 5%가 200%를 먹여 살리는 게 벤처사업의 특징이다.

거기에 그치지 않는다. 이들이 하는 사업은 미래가치와 직결된다. 따라서 자연스럽게 미래 사업 모델에 집중할 것이고 거기에서 양질의 일자리가 창출된다. 그런 방식은 도외시한 채 말로만 '창조경제' 운운하거나 '문화융성' 떠드는 게 얼마나 공허한 외침인가. 박근혜 정부의 실패와 민낯을 굳이 보지 않았더라도 그건 당연한 일이었다. 만약 지난 10년 간 제대로 미래가치에 부합하는 미래투자를 미래의 인력인 청년들에게 쏟았더라면 지금 대한민국은 21세기의 새로운 도약대에 올라섰을 것이다.

어떤 방식으로 지원하고 인도할 것인지는 고민하지 않고, 더 이상 일자리 나오지 않는 구조적 모순의 정체성을 뻔히 보면서 기껏 한다는 말이 취업에만 매달리지 말고 창업해보라는 말을 뱉어내는 어른들을 보면 참으로 한심하다 못해 분노가 치민다. "그렇게 창업이 좋다면 당신은 왜 창업하지 않는가? 당신은 안정적인 일자리 차지하고 청년들에게 창업 운운하는 건 빵이 없으면 과자를 먹으라는 말과 무엇이 다른가?"라고 되묻고 싶다.

어느 지인이 중국에 다녀오더니 흥분하면서 전한 말이 지금도 충격적이다. 후난성에서 대학을 졸업한 학생들이 창업을 원하면 우리 돈으로 약 1억 원쯤 되는 자금을 지원한단다. 정확하게 그 조건과 내용을 알 수는 없지만 그들이 미래를 그리고 청년을 어떻게 바라보고 있는지 놀라울 뿐이다. 우리와 얼마나 대조적인가. 물론 중국의 경제가 잘나

가고 있으니 자금의 여력이 있는 까닭이기도 하겠지만, 그걸 넘어서 미래가치 창출에 대해 그리고 청년들의 미래 고용에 대해 중국이 어떠한 담대한 투자를 하고 있는지 생각하면 과연 앞으로 10년 후 인력의 경쟁력만 따져도 우리와 중국이 얼마나 큰 격차를 보이게 될지 두렵기까지 했다.

2016년을 기준으로 국가의 빚을 4인 가족의 가계로 분담하면 한 가정당 떠안을 빚이 6250만 원이다. 이만한 빚을 기성세대는 줄이기는커녕 자꾸만 늘려가고 있으니 결국 제 앞가림도 못 하는 다음 세대가 이무거운 돌덩이까지 짊어져야 할 판이다. 가계가 합리적 경제활동을 해야 하는 건 당연한 일이지만, 국가를 책임진 자들이 정치적 잇속만 따져 무조건 빚을 끌어다 쓰는 행태에 대해 끊임없이 비판하고 감시하는 것도 꼭 필요한 일이다. 국가의 1년 예산이 얼마인지 무관심하다면 그건 시민의 의무를 포기하는 것이다. 최저시급이 얼마인지 모르는 것만큼이나 위험하다. 그 폭탄이 내 손에서만 터지지 않으면 된다는 생각은 버려야 한다. 당장은 아니어도 조만간 그 폭탄은 우리 자식들 손에서 터질 것이니까.

정치건 경제건 사회건 모든 것의 초점은 미래가치에 모아져야 하고, 그 가치의 핵심은 바로 청년들이 누려야 할 미래의 삶이어야 한다. 그렇다면 답은 명쾌하다. 청년들의 미래에 투자하라. 그러면 저절로 모든 것이 해결될 것이다. 우리의 모든 판단의 최종적 근거는 바로 그것이어야 한다. 정치도, 경제도, 사회도. 그게 지금 우리의 유일한 그리고 한시도 미룰 수 없는 선택이고 의무다.

3
생각을 바꿔야
삶이 바뀌고 미래가 변한다

새로운 게 전부는 아니다

세상이 바뀌었다. 바뀐 세상에서 요구되는 것은 속도와 효율의 방식이 아니며, 미래가치는 창조, 혁신, 융합에서 온다는 것은 누구나 안다. 그래서 상상력과 창의력을 강조한다. 하지만 그런 교육을 받거나 살지 않았으니 막막하고 공허하다. 새로운 기술과 정보의 습득, 남들의 성공 사례 분석 등이 상상력과 창의력을 제고하는 방법으로 권장되지만, 과연 그런 것으로 기대하는 효과를 얻을 수 있을까? 그리고 새로운 기술과 정보의 습득만이 만능은 아니다.

사실 우리는 생각보다 많은 것을 배웠다. 속도와 효율의 시대에 맞는 교육을 받느라 그것을 입체화하는 방법이나 집단지성화하는 방법을 터득하지 못했고 써먹지 못할 뿐, 배운 내용은 많다. 먼저 생각을 바꿔야 한다. 나는 이미 밝힌 것처럼 이 책에서 무슨 이념이나 체계적 방법을 제시하지 않을 것이다. 그런 책은 많다. 나는 내가 느끼고 생각한 바를 함께 나눔으로써 각자가 거기에서 영감과 아이디어를 얻어 자신의 방식으로 체화하기를 바랄 뿐이다.

우선 그 첫 번째 사례로 만화를 보자. 대부분의 부모들은 자녀들이 만화 보는 것을 그리 달가워하지 않는다. 조금 열린 사고를 가졌거나 쿨(cool)하려고 노력하는 부모들도 겉으로는 '그게 뭐 어때서?'라고 관대한 척하지만 속으로는 불안해하거나 마뜩치 않게 여기는 경우가 많다.

왜 우리는 만화에 대해 불편하게 생각하고 낮게 평가하는가? 어렸을 때 만화를 즐겼으면서도 말이다. 지금은 다양한 방식의 만화들, 예컨대 웹툰 등이 큰 인기를 누리고 그것들을 원작으로 한 드라마나 영화가 대 히트를 치는 걸 보면서 만화의 새로운 시장성에 눈을 돌리고 있지만, 정작 그 본질을 꿰뚫어보지는 못하는 것 같다.

우리는 대부분 지식과 정보를 글을 통해 얻어왔다. 그러나 글을 읽고 이해하고 저장하는 건 조금 번거로운 일이다. 인류의 역사를 100만

년으로 볼 때 문자가 만들어진 건 고작해야 5천 년 전 혹은 아무리 멀리 잡아도 8천 년 전의 일이다. 그리고 당시 문자를 해독하거나 쓸 수 있는 사람은 극소수였다. 오늘날 같은 대중 문해 능력이 생긴 건 산업혁명 덕분이다. 그 이전에 영주나 지주의 토지를 소작하던 사람들은 봄에 씨 뿌리고 여름에 길러 가을에 수확하면 일부는 지대와 세금으로 내고 나머지로 생계를 꾸렸다. 농사는 경험을 토대로 반복되는 것이기에 굳이 글을 몰라도 큰 문제는 없었다. 그런데 갑자기 소작을 주지 않겠단다. 작물 대신 양을 키우겠단다. 지주의 입장에서는 소작을 받는 것보다 양을 키우는 게 더 많은 이익을 얻을 수 있기 때문이다. 양을 키우게 된 것은 양모 산업의 발전 때문이다. 그것은 산업혁명의 영향이었고 본격적인 산업혁명의 시작을 알리는 신호였다.

농지를 얻을 수 없는 농민들은 생존을 위해 고향을 떠나 도시로 갔다. 산업혁명은 수많은 공장과 광산을 만들어냈고 거기에는 많은 노동력이 필요했다. 그러니 더 이상 소작을 받지 못해도 도시나 광산으로 가서 일자리를 얻으면 살아갈 수 있었다. 문제는 공장 노동의 경우다. 농사와는 달리 공장의 노동은 일정한 작업 공정과 지시에 따라야 한다. 기계를 다룰 수 있어야 하는 것도 필요하다. 작업 공정과 지시도 기계에 대한 지식도 글을 읽을 수 있어야 한다. 양질의 노동력을 확보하기 위해서는 그러한 능력을 높여야 한다. 그래서 글자와 숫자를 읽고 쓸 수 있는 기초 교육과정이 필요했다. 그렇게 해서 공립의 초등과정 학교가 생겨났다. 교육, 대단하고 거창한 것 아니다. 물론 교육은 백년대계지만 그 바탕은 시대와 사회가 요구하는 노동력을 제공하기 위한 과정이고 장치다. 우리나라도 지금은 세계에서 문맹률이 가장 낮은 국가이지만 불과 1백 년 이전까지만 해도 글 읽고 쓰는 사람 그리 많지 않았다.

다시 처음으로 돌아가자. 글을 읽는다는 건 천부적인 게 아니다. 진화적 관점에서 본다면 글이 만들어진 것 자체가 '아주 최근'이기 때문에 그런 능력이 유전될 수도 없다. 문해력은 후천적이다. 글을 익히려면 상당한 노력과 에너지가 필요하다. 처음부터 글을 술술 읽을 수는 없다. 여러 차례 반복하고 잊고 또 잊는 걸 거듭하면서 습득한다. 글자라는 기호를 해독하는 건 힘든 일이다. 그런데 글자를 해독해서 이해하는 과정은 또 다르다. 이해한다는 건 머릿속에 그 문자가 지칭하는 그림을 그려낼 수 있는 것을 뜻한다. 만약 그 과정이 수반되지 않으면 글은 읽지만 무슨 뜻인지 모르게 된다. 그걸 우리는 '이해력 부족'이라고 부른다. 그리고 그렇게 이해한 내용을 머리에 기억시키는 건 다시 문자를 통해서다. 과정이 복잡하고 품이 든다.

그에 비해 시각정보는 즉각적이다. 어떤 대상이 눈에 들어오면 우리는 그것을 그대로 해석하고 저장한다. 얼마나 단순하고 명료한가. 그러나 더 많은 정보와 지식을 축적하는 것은 어렵다. 그래서 어쩔 수 없이 우리는 글을 배우고 글을 통해 많은 정보와 지식을 습득한다. 물론 그래도 여전히 시각정보가 훨씬 수월하다. 그러나 직접 감각하지 않으면 그 이상의 정보를 습득하기 어렵고 저장에도 한계가 있다. 역사적으로도 인류가 문자를 발명한 이후 문명이 비약적으로 발전한 것을 보면 그것을 충분히 짐작할 수 있다.

지난 세기에 다양한 시각정보가 출현했다. 영화, TV 그리고 만화가 그것들이다. 그런데 영화를 자주 볼 수도 없고 TV가 지금처럼 보편적으로 보급되지도 않았던 시절에 가장 쉽게 접근할 수 있는 시각정보 매체는 만화였다. 만화는 술술 읽히고 이해하기도 쉽다. 그래서 만화에 빠지면 글로 된 책을 보는 걸 꺼리게 된다. 어른들이 만화를 '질 낮은 것'으로 여기는 가장 큰 이유는 흥미 위주의 만화를 보다 보면 덜 재미

있는 책을 멀리하게 될 것이라는 생각과 만화는 그 부피에 비해 정보와 지식의 양이 매우 제한적이라 여기기 때문이다. 학습만화의 경우도 일반적인 책에 비해 담고 있는 지식의 양은 적을 수밖에 없다. 그림이 중심이기 때문이다. 그러면 21세기의 만화는 어떻게 해석해야 할까?

21세기는 지난 세기와는 달리 시각정보들이 넘친다. 집집마다 TV가 있고 수많은 프로그램들을 골라 볼 수 있다. 영화도 마음만 먹으면 볼 수 있다. 집을 나서면 전광판을 비롯해서 수많은 광고판 등이 다양한 시각정보를 전달한다. 그리고 모든 사람들은 각자 스마트폰을 지니고 있어서 언제든지 수많은 시각정보와 접속할 수 있다. 가히 시각정보 범람의 시대다.

그런데 이러한 시각정보들—영화, TV, 광고, 게임, 스마트폰 등—의 속도는 제공자가 일방적으로 정한다. 어떤 부분이 잘 이해가 안 된다고 천천히 진행하라거나 흐름을 짐작할 수 있으니 건너뛰라는 식의 요구는 원천적으로 불가능하다. 중간에 다른 일을 보기 위해 정지시켜놓을 수도 없다(물론 내가 일시 정지시킬 수 있는 장치가 있지만 그건 '다시보기' 기능의 프로그램에만 해당된다). 철저하게 제공자의 속도에 일방적으로 따라야 한다.

그러나 만화는 어떤가? 이해가 잘 안 되면 천천히 읽거나 다시 돌아가서 읽어도 되고 능히 짐작할 수 있거나 쉬우면 빠른 속도로 읽거나 대충 훑으면서 건너뛰어도 된다. 그뿐인가? 읽다가 다른 일을 하기 위해 잠시 접어두었다가 다시 읽을 수 있다. 읽는 속도는 완전하게 독자의 몫이다. 그게 바로 주체성이다. 거기에 주목할 필요와 가치가 있다. 우리는 흔히 주체성을 강조하지만 주로 선언적이거나 관념적이지 정작 어떻게 주체성을 기를 수 있는지에 대해서는 구체적 대안을 갖지 못하는 경우가 허다하다. 만화는 속도를 '내가' 정한다는 점에서 주체적이다. 바로 이 점이 만화가 21세기의 다른 시각정보매체와 다른 점이다. 이것만으로도 만화는 이미 매력적이다.

조금 더 구체적으로 들어가보자. 앞 만화의 첫 컷을 보자. 만화는 정지된 화면이다. 그리고 단순하다. 그러면서 충분히 전하고자 하는 내용을 포함한다. 그것은 바로 '선택과 집중'이다. 즉 '경제성'이다. 만약 사진을 찍는다면 다른 장면까지 모두 담길 것이다. 그러나 만화는 전하고자 하는 핵심만 그려낼 수 있고 그것으로 충분히 내용을 전달할 수 있다. 그런 점에서 만화는 미분(differential)이다. 미분이란 어떤 운동이나 함수의 순간적인 움직임을 서술하는 방식이며 자연과 사회의 수많은 현상들을 미분방정식으로 표현할 수 있다. 미분은 또한 다른 방식으로 서술하자면 아주 잘게 나누는 것이다. 공간을 잘게 나누어 하나의 면이 되도록 만들고 또한 면을 아주 잘게 나누어 선으로 만드는 것이다. 즉 3차원을 2차원으로, 다시 그것을 1차원으로 만드는 것이다. 만화는 그런 점에서 미분적이다.

우리는 미분과 적분을 함께 배운다. 이번에는 이 만화의 한 장면을 통해 적분을 응용할 수 있다. 적분(integration)은 선을 무한히 더해서 면적을 만들고 또 면을 무한히 더해서 공간을 만든다. 만화의 그림은 표현을 최소화했다. 첫 번째 장면에서 아이가 책상에 앉아 책을 읽고 있다. 나머지 공간은 빈 칸이다. 그러면 이번에는 그 빈 면을 그려보자. 어떤 사람은 배경에 책장을 그리기도 하고 또 다른 사람은 창문을 그리기도 할 것이다. 그 그림의 가능성은 매우 다양하되 그 공간 내에서 논리적이다. 적분은 바로 상상력이다. 적분의 알파와 베타의 값은 주어진 범위 내에서 펼쳐낼 수 있는 논리적 극대치다. 게다가 다른 사람이 그려낸 그 공간 채움의 그림을 보면 상상력은 확장된다. 상상력도 집단지성이 될 때 극대화된다. 상상력은 하늘에서 뚝 떨어지거나 우리의 지식이나 경험과 완전히 무관한 어떤 것이 아니다. 상상력은 나름의 예리한 논리적 구조를 갖는다. 그런 논리구조를 갖출 때 상상력은 현실이 된다.

이처럼 만화는 이미 한 컷의 그림만으로도 많은 것을 획득할 수 있는 보물창고와 같다. 이번에는 두 개의 컷을 연결해보자. 정지된 화면 두 개가 나열되었다. 그것은 작은 칸으로 분할된다. 만약 동작을 담는다면 1초당 16장의 사진이 필요하다. 그런데 두 개의 정지된 화면은 그것을 건너뛴다. 그렇다면 그 사이에 들어갈 수 있는 장면은 얼마나 될까? 수천 장이 될 수도 있고 수만 장이 될 수도 있다. 그것을 읽어낼 수 있는 건 엄청난 상상력의 자극이다. 하지만 모든 컷마다 그렇게 읽는다면 만화를 즐겁게 그리고 빨리 읽을 수 없다. 그러니 예를 들어 10쪽당 한 쪽의 면에서 두 개의 장면을 정해서 그 사이에 빨간 점이나 파란 점을 찍어두고 책머리에 '일러두기'를 통해 그 점이 있는 곳에서는 그런 상상을 해보라고 이끌어주면 된다. 20세기 만화와 21세기 만화의 차이는 바로 이 '점' 하나로 달라질 수 있다. 생각만 조금 바꿔도 뜻밖에 많은 해법이 생길 수 있는 사례다.

자, 이번에는 이것을 좀 더 확장시켜보자. 박물관은 아주 매력적인 곳이다. 마음만 먹으면 언제든 갈 수 있다. 입장료도 저렴하다. 그러나 학교 다닐 때 숙제로 간 이후 가보지 않은 사람들도 꽤 많을 것이다. 한 달에 한 번 박물관에 가본다 치자. 한꺼번에 모든 유물을 다 보려는 생각은 처음부터 버려야 한다. 한 번에 한 실(室)만 본다. 한두 시간이면 충분하다. 예를 들어 '13세기 고려청자'실에 간다 치자. 모든 유물에 대해 다 아는 건 불가능하지만 한 실만 택하면 미리 어느 정도 공부할 수 있다. 가기 전에 고려청자에 관한 예비지식을 살핀다. 그런 다음 박물관에 가면 훨씬 더 세밀하게 관찰할 수 있다. '아는 만큼 보이고 보는 만큼 안다'는 말을 실감할 것이다. 이런 방식은 특정한 대상에 대한 깊은 이해를 가능하게 해준다.

그다음 달에는 '조선 중기의 백자'실에 간다. 마찬가지로 미리 공부 좀 해서 가면 눈이 뜨인다. 그렇게 나는 고려청자와 조선백자에 대해 체계적으로 이해하고 지식과 정보를 축적하게 된다. 그 뒤의 달에는 '하나'만 콕 짚어 본다. 예를 들어 고려청자 가운데 '참외 모양의 주전자'를 택했다 치자. 아무리 세밀하게 감상해도 10분이면 족하다. 그럼 나머지 시간을 무엇을 해야 하는가? '왜 참외 모양일까?' '누가 이런 주전자를 사용했을까?' 등의 궁금증이 생길 것이다. 예전에는 해설사가 없으면 어디 물어볼 데도 없지만 지금은 휴대전화 꺼내 검색창에 물으면 답을 얻을 수 있다. 단순히 참외 모양에 그치지 않는다. 다른 형태는 왜 그런 모양을 띠었는지, 그리고 각 문양의 의미는 무엇인지를 묻고 검색할 수 있다. 완벽한 '선택과 집중'이다. 그것은 정보와 지식의 '심화과정'이기도 하다.

그다음에는 박물관에 갈 때 유물을 보지 않기로 한다. 박물관에서 유물을 보지 않는다? 그렇다면 무엇하러 박물관에 가지? 그렇게 물을 수 있다. 그러나 박물관에서 우리가 간과하지 않아야 할 귀한 가치가 있는데 그건 바로 '시간'이다! 유물은 형태를 지니고 있지만 시간은 비가시적이다. 그래서 느끼지 못한다. 우리는 대개 형태를 갖고 있는 건 쉽게 이해하지만 비형태적이거나 비가시적인 것에는 익숙하지 않다. 상상력은 바로 이 비가시적인 것을 읽어내는 능력과 밀접하다. 먼저 지난번에 갔던 고려청자실에 들른다. 유물을 보는 대신 그 당시의 시간을 읽는다. 그야말로 타임캡슐을 타고 과거로 여행하는 것이다. 당시의 사람들을 만나고 당시의 문화와 사회를 느껴본다. 뜻밖에 많은 것들을 얻을 수 있을 것이다. 그런 다음 조선백자실로 자리를 옮긴다. 물론 마찬가지로 그 방에서는 그 백자가 만들어졌던 당시의 조선시대를 읽고 느낀다. 아마도 이런 박물관 탐방은 해본 적이 별로 없을 것이다. 하지만 매우 매력적인 방법이다.

내가 고려청자실에서 조선백자실로 넘어가면서 걸린 시간은 고작해야 몇 분 남짓이다. 공간적으로도 근접하다. 하지만 그 시간과 공간에는 엄청난 간격이 존재한다. 수백 년의 시간과 상당히 달라진 공간이 그 간격에 담겨 있다. 우리는 일상에서 불과 몇 분 차이로 수많은 경험을 하게 되고 때로는 마음을 동동거리기도 한다. 그러나 그 비슷한 시간에 나는 박물관에서 수백 년의 시간 간격을 체감한다. 농축된 시간이다. 이것은 시간의 '압축파일'이다. 공간 또한 그런 방식으로 상상할 수 있다. 얼마나 매력적인가!

이러한 경험은 만화에서 다시 농축된다. 앞서 말한 것처럼 하나의 칸에서 다른 칸으로 넘어갈 때 그 사이에 무엇이 가능한지를 상상할 수 있다. 이만한 상상력 훈련 교본이 있는가? 만화라는 물성은 예나 지금이나 다르지 않다. 그러나 그것을 어떻게 사용하느냐에 따라 엄청나게 달라질 수 있다. 그런 경험과 체감이 많은 것들을 잉태할 수 있다. 다시 말하지만 영감과 아이디어 혹은 상상력은 하늘에서 뚝 떨어지는 게 아니다. 새로운 수단이나 미래 기술을 도입한 것도 아니다. 그러나 생각을 바꾸면 놀라운 결과를 얻을 수 있다.

아직 만화의 매력은 끝나지 않았다. 일단 만화를 다 읽고 나면 이전에는 대부분 다시 읽지 않았다. 그러나 21세기 만화의 독법은 다를 수 있다. 만화를 다시 읽는다. 고전도 아닌데 만화를 왜 다시 읽느냐 생각할지 모른다. 딱히 대단한 정보와 지식을 담고 있는 것도 아니니 그런 반문은 어쩌면 당연하다. 하지만 그걸 어떻게 사용하느냐에 따라 전혀 달라질 수 있다.

만화를 다시 읽을 때 말풍선의 대사를 지우거나(화이트로 덮어도 무방하다) 새로운 말풍선을 달 수 있다. 맨 처음 만화의 대사는 만화가 혹은 대본작가가 스토리 전개에 맞춰 각 컷에 배분한 것이다. 문학적으로 표현한다면 작가 전지적 시점의 글이다. 거기에 새롭게 글을 써보자. 이제 내가 작가가 된 것이다. 그런데 흥미로운 점은 이미 만화를 읽었기 때문에 전체의 흐름을 알고 있다는 사실이다. 따라서 그 흐름에서 벗어나는 글을 쓰지는 않는다. 그것은 바로 논리적 능력이다. 논리의 힘을 키우는 데에 매우 효과적이다. 논리는 객관적인 틀이다. 그런데 내가 쓰는 글은 주관적이다. 흔히 객관성과 주관성을 함께 갖춰야 한다고 하지만 그게 그리 쉬운 게 아니다. 두 개는 얼핏 충돌하는 개념이기 때문이다. 하지만 만화의 말풍선에 내가 글을 채우면서 자연스럽게 객관성과 주관성이 서로 충돌하지 않으면서 녹아든다. 놀랍지 않은가?

이렇게 말풍선에 새로운 대사를 써내려가면서 얻는 또 하나의 매력은 공감능력의 향상이다. 물론 맨 처음 원본에 있던 대사도 그 대사의 주인공의 감정을 드러내는 것이지만 전체적 흐름의 배열을 염두에 두면서 배분할 수밖에 없다. 그러나 내가 새로 쓸 때는 그보다 훨씬 더 말풍선의 주인공의 입장에서 쓰게 된다. 문학적으로 표현하자면 감정이입이 충실해진다. 그리고 더 넓은 의미로 확장하면 그것은 바로 공감능력의 증강이다.

현재와 미래는 공감의 능력이 강조되는 시대다. 공감능력은 집단지성을 유도하는 매우 중요한 가치다. 미래의 리더뿐 아니라 조직의 구성원들에게 필요한 덕목 가운데 하나가 바로 공감능력이다. 그것은 통합과 조정의 능력이다. 바로 코디네이션의 능력이다. 팀장들에게 필요한 것은 바로 그러한 코디네이션십이다. 만화에서 새로운 말풍선에 글을 채우면서 공감능력뿐 아니라 기획능력도 키워진다. 왜냐하면 전체적 흐름을 읽고 그 안에서 어떤 새로운 가능성이 있는지 확장해갈 수 있기 때문이다. 그것은 분류와 배포 그리고 통합과 조합의 능력이다. 바로 큐레이션의 능력이다. 큐레이션이란 다른 사람들이 만들어놓은 콘텐츠를 목적에 따라 분류하고 배포하는 일이다. 집단지성에는 이러한 능력이 필수적이다. 기업에서도 원하는 콘텐츠를 수집해 공유하고 가치를 부여해서 필요한 다른 사람들이 소비하게 하는 서비스 능력이기도 하다. 그야말로 현대 조직과 구성원들이 반드시 구비해야 하는 능력들이다. 그게 바로 만화를 통해 배양될 수 있다는 점을 따져보면 만화가 얼마나 매력적인 도구인가!

이처럼 우리가 생각만 바꿔도 수많은 영감과 아이디어를 얻을 수 있고 새로운 가능성을 찾아낼 수 있다. 미래가치는 그러한 전환에서 비롯된다. 무조건 새로운 정보와 지식 그리고 도구들이 있어야만 하는 건 아니다. 기존의 것들을 재해석하고 새로운 생각으로 재구성하면 놀라운 결실을 얻을 수 있다. 생각이 바뀌면 삶이 바뀐다. 그리고 미래도 바뀔 수 있다.

다른 시각으로 읽어보면 모든 게 새롭다

앞에서 만화와 박물관 이야기를 하면서 잠깐 역사에 대해 언급했다. 역사는 꼭 실록이나 역사서적을 통해서만 읽어낼 수 있는 게 아니다. 우리는 정해진 과목에서 정해진 범위 내의 지식만 전문적으로 다뤘다. 전문화의 시대에는 그게 통했다. 문제는 그게 고착화되어 다양한 시선으로 바라보는 방법을 스스로 퇴화시켰다는 것이다. 그래서 정작 이미 지니고 있는 지식이 낡은 것으로 변하면 써먹지도 못하고 계속해서 새로운 것을 채워야만 했다. 그러나 이미 알고 있는 것들도 가로세로로 엮고 다양한 시선으로 바라보면 뜻밖에 많은 것을 읽어낼 수 있다. 기업에서도 수많은 교육을 통해 인력을 개발하는 노력을 하고 있지만 여전히 기능과 새로운 기법의 습득 위주다.

눈길 한 번만 다르게 던져도 많은 것을 찾아낼 수 있다. 박물관의 경우에서 말한 것처럼 과거의 유물을 통해서도 역사를 읽어낼 수 있다. 예를 들어 고려 상감청자를 보자. 그것을 볼 때마다 신비롭고 아름다운 비취색의 황홀함에 감탄할 수밖에 없다. 색깔뿐 아니라 그 모양도 참 곱고 아름답다. 그런데 그냥 '아, 정말 아름답구나.'하고 뿌듯해하기만 하면 그것밖에 보이지 않는다. 도자기 하나도 당시의 상황과 배경을 짚어보고 살피면서 보면 많은 것들을 배우게 된다. 고려는 왜 그렇게 아름답고 신비한 상감청자를 만들게 되었을까? 이런 물음이 따라와야 한다.

고려가 세상에 혼자 존재했던 것은 아니다. 어느 나라건 이웃나라와 관계를 맺고 서로 영향을 주고받으며 살 수밖에 없다. 중국-한국-일본은 역사적으로 늘 그러한 관계 속에서 살아왔다. 꼭 가까운 이웃나라와만 그랬던 것은 아니다. 예를 들어 신라는 멀리 서역, 그러니까 페르시아와 인도 등의 나라들과도 교역했고(신라시대의 유리 제품 유물이 그런 증거이고, 괘릉의 무인석이 서역인의 모습을 하고 있는 걸 봐서도 알 수 있다) 고려는 벽란도를 통해 수많은 나라들과 무역했다.

고려는 당연히 당시 중국의 송나라와 아주 밀접하게 지냈다. 그러니까 중국의 선진문화를 자연스럽게 받아들였을 것이다. 송나라는 중국의 어느 왕조보다 무(武)보다 문(文)을 중시했고 자연히 그러한 문화가 발전했다. 그 대표적 문화가 바로 도자기 문화다. 물론 당나라 때도 당삼채(唐三彩)라는 도기 문화가 발달했지만 도자기 문화의 꽃은 송나라에 이르러서 활짝 폈다. 바로 그 송나라 때 청자가 발달한 것이다. 그러니까 당연히 고려에서도 청자를 수입하고 배우고 제작하기 시작했을 것이다. 사실 고려는 세계에서 두 번째로 청자를 만들었던 나라였다.

문화는 어느 한곳에 머물러 고정되는 것이 아니고 자연스럽게 다른 곳으로 옮겨간다. 마치 물이 위에서 아래로 흐르듯, 더운 공기와 찬 공기가 대류하듯. 그런데 고려청자의 뛰어난 점은 그냥 송나라의 청자를 빼어난 솜씨로 모방하고 재현했기 때문이 아니라 완전히 새로운 기법을 창안해서 훨씬 더 아름답고 예술적으로나 기술적으로 훨씬 더 뛰어난 도자기를 만들었다는 것이다. 그게 바로 상감(象嵌)이라는 기법이다. 상감은 고려가 세계 최초는 아니었지만 우리는 그것을 받아들여 완전히 새로운 방식을 찾아냈다. 오죽하면 중국인들조차 그것을 천하제일이라고 감탄했겠는가? 그 이전까지는 도자기에 직접 그림을 그렸지만 고려의 장인들은 도자기에 음각과 양각으로 그림을 새기고 거기에 백토나 흑토로 메우고 구워낸 다음 다시 청자유약을 발라 구워내면서 무늬가 유약을 통해 투시되도록 했다. 이것이 상감청자의 기법이다. 물론 상감이라는 기법이 완전히 독창적인 것은 아니고 나전칠기 등에서 사용했던 기법을 응용한 것이다. 이렇게 문화는 모방과 창조를 통해 진화하는 것이다.

이처럼 아름다운 상감청자를 보고 있으면 정말이지 황홀함이 절로 느껴진다. 우리의 문화재에 대한 뿌듯함도 느껴진다. 그런데 이걸 보면서 그냥 '아, 참 아름답다.'거나 '자랑스럽다.'는 느낌에 그치면 안 된다. 어째서 고려는 이렇게 대단한 도자기를 만들어냈을까? 물론 예술적 안목과 문화적 잠재력이 중요한 것은 사실이지만 그걸 생산해낼 수 있는 사회적 배경도 무시할 수 없다.

먼저 기술적인 면을 보자. 도자기는 일반 찰흙으로 만드는 도기와 자토로 만드는 자기를 일컫는 말인데, 도기는 섭씨 500~1,100도에서 굽지만 자기는 1,200도가 넘어야 구워지기 시작해서 1,300도쯤 될 때 최적 상태가 된다고 한다. 그렇게 구워지면 훨씬 가볍고 단단해진다. 금속이 대략 1,000도쯤이면 녹는다는 것과 비교해보면 엄청난 온도다. 그런 온도를 만들어내려면 가마를 만드는 기술이 뛰어나야 한다. 그리고 그 온도까지 올라가려면 적어도 사흘 내내 장작을 때서 밀폐된 내부의 온도를 한계 온도인 1,200도 이상으로 끌어올려야 한다. 이런 것을 어떻게 알았을까? 그러니까 이러한 기술은 경험과 과학, 그리고 끈질긴 탐구의 결과물인 셈이다.

이런 기술은 어떻게 생겨났을까? 도공이 그냥 심심해서 시도해본 것일까? 결코 그렇지는 않았을 것이다. 그 사람들이 먹고사는 건 누군가가 일을 시키고 그에 따른 값을 받아야 가능하다. 누가 주문했을까? 당연히 왕족이나 귀족 등 지배계급이었을 것이다. 하지만 아무리 지위가 높은 계급이라 하더라도 경제적으로 풍족하지 못하다면 사치스러운 상감청자를 마음껏 누리지는 못한다. 아니면 대단히 착취적인 구조를 가지고 있었거나, 뭐 그래야 했을 것이다. 물론 경제적 요인만 있는 것은 아니다. 무엇보다 그 가치를 누릴 수 있는 안목과 식견이 갖춰져야 하니까. 그러니까 11~12세기 고려는 경제적으로도 풍족했고 지배계급의 문화 수준도 높았을 거라고 짐작할 수 있다. 벽란도를 통한 무역으로 경제적 윤택을 누렸을 수도 있었을 것이다.. 상업은 농업이나 공업보다 이익을 더 많이 그리고 쉽게 얻을 수 있다.

실제로 12세기 후반에서 13세기에 접어들면 뜻밖에 고려청자의 수준이 떨어졌다. 왜 그랬을까? 바로 무신정권의 지배와 원나라의 침입 때문이다. 평화롭고 윤택할 때는 문화가 세련되고 성숙해지지만 불안하고 피폐해지면 당장의 문제를 해결하는 수단이 되지 못하는 문화는 퇴보하게 된다. 그래서 우리가 지금 잘살아야 하는 것이다. 가난하고 정치가 불안정한 나라에서 문화가 성장하는 경우는 거의 없다. 고려 말에 가면 청자의 전성기는 완전히 막을 내리고 쇠퇴하다가 조선시대가 되면 그 맥이 거의 끊어지고 말았다. 물론 조선은 유교적 가치를 내세운 왕조였기 때문에 사치와 화려함보다는 질박하고 담백한 것을 추구한 때문이기는 하지만 청자의 맥이 끊겨졌던 것은 아쉬운 일이다.

이런 상상도 가능하지 않을까? 일반 서민들의 경우는 어쩌면 청자에 대해 그리 탐탁지 않게 여겼을지도 모른다. 생각해보라. 사람들 땔감도 넉넉하지 않은데 청자를 굽기 위해서는 사흘 동안 가마에 엄청난 소나무 장작을 때야 한다. 그 나무들이 서민들에게는 그림의 떡이었을 것이다. 자신들은 구경도 못 해볼 그릇 굽는 데에 사용되기 위해 숲이 황폐해지고 땔감은 부족해지니 얼마나 삶이 곤궁했겠는가. 이렇게 누군가 누리는 행복을 위해 다른 누군가 불행을 겪어야 하는 것은 공정한 일은 아니다. 게다가 소수의 행복을 위해 다수의 불행을 감당해야 하는 건 더더욱 그렇다. 아무리 그게 옛날이라고 해도 그 판단이 바뀌지는 않는다.

열린 시각은 다양한 생각이 허용되고 그것들이 자유롭게 발현될 때 가능하다. 정치는 바로 그러한 자유를 허용하고 장려하는 사회적 장치여야 한다. 정치란 백성들의 마음을 얻어야 하는 것이라고 공자도 맹자도 가르쳤다. 물론 백성들에게 민폐를 끼치지 않는 범위에서 문화를 누리는 것은 비난할 일이 아니라 칭찬할 일이다. 고려청자가 번창한 것은 어쩌면 경제적으로 풍요롭고 정치적으로도 안정되었기 때문에 가능했을 것이다. 그러니까 고려의 경제와 정치를 짐작할 수 있는 창문을 우리가 이 청자를 통해 엿볼 수도 있는 것이다. 이렇게 도자기 하나를 통해 우리가 살펴보고 생각할 수 있는 갈래들이 뜻밖에 많다는 것을 알 수 있다. 이것은 단지 하나의 사례에 불과할 뿐 눈을 돌리면 어디에서건 찾을 수 있다.

그럼 이번에는 고려 상감청자 작품 하나를 자세히 살펴보면서 예술적인 감상을 해보자. 국보 95호 청자투각칠보문향로다. 칠보문이란 일곱 가지 귀한 보물에서 유래한 말인데 나중에 차차 길상(행운) 무늬로 형상화되었다. 투각된 뚜껑과 연꽃 문양의 몸체, 그리고 세 마리 토끼가 받치고 있는 판형 받침이 완벽한 조화를 이루고 있다. 아주 화려하면서도 완벽한 균형을 갖추고 있다. 특히 받침대의 토끼의 눈에는 검은 철화 점을 찍어 마치 살아 있는 느낌과 영특한 느낌이 들게 한다. 화룡점정(畵龍點睛)이란 말이 있다. 용을 그린 다음에 마지막으로 눈동자를 그린다는 뜻인데 가장 요긴한 부분을 마쳐서 일을 완벽하게 끝낸다는 뜻이다. 하지만 거창하게 용의 눈동자를 그린 것보다 이 귀여운 토끼의 눈동자를 그냥 살짝 붓끝으로 '톡' 쳐서 그려낸 이 소박하면서도 깔끔하고 재치 있으면서도 생동감 넘치게 하는 모습에서 저절로 행복한 웃음이 느껴진다.

그리고 몸통의 꽃잎 하나하나가 모두 살아 있는 듯하다. 송나라에서 파견된 사신 서긍(徐兢)이 고려의 청자를 보고 깜짝 놀라 감탄을 멈추

지 않았을 정도였다. 이런 작품들이 바로 12세기 상감청자 전성기 때 엄청나게 생산되었다는 건 그만큼 고려의 문화 수준이 대단했다는 증거이다. 이처럼 유물 하나를 통해서도 한 시대의 정치, 경제, 사회의 구조를 알 수 있고 당대 문화의 창의력과 예술적 감각 등을 짐작할 수 있다.

시 한 편, 저술 한 권을 제대로 읽기 위해서도 시대를 읽어내고 맥락을 더듬어 찾아내야 한다. 두보와 이백의 시도, 이이와 정약용의 저술도 그 배경을 읽어내야 제대로 맛과 의미 그리고 가치를 읽어낼 수 있다. 그러나 당연한 말이지만 이것을 제대로 훈련하지 않은 우리의 교육 방식에서, 즉 속도와 효율만 강조하며 각 과목이 따로 전문적 지식만 다루고 가르치는 방식에서 이러한 '맥락적 이해'는 열악할 수밖에 없다. 다만 때로 문학에서는 시나 소설 그 자체보다 작가의 사적 생활이나 인간관계를 지나치게 개입시켜 작품에 대한 온전한 이해를 방해하는 경우도 있다. 두보의 시를 읽기 위해서는 당나라의 현실, 안록산의 반란, 그리고 당시의 특성 등을 파악해야 하고 정약용의 시와 저작을 읽기 위해서는 정조시대의 상황, 사옥(史獄), 삼정의 문란 등에 대해서도 살펴야 한다. 역사의 유산은 그것이 어떤 분야건 반드시 시간과 공간의 맥락과 배경 속에서 읽어야 하고 그것을 현대의 그것들에 비춰 재해석해야 한다. 이러한 태도와 방식은 비단 오래된 과거의 일에 국한되는 것이 아니다. 현대시에서도, 현대사에서도 그건 동일하다.

이것저것 섞어 잡탕의 지식을 만드는 것이 '융합'이나 '복합'이 아니다. 하나의 사물이나 지식을 통해서도 그 갈래를 풀어내고 다양한 사고를 펼쳐내야 가능한 일이다. 지금 우리가 해야 될 것이 바로 이러한 사고의 전환이고 확장이다. 토머스 쿤이 말하는 '패러다임의 전환(paradigm shift)'에 해당하는 대전환이 우리의 살길이다.

생각의 틀을 넓히면

많은 시간과 에너지 그리고 돈을 들였다면 그것이 제대로 결실될 수 있도록 해야 한다. 모든 조직들이 낭비를 줄이고 결과를 극대화할 수 있는 방법을 끊임없이 추구하는 것도 그런 때문이다. 그건 개인이나 기업뿐 아니라 사회와 국가 전체에 해당되는 지극히 당연한 기본이다. 최근에 '낭비학'이 강조되는 것도 그런 이유다. 『토요타 낭비학』(정일구)은 "주객이 전도되면 낭비를 막지 못한다."거나 "생각의 차이로 낭비의 존재가 좌우된다."고 주장한다.

나는 낭비의 대표적 사례로 우리 수학 교육을 꼽고 싶다. 수학은 가장 '중요한 과목'이다. 다른 과목 공부 아무리 잘해도 수학 못하면 원하는 대학 진학할 수도 없고 좋은 직장과 직업 얻기도 어렵다. 그런데 수학은 재미없다. 물론 수학 공부 제대로 하면 흥미진진하고 성취감도 매우 크다. 그래서 수학의 매력에 푹 빠지는 학생들도 제법 있다. 그러나 대다수의 학생들은 수학 과목을 즐거워하지 않는다. 이 책을 읽는 독자들 가운에 수학 공부가 정말 재미있고 유익했다고 여기는 사람이 얼마나 될까.

얼마 전 한 잡지에서 '18세기 인문학'에 대한 대담이 있었다. 많은 이야기가 오갔고 유익한 대담이었다. 그런데 사회자가 17, 8세기 유럽의 인문학에서 가장 중요한 사건이 무엇이냐고 물었다. 나는 '미적분의 출현'이라고 대답했다. 물론 1776년에 발행된 애덤 스미스의 『국부론』도 있지만 나는 주저하지 않고 미적분을 들었다. 참석자들은 약간 뜬금없다는 표정이었다. 그렇기도 할 것이다. 미적분과 인문학이라니.

이 문제를 더 언급하기 전에 여러분들에게 하나 묻고 싶다. 여러분들이 고등학교 수학 시간에 미적분을 배울 때(물론 다른 단원도 거의 비숫하지만) 수학 선생님으로부터 언제, 누가, 왜 미적분을 발견(수학에서는 발명이라는 게 없으니까)했는지, 그래서 수학이 어떻게 발전했으며 과학을 어떻게 변화시켰는지, 혹은 그게 우리 일상생활에서 적용되는 사례가 무엇인지, 그리고 앞으로 살아가면서 언제 어떤 상황에서 미분적 분석을 하고 적분적 판단을 해야 하는지 등에 대해 설명을 들어본 적이 있는가? 아마 거의 없을 것이다. 이 문제에 대한 논의는 잠시 뒤로 미뤄두자.

미적분을 처음 발견한 것은 17세기 후반 영국의 아이작 뉴턴(Sir Isaac Newton)이었다. 잘 알고 있는 것처럼 그는 중력의 법칙과 운동의 법칙을 발견한 과학자였고 천문학자였다. 운동의 법칙에는 관성이라든지 속도와 가속도의 법칙 등이 포함된다. 이전에는 그러한 문제에 대해 연구하지 않았거나 결과물들이 없었기에 그 발견에 대한 해법이 없었다. 다행히 그는 천재였고 자신의 연구를 위해 끝내 미적분의 법칙을 고안해냈다. 유분법이 바로 그것이었다. 물리학의 미적분이다. 그것은 어느 한 물체의 위치와 속도를 알아내면 그다음 순간의 위치와 속도를 알 수 있다는, 과학적 결정론의 핵심을 구성하는 놀라운 발견이었다. 그리고 채 20년이 지나지 않아 독일의 외교관 겸 철학자인 라이프니츠(Gottfried Wilhelm von Leibniz)가 오늘날 우리가 배우고 있는 수학적 미적분을 만들었다. 그런데 뉴턴의 미적분보다 라이프니츠의 미적분이 훨씬 더 정교하고 학습하거나 응용하기에 우월했기 때문에 대부분은 라이프니츠의 미적분을 배운다. 지금 우리가 수학 시간에 배우는 바로 그 미적분 말이다. 실제로 영국에서는 뉴턴에 대한 존경이 커서 그리고 독일인이었기에 라이프니츠의 미적분을 의식적으로 평가절하했다. 그래서 영국인들은 힘들고 한계가 많은 뉴턴의 물리학을 배워야 했다. 감히 뉴턴을 버릴 수는 없었으니까. 영국인들은 그것을 미적분에서의

'뉴턴의 저주'라고 부른다(제임스 글릭의 『인포메이션』에 그 부분에 대한 자세한 설명이 실렸다). 그게 미적분의 역사다. 18세기는 본격적으로 미적분이 활약한 시대였다.

그럼 도대체 왜 미적분의 발견이 18세기 근대의 가장 중요한 계기라고 판단하는가? 지중해 시대를 마감하고 대서양을 건너 식민지를 만들고 거기에서 다양한 산물을 들여온 유럽은 크게 변동했다. 17세기까지 유럽의 변화는 매우 빠른 속도로 진행되었다. 그에 따라 생각도 달라졌으며 대상도 다양해졌다. 그러나 17세기까지 그러한 변화와 발견을 규명하거나 발전시킬 수 있는 과학적 사고의 집적은 아직 부족했다. 다행히 17세기 후반에 천재 뉴턴에 의해 미적분이 고안되고 라이프니츠에 의해 수학적 방식의 미적분법칙도 수립되었다. 그것들은 단순히 물리학이나 수학의 발전에 그치지 않았다.

미적분은 매우 획기적인 발견이었다. 속도와 가속도, 순간가속도 등은 물론이고 기존의 방식을 혁명적으로 발전시킬 수 있는 논리적, 방법론적 토대를 마련했다. 라이프니츠는 미적분을 통해 해석학의 경지까지 확장했다. 미적분의 발전은 무엇보다 산업혁명을 가속시켰다. 이전까지의 기계학은 단순하고 조잡했다. 그러나 미적분의 발견은 매우 복잡하고 복합적인 기계적 장치의 토대를 제공함으로써 본격적인 산업혁명의 기계적 발전을 이끌었다. 그리고 산업혁명은 인류 역사상 최초로 실질적 잉여물을 생산할 수 있는 역사를 만들었다. 17세기까지만(하버드의 역사학자 레이 황은 1587년을 기준으로 삼지만〔『1587 만력 15년 아무 일도 없었던 해』라는 제목은 그런 상징의 의미를 함축한다〕 그것은 동양사학자로서 그녀가 상징적으로 그리고 은유적으로 설정한 기준일 뿐이다) 해도 동양과 서양의 문화는 거의 대등했다. 그러나 산업혁명은 그 균형을 완전히 무너뜨렸다. 실제로 유럽의 본격적인 식민지 사업은 산업혁명의 결과물이다. 잉여생산물을 소비할 시장이 필요할 뿐 아니라 값싼 원료의 수입처로서의 식민지 개발 경쟁은 이윽고 동양을 유럽의 먹잇감으로 만들었다. 결국 동양과 서양의 균형이 무너지고 서구중심주의로 전환하게 된 계기는 산업혁명이었으며 그것은 미적분의 발견과 밀접한 관계를 맺고 있다. 그런데 우리의 미적분에 대한 생각은 수학적 계산의 틀에서 한 걸음도 나아가지 못하고 있다.

우리가 그토록 오래(12년 동안 배우는 과목은 국어와 수학뿐이다) 그리고 가장 많이 투자(시간, 돈, 에너지 등)하면서 정작 즐거움은커녕 괴로움을 겪는 경우가 대다수고 그토록 힘들여 배운 것을 졸업 이후 제대로 써먹지 못하는 게 수학 말고 또 있는가?

생각을 바꾸고 뜻을 모으면 세상을 바꿀 수 있다

수학 잘하지 못하면 좋은 대학 들어가기 어렵다. 그럼 좋은 직장이나 직업은 날 샜다. 그러니 죽자 사자 수학에 매달린다. 재미있게 가르치지도 않는다. 매 단원마다 곧바로 계산법을 가르치고 빠르고 정확한 계산만 훈련시킨다. 그게 우리가 받은 수학 교육의 민낯이다. 정작 써먹지도 못하면서.

대다수에게 학생 시절 힘들고 지겨웠던 과목이던 수학에 무려 12년 동안 시간, 돈, 에너지 가장 많이 쓴다. 그렇다고 졸업 후 쓸모도 별로 없다. 아니 거의 없다. 수학을 필요로 하는 이공대 말고는 수능 끝나면 수학과 작별이다. 수학을 통해 논리력, 사고력이 성장한다. 틀린 말은 아니다. 그러나 그렇게 어렵게 재미없게 그런 능력 길러야 하는 건 아니다. 이런 방식이라면 수학의 교훈은 딱 하나다. "얘들아, 인생 살다 보면 하기 싫어도 해야 되는 일이 있단다." 문과 학생도 그렇지만 의대생들도 고등수학을 필요로 하는 건 아니다. 그런데도 여전히 우리는 어려운 수학에 매달린다. 그것도 힘들고 어려운 방식으로 반복하며. 우리가 매조키스트가 아닌데도.

의사가 수술할 때 미적분을 사용하는가? 대법원 대법관이 최종 판결을 내릴 때 미적분이 필요한가? 의사나 법관이 된 사람들은 수학 공부 잘했던 이들이다. 물론 그게 어느 정도 도움은 될지도 모른다. 정밀한 분석능력이 필요하고 종합적 판단능력이 요구된다. 그리고 논리적 이해능력이 필요하다. 그런 점에서 필요한 덕목이다. 하지만 그게 필수적인 건 아니고 그런 능력이 반드시 지금 같은 수학 공부의 방식으로 갖춰지는 것도 아니다.

그럼 왜 그런 수학 공부에 치중해야 했는가? 앞서 말한 것처럼 교육은 그 시대와 사회가 요구하는 노동력을 제공하는 방식에 따를 수밖에 없다. 20세기 속도와 효율의 시대에는 교육도 그러한 흐름을 따라야 했다. 그래서 각자가 충분이 이해하고 각 단원의 의미를 파악하는 것은 중요하지 않고, 진도를 따라가고 그 성과를 답으로 제시할 수 있는 능력이 필요했다. 또한 빠른 계산능력은 잡다한 것들을 일목요연하게 분석하고 판단해야 하는 20세기에 필수적인 자산이었다. 그래서 수학은 역할 범위가 넓었다. 20세기에 우리가 배운 수학은 그러한 능력을 키우는 대표적 과목이었다. 그러나 지금은 그러한 능력이 가장 중요한 시대가 아니다. 시대가 바뀌고 사회가 요구하는 노동력의 형태도 크게 변했다. 그런데도 여전히 거기에 매달린다.

우리나라 학생들은 고등학교까지 세계 상위권의 수학 실력을 갖고 있다. 수학올림피아드에서 상위 입상을 휩쓴다. 그러나 대학에 가면 이

공계 학생들의 수학 실력이 OECD 가입국 가운데 하위권으로 처진다고 한다. 계산만 했지 수학의 원리나 다양한 사고를 배우지 않았기 때문이다. 단순한 계산능력은 20세기에는 통했던 자산이다. 그러나 이제 세상은 달라졌다. 아무리 복잡한 연산도 컴퓨터 알고리즘으로 가볍게 해결한다. 이제는 수학적 원리를 이해하고 수학적 사고를 확장하는 방식으로 전환해야 한다. 그러나 대한민국의 수학 교육은 여전히 20세기에서 벗어나지 못하고 있다.

알파고 쇼크는 '빠르고 정확한 계산'의 능력이 더 이상 예전의 가치를 갖지 못함을 보여줬다. 그런데도 수학 수업방식은 여전하다. 교육은 '과거의 사람이 과거의 방식으로 미래를 살아갈 아이들을 가르치는 것'이다. 그게 교육의 숙명적 한계다. 그래도 사회가 전체적으로 속도와 효율을 요구했던 지난 세기에는 그게 통했다. 그러나 이젠 더 이상 아니다. 창의력, 상상력, 융합의 능력이 관건이다. 그런데도 여전히 교실에서는 학생들이 그저 계산만 해댄다. 그것으로 점수를 매기고 미래를 결정한다. 시대 착오요 능력의 낭비며 폭력이다. '과거의 사람'과 '미래를 살아갈 사람'은 바꿀 수 없다. 그렇다면 '과거의 방식'을 '미래의 방식'으로 바꿔야 한다.

'주요 과목'과 '기타 과목'이 존재하는 교육은 죽은 것이다. 그것은 '주요 인간'과 '기타 인간'이 존재함을 의미하는 것이기도 하다. 도대체 왜 수학은 주요 과목인가? 지난 세기는 계산과 작동의 신속하고 효율적인 능력이 필요했기 때문이다. 그러나 앞서 말한 것처럼 이제 그런 것들은 컴퓨터 알고리즘이 다 해결한다. 사회에서 작동되는 노동력의 형태도 이미 그렇게 변했다. 그러니 교육도 그에 걸맞게 바꿔야 하지 않겠는가.

그럼 어떻게 그것을 바꿀 수 있을까. 바꿔야 한다는 당위에는 동의

해도 막상 그 방법은 막막하다. 무엇보다 제도권 교육의 시스템이 견고하고 특히 입시에 좌우되는 우리 교육환경을 고려하면 더더욱 그렇다. 그렇다고 포기할 수는 없다. 방법을 찾아야 한다. 실현 가능한 방법을 찾아서 그것을 성공시켜야 한다. 이기는 법을 터득해야 한다. 혁명이 필요하다.

그 혁명은 의외로 간단(?)하다. 수학적 능력이 필요한 이공계열, 경상계열의 경제학과, 회계학과 등은 높은 수준의 수학 능력이 필요하다. 도대체 법대, 의대 가는 데에 높은 수학 점수가 왜 필요한가. 예체능도 입시 점수에는 무관하지만 학교 수학 수업은 이수해야 한다. 배점만 다를 뿐 계산만 하는 수학을 해야 한다. 수학적 능력이 요구되는 학과와 대학은 다양한 수학과정을 이수하고 점수에 높이 반영하면 된다. 그건 대학과정과 연계되는 수학의 질적 향상을 이끌 수 있다. 이공계열 대학은 지금보다 고등학교 수학의 수준을 더 높게 요구할 수 있다. 그러면 이공계열 대학의 경쟁력도 더 높아질 것이다. 그렇지 않은 학과는 기본적 수학을 이수한다. 복잡한 계산의 능력이 아니라 수학의 역사, 수학의 응용방식을 배운다. 그렇게만 해도 혁명은 가능하다. 어려운 게 아니다. 생각하지 않을 뿐이다. 수학에 뺏긴(?) 에너지를 다른 분야에 써야 한다. 여러 수학교사 설 자리 없어지는 것도 아니다. 수학은 다른 모든 과목에 연계할 수 있다. 그런 다양한 방식으로 수학적 사고와 논리적 확장력을 키우는 방식으로 전환해야 한다.

그러나 관료는 변하지 않는다. 기존의 방식을 버리려 하지 않는다. 그들에게 교육은 권력이고 기득권의 방벽이다. 통제와 길들이기에만 몰두한다. 교육철학보다 교육공학에만 몰두한다. 이러다가 망한다. 자신들은 꿀물이지만 다음 세대는 끝물이고 그다음 세대에게는 사약이다. 지금의 교육 시스템은 길어봐야 10년의 유효기간을 가질 뿐이고 빠르면 5년 안에 무력해진다. 그런데도 고치지 않는 건 대안이 없다고 안이하게 판단하거나 1%들에게는 그것이 유리하기 때문에 유지하려 드는 것이다.

이제 끝내야 한다. 그런데 방법이 있을까? 수십 년 변하지 않은 철옹성 교육부를 바꿀 수 있을까? 있다! 시민이, 학부모가 나서야 한다. 수학이 필요한 전공자에게는 수학을 제대로 가르치고, 그렇지 않은 학생들에게는 수학의 기본 개념과 정신을 가르치게 해달라고 '청원'하면 된다. 흔히 참정권이라고 하면 선거의 권리만 생각하는 경향이 있다. 그러나 그것은 참정권의 기본적 요소들의 하나일 뿐이다. 참정권이란 국민이 직접·간접으로 국정에 참여할 수 있는 권리를 의미한다. 참정권은 정치적 기본권의 일종으로서, 정치적 기본권은 주권자로서의 국민이 정치적 의견을 자유로이 표명하거나 그 밖의 방법으로 국가의 의사 형성에 협력하는 일련의 정치적 활동권을 의미한다. 참정권은 정치적 자유권으로 일반적으로 선거권·피선거권·국민투표권·국민심사권·공무원과 배심원이 되는 권리 모두를 포함한다. 물론 좁은 의미로 말할 때는 선거권과 피선거권만을 말하기도 한다. 국민표결권·국민발안권·국민소환권 등은 국민투표제에 의하여 인정되지만 청원의 권리는 그보다 훨씬 더 자유롭고 절차도 엄격하지 않다.

참정권은 국가권력을 창설하고 국가권력에 정당성을 부여하는 민주시민의 정치적 기본권을 뜻하기 때문에 특히 국가를 향한 권리로서의 성격을 지닌다. 참정권은 모든 국민이 보유할 수 있다. 시민들은 마땅히 이러한 권리를 행사할 수 있다. 그걸 제대로 행사한 적이 없어서 의식하지 않는 경우가 많을 뿐이다.

그러면 어떻게 청원할까? 먼저 뜻을 함께하는 시민들이 모여 토론하고 의제를 결정하여 수학 과목에서 대학별로, 학과별로 난이도와 배점을 다르게 하라고 청원하면 된다. 물론 관료들은 쉽게 응하지 않을 것이다. 그러나 전국적으로 청원하면 외면하지 못한다. 교육부에 청원하자. 그래도 교육부는 끄떡도 하지 않을 것이다. 교육부의 고위 관료들은 대부분 고시 출신의 행정가들이다. 고위 관료들을 중심으로 이뤄진 조직은 엘리트 위주의 사고에서 벗어나지 못한다. 그들은 대부분 높은 수학 점수를 바탕으로 그 자리까지 오른 사람들이다. 그들은 어지간해서는 기존의 방식을 바꾸려 하지 않는다. 아마 청원서를 내면 접수증이나 끊어주고 끝일 게다. 기존의 방식을 바꾸는 것은 큰 '혼란'을 초래하기 때문에 외면할 것이다. 사실은 감당할 능력과 자신이 없는 것이지만.

절망도 포기도 이르다. 이번에는 그 청원서를 교육청에 제출한다. 교육청은 교육현장 경험이 있는 선생님들 출신이 많아서 공감할 것이다. 그러나 약간 겁이 많고(?) 힘도 없다. 그래서 눈치를 볼 수밖에 없다. 먼저 총대를 메는 일은 하지 않을 것이다. 정중하게 받아서 고민하겠다고 대답할 것이다. 그러나 기대할 건 별로 없다. 교육청을 폄하해서가 아니다. 실제로 그들로서는 구체적으로 실행할 수 있는 게 별로 없다.

교육부도 교육청도 무반응이면 무망한 것인가? 아니다. 사실 우리가 교육부와 교육청에 청원한 것은 일종의 '밑밥'이다. 시민들은 유권자다. 게다가 '학부모'인 경우에는 한 표가 아니라 최소한 두 표 이상이다. 선출직은 유권자들을 의식한다. 그 선출직이 모인 의회에 제출한다. 구의원, 시의원, 도의원, 국회의원 가운데 교육위원회에 속한 의원들에게 공동서명해서 청원하자. 의원들 자신이 학교생활을 했고 수학 교육에 대한 비슷한 회의를 느끼고 있을 것이다. 그리고 이 문제를 공론화시키면 자신들에게 다음 선거 득표에 유리하다는 판단도 한몫을 할 것이다. 어쩌면 경쟁적으로 이 문제를 들고 나올지 모른다. 한 지역이 아니라 전국적으로 이러한 움직임이 있다면 그 자체가 이미 하나의 사회적 의제가 된다. 이렇게 여론을 확장시키고 공감을 이끌어내면 변할 수 있다. 그게 미래를 망치는 게 아니라면 외면하지 못한다. 하물며 미래를 살리는 대안이라면 말할 것도 없다.

아무리 생각이 있어도 혼자, 혹은 한 집단이 정부부처를 상대로 하기에는 버겁다. 그런 두려움이 결국 우리의 미래를 포기하게 만든다. 연대의 힘을 믿어야 한다. 연대가 함께 머리띠 두르고 주먹 불끈 쥐는 것만은 아니다. 생각을 공유하고 뜻을 함께하는 것이 연대다. 물론 충분한 의제 토론을 통해 의견을 수렴해야 한다. 각자의 위치에서 할 수 있는 것들 찾으면 된다.

수학 공부에 대한 시스템부터 바꿔보자. 가능한 싸움이다. 그리고 투쟁이 아니라 섹시한 혁명이다. 그것은 시작이다. 미래를 위한, 우리 아이들을 위한. 이겨봐야 한다. 선언하고 외치고 피켓 들며 잠깐 이슈로 삼았다가 금세 꺼지는 불길이어서는 안 된다. 이기는 싸움을 해야 한다.

신문에 이런 주제의 칼럼을 썼더니 어떤 사람이 댓글에 '얼간이 인문학자가 어설픈 논리로 수학을 능멸'한다며 21세기 과학의 시대에 과학에 대한 토대와 논리적 사고를 위해 수학 교육은 오히려 더 강화되어야 한다고 비판을 달았다. 어느 정도는 동의할 수 있는 일이다. 그러나 내가 수학을 포기하자는 것도 아니고 수학을 가르치지 말자는 주장을 하는 것도 아니다. 이공대에는 지금보다 더 넓고 깊은 수학적 훈련을 요구함으로써 진정한 수학 경쟁력을 키울 수 있게 하고 경제학과는 지금 정도의 수학을 요구하되 다른 경우에는 셈법의 수학보다는 수학적 사유, 수학의 역사, 수학적 응용력 등을 다양하게 배우게 하는 것이 낫다는 뜻이다. 그게 우리에게 필요한 교육의 방식이다. 그리고 수학은 다양한 방식으로 적용될 수 있다. 예를 들어 국어 시간에도 수학을 응용할 수 있다. 한 구문을 미분하면 그게 시고 적분하면 에세이가 된다. 수학은 논리적이며 구체적이고 체계적인 분석의 틀을 제공한다. 수학은 자연을 추상화하는 것이다. 따라서 그것은 고도의 인식의 확장이며 경제적인 사고의 방식이다. 계산이 아니라 수학적 사고를 가르쳐야 할 때다. 그런 혁명의 전환이 필요하다.

연대하면 승리한다

나는 백종원 씨가 나오는 방송을 보면 울화가 치민다. 그와는 아무런 사적 관계도 감정도 없다. 내가 그에게 분노하는 까닭은 그가 나오는 TV 프로그램들을 보면 우리 사회가 얼마나 공정성이 없는지 실감하기 때문이다. 이른바 먹방 쿡방이 뜨는 이유는 고작해야 충족시킬 게 식욕뿐이라서 그렇다는 건 차치하자. 그는 음식 사업자다. 그것도 문어발처럼 많은 프랜차이즈 사업주다. 사업하는 국회의원도 관련 상임위는 가지 못한다. 주식이 일정량 이상 되면 백지신탁한다. 그런데 현재 사업 중인 자에게 경쟁하듯 방송을 맡긴다? 피디들이 경쟁하듯 모시는 건 시청률 때문이겠지만 부끄러운 줄 알아야 한다. 그런데 부끄러워하지 않는다. 소비자가 비판은커녕 환호하니 그럴 일도 없다. 결국 그 불공정을 키우고 있는 건 바로 우리 자신 소비자들이다. 어째서 그런 부끄러움이 소비자들만의 몫이어야 하는가.

우리가 그의 프로그램들 소비하면서 그는 식당도 모자라 다방까지 진출했고 편의점의 김밥과 도시락까지 점령했다. 기존 납품업자들은 어디로 내쫓겼을까? 그들이 바로 내 이웃이고 결국 우리들 자신이다. 우리는 소비하고 있는 게 아니라 사실은 교묘하게 소비되고 있는 것이다. 이 지경으로 공정하지 않은 사회다. 얼빠진 노릇이다. 분명히 백종원은 이 시대가 낳은 매력적인 상품이다. 시기적으로 딱 맞춰 나온 그는 거의 모든 방송을 점령하고 있다. 하지만 굳이 그가 방송하려면 적어도 당분간 음식사업 손 떼고 해야 한다. 전파는 개인의 자산이 아니라 공공의 자산이다. 그 자산의 운용이 특정한 개인에게 몰리고 그 이익을 독점하는 건 정상이 아니고 상식도 아니다. 따라서 방송을 하겠다면 사업에서 일시적으로라도 손을 떼야 한다. 조금 더 강화한다면 방송 이후에도 최소한 1년 동안은 그 사업에 손대지 않겠다는 약속을 받아야 한다. 그런 약속과 공증이 공정성의 최소 요건이다.

더 심각한 건 소비자들이 그러한 비판적 사유를 별로 하지 않는다는 점이다. 백씨나 피디들만 탓할 게 아니다. 음식 프랜차이즈 사업하는 사람이 음식 프로그램을 장악하고 있는데 그저 재미있다는 이유로 혹은 어느 정도 요리하는 데에 도움이 된다는 이유로 아무 비판과 저항 없이 소비만 하고 있다. 이건 사소한 게 아니다. 얼마나 공정성에 대한 기본 개념이 결핍되어 있으면 이런 일이 태연하게 자행되고 있는가!

노블레스 오블리주는 바라지도 않는다. 그저 최소한 염치는 지니기를 바랄 뿐이다. 그러나 그건 무망하고 허망한 기대일 뿐이다. 하기야 경쟁하듯 쏟아지는 고위 관료나 판검사들의 비리를 보면 그러는 것도 무리는 아니다 싶다. 고상함은커녕 비리와 저질스러움으로 테를 두른 자들이 권력과 재력을 독점하고 있다. 개인적 일탈도 일부의 비리도 아니다. 이쯤이면 구조적 혹은 태생적 악행이다. 걸핏하면 위기를 과장하고 그걸 빌미로 억압한다. 그러나 위기에 처하면 제일 먼저 도망갈 자들이다. 그러면서 사회지도층이란다. 도대체 누가 누굴 지도한다는 말인가. 언론도 그따위 형편없는 낱말부터 쓰지 말아야 한다. 하기야 언론도 썩었는데 제 악취는 못 맡으니 말해 무엇하랴만. 그래도 우리는 포기하지도 절망하지도 말아야 한다. 이겨야 한다. 약자가 뭉쳐서 연대하면 그게 가능하다. 이기는 습관을 키워야 한다.

가습기 살균제로 수많은 이들이 죽고 다쳤다. 그것도 주로 어린아이들이 피해자들이다. 그러나 지난 정부는 그 악덕기업을 응징하기는커녕 덮기에 급급했다. 정작 국민은 보호하지 않았다. 그건 경제를 살리는 것도 기업프렌들리도 아니다. 논에서 피를 뽑아내야 벼가 튼실하게 자란다. 지난 국회 장하나 의원이 가습기 특별법을 발의했지만 여당이던 새누리당 의원들이 간단히 뭉갰다. 다행히 2016년 4월 선거에서 여소야대가 되자 상황이 변했다. 이 문제가 다시 불거졌고 시민들은 분노했다. 마치 금시초문이라는 듯. 그러나 우리 모두 그 문제를 외면했던 공범자들이다. 나만 아니면 된다는 비겁한 생각뿐이다. 세월호 사건 때 그런 것처럼. 분노한 시민들은 해당 제품 불매운동에 들어갔다. 대형마트 앞에 모여 피켓을 들고 어깨띠를 두르며 소리치며 항의했다.

하지만 그 기업들은 사죄와 배상은커녕 마트에서 '1+1' 행사로 대응했다. 나는 이 행태가 무엇보다 충격적이었다. 모욕도 이런 모욕이 없다. "니들이 아무리 떠들어봐야 코앞에 돈 흔들면 개떼같이 달려들걸?" 그런 뜻이다. 실제로 그 이후 불매운동도 시들시들 위축했고 우리는 또다시 절망과 체념을 학습했다. 이렇게 '지는 것'에 익숙해지면 절대로 안 된다. 이기는 법을 배워야 한다. 그거 뜻밖에 어려운 일도 아니다.

우리는 '연대'라는 말 자체에 불편함을 느끼는 경우가 많다. 시위나 파업이 먼저 떠오를 수도 있고 피켓을 들고 길거리에 나와 구호를 외치는 장면을 먼저 연상하는 경우도 있을 것이다. 경찰이 사진 채증이라도 해놓고 이런저런 압력을 가하고 심지어 경찰서에 소환까지 당하는 경우 후회막급일 수 있다. 그러면 곧바로 위축된다. 그렇게 패배와 체념을 학습한다. 이게 가장 두려운 일이다. 큰맘 먹고 게다가 상당한 기회비용까지 지불하고 연대에 나서는 건 우리가 저항할 수 있는 방법이 지극히 제한되어 있기 때문이며 또한 그것은 국민의 가장 기본적인 권리이기 때문이기도 하다. 그러나 그게 성공하는 경우는 그리 많지 않다. 이 반복적 굴레를 벗어야 한다. 일단 이겨야 한다. 불매운동을 굳이 대형마트나 회사 앞에 몰려가 피켓 들고 구호 외치는 것보다는 시간은 걸리더라도 멋지게 승리할 수 있는 방법을 찾아야 한다. 어떻게?

생각보다 간단하다! 올림픽이나 엑스포처럼 사회적으로 중요한 대형 행사가 있으면 시청청사나 광장에 숫자탑을 세우거나 전광판으로 알린다. 'D-며칠'이라는 걸 표시한다. 그걸 역이용하는 거다. 광장에, 건물의 벽이나 게시판에, 혹은 아파트 단지 입구에 커다랗게 '불매운동 00일째'라고 붙이는 거다. 내 집 현관문에도 붙인다. 그게 무슨 연대냐 싶지만 분명히 생각보다 효과가 클 것이다. 과연 어떤 기업이 '불매 365일째'까지 버틸 수 있을까. 그거야말로 '소리 없는 자객'과 같다. 그렇게 '조용한 연대'가 가능할 뿐 아니라 불의를 이겨낼 수 있는 매력적인 힘이 된다.

공화정시대가 다 망가졌다. 지금은 새로운 계급사회다. '숟가락'으로 규정되는. 이 사회의 금수저들은 더 이상 눈치도 보지 않는다. 제 잇속 챙기는 일에는 하이에나들이다. 잡식성 공룡들이다. 제 이익 앞에서는 정의 따위 안중에도 없다. 이런 사회에서 99%의 흙수저들이 살아남을 수 있는 유일한 길은 '연대'뿐이다. 1%의 금수저들이 두려워하는 것도 흙수저들의 연대다. 그래서 어떤 수를 써서라도 뭉치는 걸 막는다. 분열을 조장한다. 정규직과 비정규직으로, 지역으로, 세대로, 심지어 종교

○○제품 불매 38일째

까지 동원해서. 이명박과 박근혜 정부에서 마음껏 자행된, 스스로 사퇴해야 할 장관이나 그런 자들 고르고 임명하는 자나 한 묶음으로 국민 조롱의 극치였다. 그것보다 더 확실한 조롱은 김용철 변호사가 삼성의 비리를 폭로했을 때였다. 기업의 내부 비리를 가장 잘 알고 있는 고위 임원의 폭로조차 기업과 검찰의 짬짜미로 무산되고 오히려 그는 철저하게 외면당했다. 그 이후 어느 누가 내부고발을 용감하게 할 수 있었는가.

저들이 흙수저를 만만하게 여기는 한 흙수저의 자존과 자립은 불가능하다. 이제 연대는 생존 그 자체다. 연대의 힘마저 빼앗기면 정의와 진실은 불가능하다. 혼자만 잘난 1%는 99%의 삶에 대한 공감능력조차 없다. 염치도 없고 눈치도 안 본다. 무릎이 깨지고 다리가 부러지기 전에 벌떡 일어나야 한다. 불의를 비판하고 저항하고 맞서 싸울 결의를 다져야 한다. 그것만이 살길이다. 그래야 우리 자식들이 산다. 연대는 귀찮은 일도 남의 일도 아니다. 나 자신의 미래 삶의 바탕이다. 순응과 순종은 공멸의 길이다. 미래를 살려낼 유일한 힘은 연대다. 그러나 연대에서 가장 먼저 생각할 것은 '이기는, 반드시 이기는 연대'다. 그게 10년 후 대한민국을 건강하고 강하게 만드는 시작이다.

생각을 바꾸면 많은 것을 바꿀 수 있다. 생각이 바뀌면 삶이 바뀐다. 생각을 바꾸면 사회를 바꿀 수 있고 미래를 바꿀 수 있다. 그런데도 여전히 과거의 생각에 머물고 살 것인가?

4
수평적 조직으로
전환해야 산다

수직적 조직과 사고의 시대는 끝났다

참 질기게도 버리지 못하는 구습이 있다. 그러기도 할 것이다. 거의 평생을 그런 방식으로만 배웠고 살아왔으니까. 아무리 불합리하고 비논리적이어도 비판하거나 거부하지 못하고 그저 시키는 대로만 해야 살았다. 집에서는 가부장적 분위기로, 학교에서는 철저하게 순응하는 방식으로, 사회에서는 온갖 체제와 제도에 대해 순종의 태도로 살아왔다. 합리적 의심도 논리적 반박도 실체적 진실도 허용되지 않았다.

그런 시대는 끝났다. 이제 그 악습의 고리를 끊어야 한다. 제도적 보완과 민주주의적 교육도 필요하지만 무엇보다 우리의 사고가 바뀌어야 한다. 결코 쉽지는 않을 것이다. 그러나 반드시 해야만 하는 일이다. 수직적 조직도 사고도 버리고 수평적 조직과 사고로 전환해야 산다. 어떻게 수평사회를 만들 수 있을까.

왜 팀제로 바뀌었을까?

이제는 대부분의 조직이 팀제로 구성 운영된다. 기업, 정부, 지자체, 교육기관 가릴 것 없이 다 팀제 중심의 직제다. 심지어 군대의 조직까지 일부 팀제로 편성되고 있다. 그런데 왜 팀제일까? 그리고 언제부터 그랬을까? 팀제의 핵심은 무엇일까? 정작 이런 질문들은 빠진 채 그렇게 바꿨다.

스티브 잡스가 죽었을 때 잡스 열풍이 일었다. 자서전이 불티나게 팔리고 여기저기 온통 잡스 이야기였다. 잡스처럼 사고하며 행동하지 않으면 도태된다거나 잡스의 성공은 인문학적 성찰에서 비롯되었으니 우리도 인문학 공부를 해야 된다느니 호들갑이었다. 걸핏하면 그가 죽기 전 스탠포드대학교 졸업식에서 했던 연설 가운데 가장 유명한 "Stay hungry, Stay foolish.(현재의 성과에 만족하지 말고 끝없이 갈망하며, 다 알고 있다 여기지 말고 늘 모자라다 생각하라.)"만 되풀이했다. 그러나 해괴하게도 정작 중요한 그의 연설은 주목하지 않았다.

스티브 잡스는 자신이 세운 회사에서 추방되었던 사람이다. 그는 엔지니어는 아니지만 뛰어난 직관의 능력을 지녔다. 그의 회사는 초기에 승승장구했다. 아이디어가 뛰어났다. 그리고 그의 직관에 대해 전체가 능력을 집중했다. 회로기판만 있는 퍼스널컴퓨터 '애플I'에 이어 새로운 컴퓨터 플랫폼인 '애플II'를 만들어내서 획기적인 운영체계 적용으로 컴퓨터에 대한 지식이 없어도 불편 없이 사용할 수 있도록 했다. 초기 영세기업의 한계로 힘들었지만 포기하지 않고 자신의 비전을 열정적으로 설득해나갔고 끝내 자신의 퍼스널컴퓨터가 시장의 반응을 크게 얻으며 성공했다.

그 성공은 초기 성장에는 중요한 요소였지만 그의 독선과 오만은 핵심 엔지니어와 경영진 사이의 반목을 초래했다. 그는 이 반목을 조화롭게 해결하지 못했다. 그는 직관은 뛰어났는지 모르지만 모순된 성격과 인색함으로 주변 사람들에게 외면당하는데도 자신의 태도와 생각을 바꾸지 않았다. 그러면서 자신의 목적 실현에만 고삐를 조였다. 결국 그는 자신이 주도했던 프로젝트가 밀려나자 새로운 프로젝트를 추진했지만, 담당 엔지니어들이 자신들의 노력에 비해 형편없는 연봉을 받고 있다는 불만은 그에 대한 배신감으로 악화되었다. 그는 앞만 보고 달려가는 기관차였다.

1984년 매킨토시 컴퓨터의 성공은 IBM의 아성을 무너뜨렸지만 내부의 분열은 가속되었고 소비자들은 맥(Mac)의 소프트웨어가 부족하다는 점을 인식했다. 독특한 스타일과 분위기의 스티브 잡스의 컬러는 초기에는 매킨토시에 매료하게 만들었지만 불편함을 느끼기 시작하면서 판매는 급감했다. 1985년 동업자이자 최고의 엔지니어였던 스티브 워즈니악이 끝내 회사를 떠난 뒤 스티브 잡스는 고군분투하였지만 회생의 기운은 없고 기울기 시작하자 회사 이사회는 결국 그를 해고했다. 워즈니악이 떠난 지 4개월 만이었다. 그의 나이 서른 살 때였다.

스티브 잡스의 성공과 몰락에는 새로운 기술과 경영의 문제가 자리하고 있지만 그 이면에는 시대의 변화라는 중요한 측면도 있었다. '속도와 효율'의 마지막 자락에서 빠르게 성장 성공할 수 있었던 바탕은 스티브 잡스의 직관과 워즈니악의 기술의 조합된 대응이었다. 그러나 그 성공의 방식에 함몰한 스티브 잡스의 독선은 '창조, 혁신, 융합'의 패러다임의 전환을 이끌어내야 할 새로운 시대의 흐름을 읽어내는 데 방해 요소로 작용했다. 그는 뛰어난 직관으로 '속도와 효율'의 틀에서 자신의 능력을 발휘했다. 초기에는 그것으로 성공했지만 후기에는 그것 때문에 실패했다. 그렇게 그는 끝났고 잊혔다.

그랬던 스티브 잡스가 복귀했고 대성공을 거뒀다. 도대체 어떤 일이 있었던가? 그는 넥스트를 다시 설립하고 픽사를 인수했다. 처음에는 픽사에 대해 별 관심이 없었다. 그러나 픽사는 애니메이션 〈토이 스토리〉로 성공했고 디즈니에 큰돈으로 넘겼다. 그는 이 과정에서 많은 변화의 가능성을 읽었다. 이전의 수직적 사고와 하향식 체제의 고집을 버리고(물론 완전히 버리지는 못했지만) 상대적으로 수평적 사고와 체제 방식의 필요성을 느꼈다. 각 분야의 전문가들이 자유롭게 소통하고 토론하며 더 나은 결과물을 산출하는 방식이 바로 그것이다. 픽사와 넥스트 시절을 통해 그는 변화하고 있었다. 우리는 그 점에 주목했어야 했다.

스티브 잡스의 애플 복귀는 애플이 넥스트를 인수하는 방식으로 이루어졌다. 1996년의 일이다. 쫓겨난 지 11년 만이었다. 경영 부진의 책임을 지고 전 경영진이 퇴진한 애플은 그를 최고경영자(CEO)로 영입하면서 재기를 노렸다. 그는 1년의 급여로 단돈 1달러를 요구했다. 그리고 다음 해 10억 달러 적자의 애플을 4억 달러 흑자로 전환시켰다. 모니터와 본체를 일체화한 올인원 PC의 원조인 '아이맥'의 개발 덕택이었다. 여기서부터 다시 잡스 신화가 가동되었다. 그 결정판은 아이맥, 아이팟을 거쳐 아이폰과 아이패드로 이어지는 과정이었다. 2007년 출시한 아이폰(이때 사명을 '애플컴퓨터'에서 '애플'로 바꿨다)에 대해 사람들은 의구심을 가졌다. 휴대폰시장은 이미 절대강자들이 포진했는데 거기에 뛰어드는 건 무모해 보였다. 그러나 2009년 출시한 아이폰3S는 기존의 휴대폰시장 패러다임을 완전히 바꿔놓았다. 스마트폰 시대의 시작이었다. 그는 전 세계 IT시장의 주도권을 PC에서 모바일로 바꾸는 새로운 역사를 만들어냈다.

물론 여전히 그의 가장 큰 힘은 직관이었다. 스티브 잡스는 이렇게 말했다. "가장 중요한 것은 용기를 갖는 것이다. 이미 마음과 직관은 무엇을 원하는지 알고 있다." 자, 이제 그의 말 중에 가장 주목해야 할 핵심에 접근해보자.

미국에서 소프트웨어 계의 노벨상이라 칭해지는 상이 있다. 스미소니언 재단과 컴퓨터월드저널에서 공동으로 주는 상이다. 인터넷 분야에서 독특한 아이디어로 성공을 거두거나 인터넷 역사에 기록될 만한 업적을 이룬 기업이나 단체에 주는 '네트워크 혁신상(Innovation Network)'이 바로 그것이다. 그 상을 수상한 뒤 〈60 Minutes〉에서 했던 연설 가운데 핵심이 되는 문장에 주목해야 한다.

"사업에서 대단한 일은 한 사람이 아니라 팀이 해낸다.(Great things in business are never done by one person. They're done by a team of people.)"

그러면서 자신의 사업 모델을 비틀즈로 제시했다. 비틀즈의 멤버 네 명은 각자의 개성을 갖고 있으면서 상대방의 부정적 성향을 통제했다. 그러면서 그들은 균형을 이뤘고 총합은 부분의 합계보다 컸다는 점을 강조했다. 나는 스티브 잡스의 많은 말 혹은 연설 가운데 이것이 가장 핵심적이라고 생각한다. 위의 연설은 21세기 비즈니스 혹은 수많은 영역에서 어떻게 변화해야 하는가를 보여주는 중요한 선언이라고 판단한다. 그런데도 우리나라 기업가들이나 경영자들이 스티브 잡스의 말 가운데 "Stay hungry, stay foolish"만 외쳐대는 건 아랫사람들을 채근하며 '쥐어짜겠다.'는 것과 다르지 않다고 본다.

우리나라에서 팀제로 개편하기 시작한 건 기업들이다. IMF체제를 거치면서 기업들이 구조조정과 새로운 시스템 구축이 필요하다는 것을 느끼면서부터다. '실-국-부-과-계'로 이어지던 기존의 수직적 조직을 팀을 중심으로 하는 방식으로 바꿨다. 이전에도 팀제가 전혀 없었던 건 아니다. 그러나 대부분 업무 혹은 임무를 할당받아 해결하기 위해 편성되는 임시 조직인 TF(Task Force)팀이었다. 기업이 팀제로 바꾸자 정부, 지자체, 교육기관을 가리지 않고 모두 팀제로 변신했다. 이제는 군 조직조차 팀제로 변하고 있다.

문제는 조직은 팀제로 개편했지만 체질은 크게 바뀌지 않았다는 점이다. 정작 왜 팀제로 개편하는지 구성원들이 충분히 이해하고 새로운 조직의 방식에 능동적으로 참여할 설계도면을 보여주지 못했기 때문이다. 그야말로 '무늬만 팀제'인 경우가 허다하다. 팀제의 핵심은 수평성과 유연성이다. 팀제는 상호보완적인 소수가 공동의 목표를 달성하기 위해 '책임을 공유'하고 함께 문제를 해결하는 수평적 조직이다. 획일성과 하향식 체계를 벗어나 능력과 적성에 따라 '탄력적으로' 적절한 인재를 적절한 팀에 배치하여 유연하게 문제에 대처하고 해결할 수 있게 해야 한다. 팀장은 명령을 하달하는 사람이 아니라 동등한 책임을 나눠 갖고 상호 유기적으로 조직이 활성화되도록 조정하는 역할을 담당한다. 그러한 조직에서 창조의 능력과 생산성이 높아지고 사람을 키울 수 있다는 장점이 있기 때문에 팀제로 전환한다. 과연 우리는 그러고 있는가?

그냥 조직만 바꾼다고 되는 게 아니다. 우리는 수직적 체제와 제도 그리고 분위기 속에서 성장했고 교육 받았으며 사회생활을 해왔다. 따라서 팀제는 기존에 형성되어온 관습을 과감하게 깨뜨려야 가능하다. 그러한 타파의 열쇠는 장(長)의 판단과 결정이다. 개방성과 자율성을 최대한 보장하고 설령 약간의 문제가 발생해도 그것을 커버하고 지켜줄 의지와 능력이 필요하다. 팀제에서 '공동의 목표'는 부여되지만 충분히 권한이 부여되고 자율성을 담보하는 것까지 이르지 못하면 소용이 없다. 따라서 팀제를 제대로 운용하기 위해서는 조직 전체가 밑바닥에서부터 다시 민주주의 교육을 실시하고 그 당위적 실천에 집중해야 한다. 지금 우리 기업이나 기관에서 수많은 교육과 연수가 이루어지지만 그런 민주주의 교육이 시행되고 있는 곳이 얼마나 되는지 따져보면 우리의 팀제가 얼마나 형식적인지 알 수 있다.

물론 개방성과 자율성을 최대한 부여하는 팀제 조직으로 점진적으로 성장하고 있다. 그러나 민주주의적 사고가 바탕이 되지 않은 팀제는 언제든 무너지거나 심지어 나쁜 결과를 초래할 수 있다. 그리고 그 결과에 대한 섣부른 책임의 요구는 팀제 전체를 위축시킨다. 불행히도 그런 모습이 여전히 허다하다. 따라서 지금 모든 조직에서 필요한 가장 중요한 가치와 교육의 중심에는 민주주의 가치에 대한 재교육과 실현 의지를 강화하는 것이어야 할 것이다. 그저 무늬만 팀제로 바뀐다고 조직이 바뀌는 게 아니다.

비판은 최고의 대안이다

고위직 대상으로 한 강연에서 비판적인 발언을 했더니 참다못했는지 한 참석자가 벌떡 일어나 "당신들 같은 좌파진보 지식인들은 비판만 일삼지 정작 대안을 제시하는 것을 본 적이 없소."라고 외쳤다. 꽤나 불편했던 모양이다. 어느 정도 예상한, 어쩌면 그런 반응을 원했던 일이었다. 그래서 되물었다. "당신이 생각하는 대안은 무엇인가요?" 그는 기다렸다는 듯 대답했다. "관념적이고 추상적인 말로 비비 꼬지 않고 직접적이고 구체적으로 실행할 수 있는 계획과 로드맵을 제시할 수 있을 때 그것이 대안이라고 생각합니다." 그 정도의 대답이면 충분하지 않느냐는 눈치고 나의 비판은 그런 정의에서 많이 빗나가지 않았느냐는 질책의 어투였다. 나도 물러서지 않고 대답했다.

"비판이 최초의 그리고 최고의 대안입니다. 아무리 훌륭한 계획이나 제도도 허물이 없을 수 없습니다. 또한 아무리 좋은 의도와 의지를 갖고 임해도 막상 실행되는 과정에서 그것과 어긋나는 일이 발생합니다. 그러나 당사자들은 그것을 보지 못하는 경우가 많습니다. 허물이 생겨도 그것은 '어쩔 수 없는 것 혹은 그 과정에서 불가피하게 수반되는 것'쯤으로 여기게 됩니다. 사람은 누구나 어느 정도의 인지부조화 성향을 갖습니다. 심지어 확증편향성이나 리플리증후군에 빠지기도 합니다. 외부의 시선이 필요한 건 바로 그 때문입니다. 당사자는 보지 못하는 것을 외부자는 볼 수 있습니다. 바둑이나 장기를 둘 때 훈수 두는 사람의 입장과 마찬가지입니다. 그것을 지적하지 않으면 호미로 막을 수 있는 것을 가래로도 막을 수 없게 됩니다. 당신은 그런 경험이 한 번도 없었습니까?" 그런 경험이 없었느냐는 질문에 그는 잠깐 움찔했지만 쉽게 물러서지는 않았다. "하지만 그 실무를 겪지 않았으면서 옆에서 지적하고 비판하는 건 누구나 할 수 있습니다." 누가 뭐랬나? 실무를 겪어야만 아는가?

"밥을 지은 사람만 밥맛에 대해 평가할 수 있나요?" 그래도 그는 물러서지 않았다. "그건 범주의 오류입니다. 사례가 다르지요." 아무 데나 그런 식으로 눌렀을 것이다, 그는. 그러나 나는 논리의 문제로 시비할 생각은 없었다. "왜 사외이사에게 돈을 지급합니까? 그저 자기 편 사람 심어서 쉽게 그리고 원하는 방식으로 의결하기 위해서인가요, 아니면 사안을 집행하기 전에 그 분야의 전문가인 외부인에게 문제점을 지적받아 수정하기 위해서인가요?" 내 대답에 그도 조금은 물러섰다. "그야, 후자지요." 일단 부분적 동의는 받았다.

"비판은 '비판을 위한 비판'이거나 내가 잘났다고 뻐기는 게 아니라 당사자는 미처 모르는 것을 지적하고 더 나은 가능성을 찾아내는 것입니다. 문학비평의 경우는 그 이상입니다. 심지어 작가 자신도 인식하지 못한 문제를 비평가는 문학의 큰 틀에서 찾아내 분석하고 평가합니다. 물론 비평가와 작가는 어느 정도의 긴장관계를 유지합니다. 하지만 이른바 '주례사 비평'과 같은 하나마나한 비평에 익숙하고 그 맛에 빠지면 큰 허물의 가능성을 묵살하게 되고 끝내 짬짜미의 유혹에서 벗어나지 못합니다. 그게 실패의 지름길입니다."

자신에 대해 혹은 자신이 속한 영역에 대해 누군가 비판하면 불쾌하다. 그에 비해 달콤하게 칭찬하면 우쭐해진다. 예를 들어 기업의 이사들은 오랫동안 자신의 업무에서 좋은 평가를 받고 승진해온 사람들이다. 그들은 어느 정도 전문가의 수준에 오른 사람들이다. 그런데 그런 자산을 가진 사람들을 단지 '말 잘 듣는 하수인'쯤으로 여기고 부린다면 그가 지닌 가치는 무의미해진다. 최고경영자의 판단을 보완하고 만약 그의 방식이나 제안에 실패할 여지가 있으면 미리 지적하고 바꾸도록 하기 위해 이사들을 선임한다. 그러나 모든 임면권을 쥐고 있는 최고 권력자에게 대들고 따질 수 있는 조직문화가 우리에게 있는가.

그러나 그는 끝내 물러나지 않았다. 자신도 그 자리에 오르기까지 수많은 경험을 했을 것이다. 그건 분명히 인정한다. 그러나 '대안 없는 비판'에 대해서는 끝내 짓눌러야 한다는 확신을 가지고 있는 듯했다. "좋아요. 그 정도는 인정한다고 칩시다. 하지만 대안을 제시하지 못하는 비판이 무슨 의미와 가치가 있습니까?" 그가 의도하는 혹은 의미하는 '대안'이라는 게 어떤 구체적 방안과 대책일 것이다. 그게 없이 비판만 하는 게 허망하다 느낄 것이다. 이쯤까지 왔으면 거의 한계에 다다른 것이다. 그러나 한계에 다다라 그 턱을 넘어야 비로소 토론과 논쟁의 의미와 가치가 있다. 어설프게 미봉할 일이 아니다.

"대안을 구체적 방식과 제안으로만 여기시는군요. 그럴 수 있으면 최상이겠지요. 만약 구체적 행동을 원하시는 것이라면 저와 자리를 바꾸시지요. 그렇다면 제가 그 자리에서 실행하겠습니다. 물론 선생께서 더 잘하시겠지만, 적어도 지금 지적하고 비판하는 것에 대해서는 아마도 제가 더 잘 할지도 모릅니다.

거듭 말씀드리지만 비판이 최초의 그리고 최상의 대안입니다. 걸핏하면 '대안 없는 비판' 운운하는 것의 속내는 '그런 소리 지껄이지 마라, 나는 아주 불편하고 불쾌하다, 내가 너보다 더 힘이 세니 닥치고 있어라.'와 크게 다르지 않을 것입니다. 당신은 그런 방식으로 모든 비판을 봉쇄하는 것이고 결국 그것이 조직의 독이 될 것입니다. 문제점에 대해 비판하면 최소한 일단 경청할 자세부터 갖추시기 바랍니다."

다행히 그분은 내 말의 진의를 이해했고 나도 그의 의견을 수용했다. 강연은 기대했던 것 이상이었다. 그렇게 서로 치열하게 맞붙고 거침없이 의견을 피력하면서 서로 이해하고 수정하고 보완하는 것이다. 적어도 비판할 때는 '계급장 떼고' 붙을 수 있는 관대함이 서로에게 필요하다. 그게 바로 수평사회의 기본이다. 듣기 싫다고 닫지 않고 문제점에 대해 진지하게 논의할 때 그 문제가 야기할 큰 불상사를 예방하고 더나은 방안을 미리 마련할 수 있다. 그게 비판의 힘이다. 비판을 막고 가둘 때 그 조직과 사회는 머지않아 파탄난다. 거침없이 수평사회!

입체적 사고는 집단지성의 바탕

알파고와 이세돌 9단의 대국은 인공지능(AI)의 진화가 어디까지 왔는지 전 세계에 생생하게 보여줬다. 입신(入神)이라는 세계 최강의 프로바둑 9단이 그렇게 맥없이 무너질 거라 예상한 사람들은 별로 없었기에 그 충격은 배가되었다. 무엇보다 인공지능의 영역이 확장되면 인간의 일자리가 줄어들 것이기 때문에 갈수록 고용은 힘들고 불안정할 것이라는 비관적 전망 앞에 전전긍긍한다. 기업들 또한 고민이 크다.

학교든 기업이든 집단지성에 대해 말한다. 그런데 유감스럽게도 우리는 그것을 배우고 익힌 경험이 별로 없다. 늘 하나의 답을 추구했고 그것을 수용하는 능력이 개인의 역량으로 평가되었으며 그에 따른 보상이 주어졌다. 그러나 21세기에 그런 방식은 더 이상 통하지 않는다. 그걸 새로운 세기의 문턱을 넘은 지 10년쯤 지나서 겨우 깨닫는다. 늦어도 이미 너무 늦었다. 그러나 지금이라도 생각을 바꾸되 최선을 다해 빠르게 변화해야 한다. 그래야 산다.

집단지성의 출발은 질문이다. 수직적 사회는 질문을 억압한다. 20세기에는 민주주의를 억누르면서도 적당히 배만 불려주면 모른 척 순응했다. 오히려 수직적 사회와 체제가 속도와 효율에 더 적합하다며 부추기는 자들도 있었다. 그렇게 수직적 사회에 익숙해졌고 순응해서 질문하는 능력을 상실했다. 21세기에 반드시 민주주의를 필수적으로 수행해야 하는 건 그게 수평사회의 가장 기본적 조건이고 환경이며 그래야 집단지성이 가능해지고 미래에 대한 대비를 할 수 있기 때문이다. 공자와 제자들의 면면과 그들의 대화를 잘 살펴보면 끝없이 묻고 답하는 방식이며 소크라테스의 대화 또한 질문에서 시작한다. 질문은 '합리적 의심'에서 비롯된다. 권위나 권력에 순응하는 게 익숙해지면 질문은 사라진다. 그런데도 우리는 공자나 소크라테스의 말에만 집중한다. 그게 습관화된 것이다.

답은 하나지만 질문은 끝이 없다. 답은 이미 누군가 찾거나 정한 것이지만 질문은 내가 하는 것이다. 그런 점에서 질문은 주체적이다. 그리고 모든 질문은 그게 어떠한 것이건 답이 있다. 심지어 '그런 물음에 대한 답은 없음'조차 하나의 답이다. 질문과 답 사이에 과정이 있다. 그 과정을 더듬고 빈 칸을 채우는 것이 진정한 능력이다. 그리고 이러한 것들이 한 개인에 국한되지 않고 다양한 질문들이 던져지고 그 과정을 함께 추론하는 것이 집단지성의 시작이다.

그리고 이러한 집단지성은 입체적 사고를 통해 얻어진다. 우리가 지금까지 배워온 지식들은 대부분 직선적이고 평면적이었다. 지식을 켜켜이 쌓기만 했지 그것의 맥락과 다양한 가능성을 따지지 않았다. 그래서 죽은 지식이 되고 수준이 낮다고 여기는 지식은 언제나 고급 지식에게 권력을 넘겨주었다. 그러니 나이가 들어 조금 더 배우면 언제나 자신보다 나이 적은 사람을 업신여기거나 무시했다. 나이가 권력이 되는 건 그런 메커니즘을 고형화시키는 악폐가 된다. 그럼 입체적 사고란 무엇인가? 모든 평면적 지식을 깨워 합리적 의심을 더하고 그것을 추론하고 상상하며 다양한 해석과 활용의 가능성을 이끌어내는 것이 바로 입체적 사고다.

다음의 예를 보자. 우리가 익히 다 알고 있는 동요다. 나는 이 사례를 이미 『정의, 나만 지키면 손해 아닌가요?』라는 청소년을 위한 다른 책에서 다뤘지만 여기에서 일반 독자를 위해 다시 거론한다.

사족 같지만, 이 노래는 우리나라 동요가 아니다. 〈저 언덕 아래〉라는 독일 동요에 윤석중 선생님의 우리말 가사를 담은 일종의 번안동요다. 우리가 음악 시간에 배웠던 외국 노래 가운데 상당수가 이탈리

아와 독일의 것들이다. 남미, 호주, 중국, 인도, 아프리카 노래들은 거의 배우지 않았다. 왜 그럴까. 물론 유럽에서 가장 많은 음악적 자산을 가진 두 나라다. 그러나 프랑스나 스페인, 헝가리와 네덜란드 사람들은 노래를 부르지 않는가? 여기에는 아직도 청산하지 못한 일제 잔재의 역사가 숨어 있다. 우리가 서양의 음악을 본격적으로 배운 건 일제강점기 때다. 그런데 제2차 세계대전 당시 일본의 동맹국이 바로 독일과 이탈리아다. 유럽 음악의 자산도 두 나라가 많으니 '자연스럽게' 두 나라의 노래들 위주였다. 그러나 식민지 조선의 학생들은 그런 의도까지 읽어내진 못했을 것이다. 해방 이후 이들이 대한민국의 교육을 맡아 재편하면서 일제 때 배운 노래들 위주로 짰다. 거기에 군정을 맡던 미국의 노래들을 추가했다. 그게 우리들이 배웠던 초등학교 시절 동요였고 중고등학교 시절의 노래들이었다. 식민사관이 역사에만 있는 게 아니다. 다행히 요즘 학생들은 남미, 중국, 사우디아라비아, 에티오피아 노래 등 다양하게 배우고 있다.

다시 본론으로 돌아가자. 우리는 음악 시간에 주로 '노래'만 배운다.

음악 시간은 그런 '기능'을 학습하는 시간일 뿐이다. 물론 간단한 음악 이론이나 음악사도 배우지만 형식적이다. 음악사를 통해서 시대사를 비롯해 얼마나 많은 것을 가르치고 배울 수 있는가. 물론 그런 음악 선생님들도 계시다. 하지만 대부분은 열심히 노래만 가르친다. 음악 감상이나마 제대로 가르치면 그나마 다행이고 고맙다. 아마도 음악 시간에 노래를 배우면서 '가사'에 대해 집중적으로 배운 적 별로 없을 것이다. 그러니 교회나 절에서 찬송가 찬불가도 '노래' 위주다. 물론 하도 자주 불러서 의미는 파악한다. 심지어 성가대조차 발성연습은 하지만 딕션 (diction. '발음'이라는 의미지만 '읽기'라고 넓게 보면 될 것이다)을 하거나 가사 전체를 읽는 경우는 거의 없다. 찬송가나 찬불가는 '노래로 하는 기도'다. 한국말 다 아는 것이니 따로 할 필요 없다고 할 일이 아니다. 이런 게 모두 음악 시간에 학습된 방식이 습관이 된 까닭이다.

우리의 음악 시간을 돌아보자. 선생님이 먼저 피아노를 치면서 곡 전체의 흐름을 느끼게 해준다. 그리고 노래를 불러준다. 그다음에는 한 소절씩 따라 부르게 한다. 그렇게 한 소절 두 소절 늘여간다. 노래 전체를 다 따라 부르게 되면 그다음에 어김없이 '분단별로' 부르게 한다. 이 대목에 주목해야 한다. 예전에는 한 반에 6, 70명 되는 학생들이 있었으니 선생님이 일일이 확인할 수 없어서 분단별로 부르게 하고 틀린 것을 고쳐주기 위해서 그렇게 했을 것이다(그러나 지금은 학생 수가 2, 30명 쯤인데도 여전하다).

그런데 이렇게 분단별로 노래할 때 놀라운 효과가 일어난다! 아까 전체가 노래할 때는 립싱크하는 녀석들도 있고 그냥 대충 부르던 녀석들도 있었지만 자기 분단이 따로 부르게 되면 긴장해서 부른다. 립싱크는 생각도 못 한다. '발표 체험'을 하게 된다. 발표가 꼭 무대에서만 이루어지는 건 아니다. 발표가 가능한 건 '들어주는 다른 친구들'이 있기 때문이다. 이게 가장 기초적인 연대고 집단지성의 방식이다.

　다른 분단의 친구들은 어떤가? 그냥 듣는 게 아니다. '감상 체험'을 하는 것이다. 그것은 노래를 불러주는 다른 친구들이 있기 때문에 가능하다. 그리고 이 감상을 통해 아까 자신들이 그냥 불렀던 노래에서 어느 부분이 잘못되었는지, 그것을 나는 어떻게 불렀는지 '객관적으로' 인식하게 된다. 일종의 변형된 '거울효과'인 셈이다. 어느 소절에서 음정이 틀리고 어느 대목에서 박자를 놓치기 쉬운지 등을 인식하게 되면 다음에 그 분단이 부를 때는 특별히 그 부분들에 신경을 쓰면서 부른다. '자기인식'은 매우 중요하다. 게다가 그 자기인식이 객관적 과정을 통해 습득되는 것은 더욱 중요하다. 중요한 것은 또 있다. 각 분단별로 진행하면서 점점 내용이 나아진다는 것이다. 즉 '진화하는 집단지성'의 사례가 된다. 혼자서는 못 한다. 이게 연대의 힘이고 집단지성의 가능성이다.

　이제 가사를 보자. 일단 1절의 가사만 다루기로 하자. 주인공은 토끼다. 토끼는 숲속의 약자다. 토끼의 귀가 '기형적으로' 큰 건 잘 듣기 위해서라기보다는 냉각장치다. 생존의 유일한 방책은 빨리 도망가는 것이다. 정온동물의 경우 일정한 체온을 유지해야 하니 상승한 체온을 최대한 빨리 식혀야 한다. 체표면적이 넓을수록 빨리 덥혀지고 식으니 귀가 큰 것이다. 토끼의 귀를 뒤집어보면 가는 혈관들이 얽혀 있다. 그래야 빨리 체온을 낮출 수 있다. 생존을 위해 그렇게 진화한 것이다. 그런 토끼가 새벽에 일어났다. 왜? 다른 동물들에게 잡혀 먹을까봐? 그럴 수도 있겠다. 그러나 가사만 보면 분명히 그 목적이 나타난다. '세수하기 위해' 그렇게 일찍 일어났다. 이왕이면 가장 깨끗한 물에 세수하고 싶으니 남들 오기 전 이른 시간에 가야 한다.

　숲의 약자인 토끼도 '자기가 하고 싶은 것'이 있다. 행복 별거 아니다. 내가 하고 싶은 것을 성취했을 때 행복하다. 누구나 행복을 추구할 권리가 있다. 아무리 약자라도 똑같이 누릴 권리가 있다. 그게 바로 '행복추구권'이다. 약자가 행복을 얻기 어려운 건 조건이 빈약해서 그런 거지 권리 자체가 없기 때문이 아니다. 그런 마음조차 먹어서는 안 된다는 건 억지요 폭력이다. 그걸 허락하지 않거나 교묘하게 훼방하는 사회는 나쁜 사회다. 행복추구권을 꼭 고등학교 사회 시간에 배울 건 아니다. 시각만 조금 넓혀도 초등학교 1학년이 배울 수 있다.

여기서 한 가지 의문이 생긴다. 노래에 나오는 토끼는 어린 토끼일까 늙은 토끼일까? 누구나 자기 방식으로 생각할 수 있다. 그런 권리를 갖는다. 바로 생각(사상)의 자유다. 그런 자유가 보장될 때 우리는 훨씬 더 많은 것을 알게 된다. 그게 집단지성의 핵심이다. 강연할 때 이 사례를 들며 물어보면 가장 많은 답은 '늙은 토끼'다. 왜? '새벽에' 일어났으니까. 늙으면 새벽잠이 적어진다. 경험적 근거로 보면 논리적이다. 그런데 달리 대답하는 이도 있다. '어린 토끼'라는 이도 있다. 왜냐고 물으면 '동요'니까 아무래도 어린이가 주인공일 거라는 답이다. 그럴듯한 추리지만 할머니 할아버지를 소재로 하는 동요도 많으니 전적으로 옳지는 않다. 그 외에도 호기심 때문이라거나(호기심은 있지만 그것 때문에 세수할 것 같지는 않은데) 가서는 막상 세수를 하지 않았던 것으로 미루어 '세수하기 싫어하는' 아기 토끼일 것이라는 대답(그럴듯하다. 많은 아이들이 씻는 거 싫어한다)도 있다.

그런 대답 가운데 가장 그럴듯한 건 가사에 있는 '눈 비비고 일어나'를 보건대 틀림없이 어리다는 것이다. 그렇다. 어른들은 일찍 일어나도 눈 비비지 않지만 아이들은 일찍 깨우면 눈 비비고 몸 비틀고 난리다. 이렇게 하나하나 묻고 캐면 뜻밖의 것들과 만난다. 그런데 언젠가 어느 기업에서 '인문학적 성찰과 사고의 전환'을 주제로 강연하는데 한 참석자가 손을 번쩍 들더니 따졌다. "그건 질문이 잘못된 것입니다." 나는 깜짝 놀랐다. "왜요? 뭐가 잘못되었나요?" 그 반문에 직원은 "왜 둘 중 하나를 고르게 하나요?"라고 되물었다. '이거 말고 다른 나이가 가능한가?' 하는 생각이 들어서 의아했다. "그럼 당신은 어떤 나이의 토끼라고 생각하나요?" 그랬더니 그 직원이 대답했다. "제 생각으로 그 토끼는 젊은 토끼입니다." 난 깜짝 놀랐다. 처음에는 이해하지 못했다. 그러나 이어진 그의 말, "아니면 최소한 사춘기 토끼이거나." 그제야 난 알아들었다.

세수한다는 건, 그것도 꼭두새벽에 세수한다는 건 '외모'에 관심이 크다는 뜻이다. 그래서 잠도 줄이고 어두운 길 참으며 옹달샘에 갔다. 어린 토끼는 아직 외모에 큰 관심 갖지 않는다. 늙은 토끼는 예전보다 외모에 대해 훨씬 덜 신경 쓴다. 그러고 보니 이 토끼가 젊은 토끼 혹은 적어도 사춘기 토끼일 수도 있겠다 싶었다. 그 직원의 반문을 접하기 전에는 나는 토끼의 나이를 묻는 것만으로도 의기양양했다. 다른 사람 신경도 안 쓰는 걸 나는 캐냈다는 치졸한 자만심 같은 것이 있었다. 그런데 그 질문에 와락 무너졌다. 나는 그 과정이 주는 두 가지 의미를 생각한다. 하나는 질문이 주는 힘이고 다른 하나는 집단지성이 진화하는 방식이다. 이런 '소통'이 바로 입체적 사고의 중심이다. 그것은 바로 합리적으로 의심하고 묻고 캐고 따지며 답을 찾아내는 방식이다.

또 물어야 할 게 있다. 토끼는 그렇게 상당한 기회비용을 지불하고 갔으면서 왜 정작 핵심 목표인 '세수'를 하지 않고 물만 마셨을까? 아이들은 이 물음에 대해 별별 기발한 대답을 쏟아내서 나를 깜짝 놀라게 했다. "우리 할머니처럼 치매가 왔나 봐요. '내가 여기 왜 왔지?' 그런 거 아닐까요?" "우리 엄마처럼 건망증 때문일 거예요. 우리 엄마는 목욕탕에 가면서 목욕바구니 대신 쓰레기봉투 들고 갔다가 다시 돌아온

적 있어요." 별별 대답이 다 있다. 그중에 압권은 이랬다. "보일러가 없어서 그랬을 거예요." 겨울방학 때여서 그런 대답이 가능했을 것이다. 시골 할머니 댁에 갔다가 아파트와는 달리 온수보일러 틀어야 따뜻한 물 나오는 걸 몰라서 찬물에 고양이 세수만 했던 적이 있었는지 모른다. 어른들이라면 "물이 차가워서요."라고 대답했을지 모르지만 그 아이에게는 '보일러'의 유무로 비쳤을 것이다. 이 모든 것들이 '다양한 생각들'이고 '가능한 여러 추론들'이다. 혼자서는 상상도 못 하던 것을 함께 모여 묻고 캐면서 많은 생각을 만나게 된다. 그게 집단지성의 바탕이다.

흥미로운 점은 또 있다. 그럴듯한 대답을 하는 아이들도 있지만 때론 엉뚱한 대답으로 원성이나 비난을 사는 아이들도 있다. 다른 아이들은 드러내놓고 말은 하지 않아도 이미 표정으로 나타난다. 그러면 그 아이는 본능적으로 그런 무시와 비난의 시선을 의식하고 '이 시간 끝나고 나면 나는 집단 따돌림(왕따)을 당하겠구나.'라고 생각할 것이다. 그때 선생님이 묻는다. "너는 왜 그렇게 생각하니?" 그 질문에 대답할 의무도 있지만 내 생각을 표현할 자유도 있다. 그러니 그는 표현의 자유를 갖는다. 그 자유와 권리에 따라 설명한다. 물론 위축된 채 말할 것이다. 그래도 자기 생각을 설명할 기회를 얻었고 그 권리를 행사한다. 그러면 아까 한 문장만 듣고 '저거 바보 아냐?' 혹은 심지어 '어휴, 재수 없어.'라고 속으로 생각했던 다른 친구들이 그 아이의 설명을 듣고 전부 다 동의하거나 수긍하지는 못해도 그 설명에 나름대로의 합리성이나 근거를 알아듣고 아까 자신들이 내렸던 성급한 판단의 일부를 거둬들일 것이다. 그게 바로 소통이고 판단의 신중함이며 타인에 대한 배려의 과정이다.

그러나 놀랍게도 아이들이 가장 많이 대답한 것은 "내가 풍덩 들어가 세수하면 물이 더러워져서 다른 숲속의 친구들이 물을 못 마시잖아요."였다. 어른들보다 훨씬 더 낫다. 악덕기업들보다 백만 배 더 낫다. 그럼 나는 이렇게 대답한다. "그렇겠지요? 여러분들이라면 그랬을 거야. 토끼는 자기가 하고 싶은 것을 위해 많은 대가를 치렀지요. 숲의 법칙은 '먼저 오는 동물이 임자'라는 건데 그것을 위해 새벽잠도 포기했고 어둡고 쌀쌀한 불편함도 참았어요. 그러니까 토끼는 정당한 권리를 정당하게 얻은 거지요. 하지만 나의 행복 때문에 다른 동물들이 불행해질 수 있다는, 여러분들이 말한 것처럼 물이 더러워져서 마시지도 못하게 될지 모른다 생각해서 포기한 것일 수 있습니다. 나의 행복이 타인에게 불행을 주면서 얻어질 수는 없지요. 그게 바로 '정의'랍니다."

이렇게 초등학교 1학년 음악 수업에서 가사 하나 잘 챙겨보면 '행복추구권' '진화' '생각과 표현의 자유' '상대에 대한 배려' '추론' '신중' '소통' '정의' 등 매우 중요한 가치들을 배우게 된다. 이런 게 바로 입체적 사고의 사례다. 그리고 입체적 사고의 힘은 단편적이고 일시적인 인식에 그치지 않고 그 내용이 생각과 삶에서 늘 살아 있게 된다는 점이다. 예를 들어 그런 수업을 받은 아이는 일생 동안 그 노래를 부르거나 들을 때마다 앞서 언급한 중요한 개념과 가치 모두 기억할 뿐 아니라 그대로 자신 안에 내재화시킬 것이다. 아무리 내가 대가를 지급했고 정당하게 권리를 얻었다 하더라도 나의 행복이 타인의 불행을 담보로 하면 그건 정의일 수 없다는 가치 하나만이라도 평생 기억한다면 그는 불의하게 살지 않을 것이고 사회의 불의를 묵과하지 않을 것이다.

연대하는 사고를 통해 인격의 가치, 정의로운 사회에 대한 책무, 집단지성의 방식과 힘에 대해 전혀 배우지 않고 오로지 주어진 답에만 충실하여 좋은 대학, 좋은 직장, 좋은 직업을 얻어 자신의 성공에만 몰두하는 엘리트를 만들어온 기존의 교육방식은 수많은 '김기춘'과 '우병

우'를 생산했다. 그리고 그들에게 줄을 대며 부당하게 이익을 취하는 수많은 추종자들을 만들어냈다. 한나 아렌트의 지적처럼 '악의 평범성'은 결국 그러한 추악한 개인주의적 성공만을 추종한 자들의 권력과 재력의 피라미드 카르텔이라는 구조적 악행의 생태에서 고스란히 드러난다. 그런 자들에게 독점적 권력을 부여하고 굴종하며 아부하는 사회는 필연적으로 붕괴하고 퇴행한다.

배운 게 없어서 제대로 못 사는 게 아니다. 배운 거 많다. 그러나 직선적이고 평면적이며 그저 축적만 해서 정작 필요할 때 꺼내 쓰지 못하는 지식들이 너무 많다. 이것들을 다시 입체적으로 재정립하기만 해도 해석이 달라지거나 다양해질 수 있고 생각이 바뀌며 삶이 진화할 것이다. 학교뿐 아니라 기업도 사회도 국가도 입체적으로 사고하고 그것을 집단지성으로 진화하는 방법을 모색하고 실천하기만 해도 수많은 새로운 이익을 얻을 수 있다. 걸핏하면 예산 타령하는 짓 줄이고 생각이라도 바꿔보면 할 수 있는 것들이 많다. 상상조차 하지 못하던 것들까지.

미래의 대안, 공동체와 조합 정신

최근에는 스페인에서도 약간 위축되었다는 소식이 전해지기도 하지만 몬드라곤 협동조합은 여전히 감동적이다. 우리나라 사람들 중 몬드라곤에 대해 알고 있는 이가 그리 많지 않다. 우리가 자본주의를 포기할 수는 없다. 그 정도의 효용을 생산하는 경제체제는 없기 때문이다. 그러나 자본주의가 전지전능한 것도 아니고 유일한 것도 아니며 꼭 선한 것만도 아니다. 이제 우리는 '자본주의 이후' 혹은 자본주의와의 병행 가능한 대체재 또는 보완재에 대해 고민해야 한다.

경기가 좋지 않으면 기업은 일단 고용을 줄인다. 기업의 목적은 이윤을 극대화하는 것이니 그것을 탓하기만 할 수는 없다. 그러나 한 번 더 물어보자. 왜 기업은 이윤의 극대화를 추구하는가? 이것을 묻지 않으니 기업이 이윤만 추구하는 것은 너무나 당연하다고 여긴다. 기업이 이윤을 추구하는 이유는 그 기업에 참여한 사람들에게 보다 많은 분배를 해주기 위해서다. 기업에 참여하는 방식은 자본, 토지, 노동, 아이디어 등 다양한 것들이 있다. 거기에 참여한 사람들에게 보다 많은 분배를 해줌으로써 보다 인간다운 삶, 각자가 꿈꾸는 삶을 살 수 있다. 좀 더 거창하게 말하면 그것은 바로 인간의 자기실현이다.

흔히 경영의 귀재라 불리는 이들이 있다. 예전 크라이슬러의 리 아이아코카가 그랬고 GE의 잭 웰치가 그랬다. 물론 훌륭한 경영자들이다. 그러나 그들이 택한 가장 기본적인 방식은 고정비를 줄이는 것으로 시작하는데, 그것은 바로 대량해고의 방식이다. 주주들은 그것을 하도록 전권을 위임하고 막대한 연봉을 지불한다. 그렇게 해서 대량해고를 통한 고정비 삭감을 통해 지출을 줄이고 남은 사람들에게 긴장을 요구함으로써 일단 경영은 합리화되는 것처럼 보인다. 그러나 과연 그 끝은 어떤가? 우리는 이미 경험을 통해 그 끝을 어느 정도 알고 있다. 물론 아이아코카와 웰치의 결과는 달랐다. 그러나 그건 전자가 자동차라는 단일 상품을 다루는 기업이어서 다른 대체 전환 방도가 없었고 후자는 선택과 집중 그리고 새로운 수익사업으로의 전환이 가능했다는 차이 때문이다. 그런데도 여전히 그 시작과 과정에서 보여주는 이익의 발생만 강조한다.

2008년 세계를 휩쓴 경제위기는 탐욕의 극한이 빚은 참사다. 그 결과 수많은 기업들이 파산하고, 그래도 살아남은 기업들은 고용을 줄이고 대량으로 직원을 해고했다. 그러나 단 한 명의 해고도 없이 오히려 1만5천 명의 신규고용을 창출하고 안정적인 성장세를 이어간 기업(?)이 있다. 바로 몬드라곤 협동조합이다. '사회적 경제'의 새로운 가능성을 입증하고 있다는 점에서 이 조합은 주목할 가치가 충분하다.

몬드라곤은 스페인의 바스크 지역에 있는 작은 도시 이름이다. 15세기 이후 철강, 금속 산업이 발달한 곳인데 스페인내전 후 인구의 80%가 떠났고, 산업은 완전히 붕괴되었다. 그곳에 부임한 호세 마리아 아리스멘디아리에타(José María Arizmendiarrieta) 신부는 청년들이 아무 할 일이 없어서 무기력과 폭력에 빠진 것을 보고 마을 아이들을 위한 기술학교를 세우고 작은 석유난로공장을 세웠다. 그렇게 해서 만들어진 것이 울고(ULGOR)인데, 이것이 몬드라곤 협동조합기업(Mondragón Cooperative Corporation; MCC)의 시작이다. 그렇게 시작한 조합은 날이 갈수록 성장하여 몬드라곤건설(구겐하임 빌바오 미술관을 건축했다)을 비롯하여, 에로스키(Eroski), 파고르(Fagor) 등 유수 기업을 포함하는 250여 개의 사업체로 구성된 몬드라곤 협동조합으로 발전했다. 몬드라곤은 전기, 자동차, 철강, 공작기계를 비롯하여 서비스, 유통, 금융, 교육 분야를 포함하며, 스페인에서 7번째로 큰 기업이 되었다. 시작은 미약하지만 그 결과는 아무도 예상하지 못했던 거대한 결실을 맺었다.

몬드라곤도 1980년까지는 120여 개가 넘는 개별 협동조합의 느슨한 연합체였지만 은행이 중심이 되어 통합하여 성장함으로써 글로벌 대기업으로 부상했다. 몬드라곤은 성장 위주와 비인격성의 기업문화에 대한 가장 확실한 모범적 대안 사례다. 몬드라곤의 기업 목표가 일관되게 '고용 창출'이라는 점에 주목해야 한다. 그것도 양질의 일자리를 보다 많은 이들에게 만들어주겠다는 목표는 고용 창출과 기존 조합원의 이익이 부딪힐 때마다 노동자인 조합원들이 자신의 이익을 양보하고 고용 창출에 합심했다는 점에서 우리의 기업과 노조 모두가 주목해야 한다.

윌리엄 F. 화이트와 캐서링 K. 화이트는 『몬드라곤에서 배우자』에서 다음과 같이 서술하고 있다.

"협동조합주의는 한마디로 특권계급의 형성을 저지하기 위해 권력의 인간화와 경제민주화와 단결을 통해서 양심과 문화의 새로운 국면을 창조하려 노력한다. 협동조합주의는 소유에 기능적인 가치만을 부여한다. 즉 소유는, 그것이 공동생활에서 책임감과 효율을 높이는 효과적 원천으로 작용하는 한에서만 가치가 있다."

돈 호세 마리아 신부의 생각은 오늘날까지 그대로 유지되고 있다. 오해하면 안 될 것이 협동조합이 자본주의의 거부나 반대가 아니라는 점이다. 따라서 그것을 어떻게 조화시킬 것인가는 우리가 고민해야 할 당면의 문제다.

돈 호세 마리아 신부와 함께 몬드라곤을 만들어갔던 사람들의 이야기는 감동적이다. 사람들을 설득하여 학교를 세우고 이곳 졸업생들과 함께 최초의 협동조합을 세웠을 뿐 아니라 주변 사람들의 강한 반대를 무릅쓰고 노동자생산협동조합이 성공할 수 있도록 협동조합은행(노동인민금고)을 설립했던 것만 감동적인 것이 아니다. 신부는 사람들과 토론하고 공부하며 협동조합을 이끌었다. 결코 독단적이지 않았고 매사 민주적이었다. 민주적이어서 때론 절차와 과정에서 많은 시간과 에너지를 소모했을까? 아니다. 물론 시간과 에너지가 많이 들기는 했지만 그것이 바로 힘의 바탕이 되었기 때문이다. 그 힘이 바로 1980년대 유럽의 경기침체나 2008년 세계 경제위기의 회오리 속에서도 노동자들이 협동조합을 지켜내고 더 많은 고용을 창출한 원천이다.

몬드라곤은 1974년 처음 파업을 겪으면서 내부 갈등을 감내해야 했고 불가피하게 해고의 극한 처방도 내렸지만 끝내 그들을 복직시켰으며 늘 협동조합의 원칙을 고수하며 새롭게 진화했다. 그래서 파산한 기업을 구제하기 위한 모든 노력을 아끼지 않았다. 그게 바로 민주주의의 진정한 힘이다. 지금 우리에게 필요한 것이 바로 그러한 가치와 신념이다. 돈 호세 마리아 신부는 이렇게 말했다.

"일부 사람이 자신의 배타적인 이익을 위해 타인의 노동을 이용하는 것을 허용하는 사회제도는 일종의 사회적 괴물이다. 협동조합주의자는 다음과 같은 점에서 자본주의자와 구분된다. 즉 후자가 자신에 봉사하는 사람을 키워내기 위해 자본을 이용하는 반면, 전자는 노동환경을 개선하기 위해 자본을 이용한다."

진심으로 공동의 선이나 모든 이의 이익을 추구하기 위해서는 사회제도가 도움을 제공해야 한다. 신부의 다음의 말에도 깊은 울림이 담겨 있다.

"성실하고 정직하게 느껴지고 실천되는 민주주의는 그 범위를 선거제도상의 정책이나 절차에 국한해서는 안 된다. 오히려 그것은 제도적 과정을 민주화함으로써 경제와 재무 분야뿐만 아니라 교육과 사회 분야에도 영향력을 미치고 반영되어야 한다."

몬드라곤 그룹의 10대 운영원칙은 여러 면에서 의미심장하다.

1. 조합원 자격은 모두에게 개방한다.
2. 1인1표주의에 기초해서 민주적으로 조직한다.
3. 노동자에게 최고결정권을 부여한다.
4. 자본은 삶의 질을 향상하기 위한 보조적 도구일 뿐이다.
5. 노동자들은 경영에 참여한다.

6. 임금은 균등하게 정한다.

7. 모든 조합은 조합 간에 서로 협동한다.

8. 지역사회의 발전에 기여한다.

9. 사회민주화와 정의와 평화 등의 보편적 가치를 확산시킨다.

10. 모든 조합원들에게 교육의 기회를 제공한다.

이런 원칙에 따라 운영되는 이 그룹에서는 심지어 비조합원이라 해도 불이익을 크게 받지 않는다. 비조합원과 조합원 간의 수입 차이는 배당금과 연금에서 차이가 날 뿐, 같은 노동에 대해서는 같은 임금을 받는다. '동일 노동, 동일 임금'의 원칙이 지켜지기 때문에 조합원과 비조합원의 임금이 동일한 것이다. 퇴직이나 휴직 때도 자체의 사회보장 협동조합에서 연금이 나오기 때문에 미래에 대해 불안할 것도 없다. 지금 대한민국의 비정규직 문제에 대해 정규직 노동조합이 이 조합에 대해 공부 많이 해야 한다. 비단 노조뿐 아니라 기업도 연구해야 한다.

무엇보다 회사 경영이 힘들 때는 불가피한 선택을 해야 하는 경우도 있는데, 이런 경우 운영되는 휴직제도는 80%의 휴직급여가 지원되고 몬드라곤 교육기관에서 새로운 직업교육을 제공한다. 최고임금자의 임금이 최저임금자의 10배가 넘을 수 없다는 규정이 있음에도 불구하고 훨씬 더 많은 급여를 주는 다른 기업으로 가지 않는 것은 자신의 회사를 위해 일하는 기쁨과 함께 일하는 동료 간에 느낄 수 있는 애정이 있기 때문이다. 즉 임금만이 절대적 기준이 아니라는 것이다. 이사들 또한 조합원들이 뽑는다. 자연스럽게 노사는 협력관계가 된다. 주주나 오너의 눈치만 보는 최고경영자가 아니라 자기 동료와 그 가족을 위해 일하는 이사들이 된다. 이것은 꿈이 아니다. 흔히 그런 경우 의사결정이 매우 늦다는 부정적 측면이 있다. 그건 사실이다. 그러나 그걸 과장할 까닭은 없다. 몬드라곤도 자신들의 의사결정이 늦다는 것은 인정한다. 그러나 일단 결정이 정해지면 추진력이 대단해서 문제가 되지 않는다. 왜냐하면 모든 조합원이 모든 상황을 이해하고 결정된 사항을 향해 모두 힘을 쏟기 때문이다. 그들이 자본주의 사회에 적합하지 않다고? 천만의 말씀이다. 엄연히 시장경제에 바탕을 두고 있다. 그들의 비밀은 '함께' 일한다는 것이고, 그들의 미래가 자신들의 손에 달려 있다는 믿음은 노동생산성이나 충성도를 높일 수밖에 없다. 이러한 기업이 과연 꿈일까? 그러나 이미 다른 나라에서는 이루어지고 있는 일이다.

최근 국내에서도 협동조합기업에 대한 관심이 커지고 있는 것은 다행스럽다. 사회적 기업을 표방한 곳도 많다. 그리고 그러한 기업을 육성하는 정책도 나오고 있다. 그러나 '협동조합' 자체에 대한 기업의 부정적 입장이 강하다. 농협, 수협, 축협 등의 협동조합이 각 지역마다 있고 각 업종에 대한 경쟁력 강화와 육성책 지원 등 나름대로 역할을 하고 있는 것은 사실이다. 그러나 엄격히 말하자면 그것은 '관변화된' 조합이다. 그러면서 고유 업종의 지원이라는 본연의 영역에 금융이라는 당근을 쥐어줬다. 그래서 조합장 중에는 지역의 유지로 행세하며 자신의 이익을 추구하는 데에 몰두한 이들도 많다. 이들 조합장들의 비리가 끊이지 않는 건 그런 구조 때문이다.

이렇게 우리는 오랫동안 '조합'에 대한, 특히 비 관변조합에 대한 이상한 반감을 학습당하고 살았다. 조합이라고 하면 대뜸 노동조합을 떠올리고 노동조합은 기업의 정상적 발전을 저해하며 사회의 안정을 해치고 불안 요소를 만들어내는 비생산적이고 자기 이익에만 몰두하는 '못된 집단'이라는 인식을 교묘하게 강요당했다. 그러나 협동조합은 분명 앞으로 중요한 경제의 대안이 될 것이다. 제대로 협동조합의 삶을 구현하려면 민주주의의 완전한 정착은 필수적이다. 따라서 민주주의는 삶의 기본 조건이다. 몬드라곤의 사례는 협동조합이 성공하기 위해서 철저한 민주주의의 실현이 얼마나 중요한지를 보여준다.

이제 우리는 자본주의 이후의 경제를 준비해야 한다. 그것은 자본주의를 부인하고 시장경제를 거부하는 것이 아니라 기존의 자본주의나 시장경제가 만들어낸 비인격성과 탐욕을 제거하고 보다 인격적이며 오히려 더 효율적인 경제체제를 마련해야 한다는 의미에서 필연적이다. 몬드라곤협동조합은 분명히 그 좋은 모범이다. 관심이 있다면 앞서 언급한 두 책을 보면 도움이 될 것이다. 지금과 같은 탐욕적이고 독점적이며 비인격적인 경제는 바로잡아야 한다. 민주주의가 필요한 이유 가운데 하나가 그것이고, 앞으로의 협동조합 방식에는 그것이 필수적임을 몬드라곤 사례를 통해 확실히 알 수 있다. 표를 얻기 위해 외쳤지만 아무것도 이룬 게 없고 이룰 의지도 없었던 '경제민주화'는 버려진 카드가 아니다. 그것을 제대로 구현할 수 있는 대안을 찾아야 한다. 포스트 자본주의 경제, 이것은 우리가 지금 당면한 의제다.

창조적 파괴는 수평사회에서 가능하다

'창조적 파괴(creative destruction)'라는 말 생소하지 않다. 오래전 경제학자 조지프 슘페터(Joseph Alois Schumpeter)가 기술의 발달에 경제가 얼마나 잘 적응해나가는지를 설명하기 위해 제시했던 개념이다. 그는 자본주의의 역동성을 가져오는 가장 큰 요인으로 창조적 혁신을 주장했으며, 특히 경제발전 과정에서 기업가의 창조적 파괴행위를 강조했다. 최근 '창조' 운운하는 말이 유행하면서 자주 들먹였던 개념이다.

기업가의 창조적 파괴행위 운운하니까 그게 기업가 혹은 경영자의 몫이라고 생각한다. 틀린 말은 아니다. 그의 '경제발전론'에서 이윤이 기업가의 혁신에서 발생되는 것이라고 했으니까 분명히 맞는 말이다. 이윤은 혁신적인 기업가의 창조적 파괴행위로 인한 생산요소의 새로운 결합에서 나온다. 그리고 이윤이라는 건 바로 그 창조적 파괴행위를 성공적으로 이끈 기업가의 정당한 노력의 대가라고 여기기 때문이다. 이 개념을 조금 더 넓게 이해하면 기술혁신으로 낡은 것을 파괴하고 도태시키며 새로운 것을 창조하고 변혁을 일으키는 창조적 파괴 과정이 기업경제의 원동력이라는 것이 된다.

그러나 참으로 역설적이고 흥미로운 건 '창조적 파괴'라는 개념을 전파한 슘페터는 마르크스 이론을 깊이 연구한 학자라는 점이다. 1942년 『자본주의, 사회주의와 민주주의』에서 처음 사용할 때는 창조적 파괴를 자본주의 체제에서 부의 축적과 소멸이 반복되는 과정으로 규정했다. 그러다가 이를 경제혁신과 경기변동주기의 원인을 설명하기 위한 개념으로 사용했다. 슘페터와 '창조적 파괴'가 어떻게 마르크스와 연계되느냐고 생각할지 모르지만 본디 그 용어를 처음 만들어 사용한 사람은 베르너 좀바르트(Werner Sombart)라는 독일의 마르크스 이론가며 사회학자였다는 점을 고려하면 자연스러운 일이다. 엥겔스는 좀바르트야말로 마르크스 이론을 제대로 이해한 유일한 사람이라고 평가했다고 한다. 그는 자본주의가 새로운 부를 창조하기 위해서는 그에 부합하는 환경 내에서 경제질서를 끊임없이 파괴하고 재편하며 여러 위기를 통해 반복적으로 기존의 부를 평가절하해야 한다는 의미로 '창조적 파괴'라는 용어를 만들었다고 한다. 기존의 부, 즉 경제적 기득권을 스스로 파기하고 쇄신해야 한다는 뜻이다. 슘페터는 그것을 기술혁신을 통해 기존의 낡은 것들, 즉 기술과 제품 그리고 관행 등을 깨뜨리고 새로운 것을 만들어 시장질서가 새롭게 변화하는 과정을 경기변동으로 서술했다. 그런데도 우리는 그 개념을 단지 과거의 생산체제를 버리고 새로운 혁신으로 더 많은 이익을 추구해야 한다는 의미로만 사용하고 있는 건 아닌지 따져볼 일이다.

기존의 것을 버린다는 것은 어렵다. 미래가치를 만들어내는 기업들이 주로 자기창업의 회사들이라는 건 그 방증이다. 그들로서는 매달려야 할 과거의 부와 기술이 별로 없다. 버릴 것도 잃을 것도 없으니 새로운 것을 찾아낸다. 그러나 일단 그들도 어느 정도의 부와 권력을 소유하게 되면 거기에 매달린다. 그렇게 되면 결국 수직적 조직으로 굳어지는 방향으로 선회한다. 창조적 파괴는 그 수직성을 스스로 무너뜨릴 때 가능하다. 그런데 우리의 경우 그 수직성의 정점에 있는 기업가들이나 관료들이 창조적 파괴를 요구하는데, 그 내용은 놀랍게도 혁신이 아니라 고용을 줄이는 방식이나 노동시간의 연장을 일방적으로 요구하는, 즉 창조는 없고 파괴의 방식으로 흐를 뿐인 경우가 많다.

'창조적 파괴'는 단순히 생산요소의 새로운 결합이나 기업가의 혁신적 아이디어에서만 오는 것이 아니다. '세습'은 '비탄력적 수직화'의 견고화로 가장 핵심적인 '파괴'의 개념과 가치를 망가뜨린다. 능력이 있고 지분에 대한 정상적 지배구조를 갖췄으면 그나마 약간 용납할 수 있을지 모르지만 다짜고짜 20대부터 실장급 이상으로 투하되는 '혈연적 낙하산'들은 관리능력도 비전 제시 능력도 없이 부려먹는 것만 배운다. 그러고도 굴러가는 건 그 아래 있는 직원들이 열심히 일하기 때문이다. 단 그 이상의 발전은 기대하기 어렵다. 기껏 하는 짓이라곤 정경유착의 빨대나 찾는 일이다. '점들을 연결할 능력'도 없고 조정할 역량도 부족한데 어떻게 좋은 일자리를 창출할 수 있겠는가. 그들에게 창조적 파괴는 기대 난망이다. 수직적 사고에서 조금도 벗어나 있지 못하기 때문이다.

이런 자들은 혁신의 자생적 질서마저 망치는 장본인들이다. 각 개인의 권리가 확립된 시스템을 갖추는 조직이 창조적 파괴를 시도할 수 있고 살아남는다. 각 개인의 권리가 확립된 시스템이 바로 수평적 조직이다. 그러한 시스템이 부정적 행동에 제동을 걸 수 있고 멍청하거나 오만한 최고경영자의 오류를 차단할 수 있다.

사회발전연구소장인 서울대 장덕진 교수의 말을 경청해야 한다. 그는 줄기차게 앞으로 우리가 생존할 수 있는 가능성을 현실적으로 마련할 수 있는 기간이 고작해야 앞으로 10년도 채 남지 않았다고 지적한다. 그렇게 단호하게 말하는 가장 큰 근거로 일하는 100명의 사람이 일하지 않는 사람을 부양해야 하는 수치인 부양률인데 곧 그 수치가 급격히 상승할 것이라고 진단한다. 게다가 저출산 고령화와 민주주의의 불완전성은 사태를 더 악화시킬 것이라는 전망이다. 왜곡된 민주주의 혹은 선언적 명분으로만 존재하는 민주주의의 퇴행은 오직 기득권의 유지에만 몰두할 것이다. 창조적 파괴는커녕 창조적 멸망을 불러올 뿐이다.

장 교수는 최근의 타락한 정치인들을 '한번 털고 옮겨가면 그만인 유랑도적단'에 비유한다.(이 말은 경제학자 맨커 올슨(Mancur Olson)의 『권력과 번영』이란 저서에서 사용한 개념임을 장교수는 밝히고 있다.) '상주'하는 도적은 상대의 형편도 가늠해서 먹고 살 것이라도 남기지만 유랑도적단은 완전히 털어간다. 다시 만날 일 없기 때문이다. 그런 파멸적 궤도를 바꾸는 건 합의제 민주주의 강화뿐이다. 장 교수는 합의제 민주주의를 강화하지 않으면 필연적으로 궤멸을 겪게 될 것이라고 경고한다. '합의'는 거수기 역할이나 하는 사외이사들이나 공천권을 쥔 자에게 아부하여 운 좋게 국회의원직 하나 얻은 악덕정치'업자'들이 지배하는 구조에서는 불가능하다. 창조적 '파괴'는 일방적 결정이 아니라 다양한 합의를 통해 이루어진다. '합의'의 온전한 작동을 위해서는 노조의 대표성도 높이고 정보와 자료를 투명하게 공개해야 한다. 장 교수는 단체협약을 노조원이 아닌 노동자에게도 적용할 수 있게 하면 대표성이 높아진다고 진단한다. 프랑스의 노조 조직률은 우리와 비슷한 10% 수준이지만 협약 적용률은 90%가 넘는 건 그러한 구조 때문에 가능하다고 설명한다. 혹은 스웨덴, 독일처럼 정당이 그 역할을 함께 담당하거나 네덜란드처럼 종교와 정치가 결합된 방식 등을 참고하여 대표성을 높여 사회적 합의에 참여할 수 있는 기회를 높여야 한다. 그러한 방식은 민주주의적이고 수평적인 사회에서 가능하다. 그러므로 지금 이 상태를 그냥 두고는 '파괴'는 있을지 몰라도 '창조'는 불가능하다.

물론 처음에는 낯설고 그 결실도 생각만큼 크지 않을 수 있다. 그러나 그러한 것들이 수행되면서 신뢰도 쌓이고 노하우도 생기면서 진화하는 것이다. 그것이 바로 성숙한 복지국가, 정상적 민주화의 방식이다. 그 과정을 노인세대가 갈수록 증진하기 전에 마련해야 한다. 창조적 파괴란 기존의 타성과 관행을 과감하게 버리고 모든 권한과 책임을 공유하는 방식으로 전환할 때 가능하다. 정보의 교환과 수집의 과정도 과거와는 판이하게 달라졌다. 누구에게나 개방된 정보 네트워크는 이미 그러한 정보의 수평화 기틀을 마련하고 있다. 지금이야말로 창조적 파괴의 최적의 시기이자 마지막 기회라는 절박감을 가져야 한다. 수평사회의 당위는 바로 이런 점에서도 견고해진다.

민주주의와 수평사회는 개인의 확장이며 공감과 공생이다

개발독재에 익숙하고 속도와 효율의 시대를 살아온 기성세대는 지금 우리의 위기를 벗어나기 위해 미래지향적이고 개방적 사고로 전환하기는커녕 오히려 퇴행적 사유를 노골적으로 드러내기도 한다. 우리가 지금 경제위기에 처하고 가계가 예전에 비해 갈수록 피폐해지는 까닭을 그러한 강력한 리더십(?)이 퇴화되었기 때문이라고 생각하는 이들도 있다. 그러나 그것은 어리석은 생각이다.

발전경제학자 윌리엄 이스털리(William Easterly)의 말에 주목해야 한다.

"빈곤의 진정한 원인은 권리를 박탈당한 가난한 사람들을 상대로 아무런 견제 없이 행사되는 국가의 권력이다."

그는 세계은행에서 16년 동안 일했으며 뉴욕대학 경제학 교수이기도 한 사람이다. 그는 『전문가의 독재』에서 국가 발전에 독재는 필요 없을 뿐 아니라 장기적으로는 독이 될 뿐임을 상세하게 밝히고 있다. 그는 세계의 다양한 사례를 들고 있는데 그 상당 부분이 대한민국에 대한 진단이다. 윌리엄 이스털리는 한 나라를 발전시키는 진정한 요인이 무엇인지, 그리고 그 요인을 확보하려는 노력이 어째서 사라지게 되었는지를 설명한다. 그의 주장에 따르면 발전은 개인의 권리가 자유롭게 행사될 때 일어나며, 독재자 집권기에 고도성장을 달성했던 한국의 역사와는 정반대로 발전에 독재권력은 필요 없음이 명백하다고 한다. 그것은 개인의 권리를 침해함으로써 오히려 발전을 가로막았을 뿐이라고 말한다. 이스털리는 분명 제프리 삭스(Jeffrey Sachs)의 『빈곤의 종말』의 주장을 반박하고 있다. 누구의 말이 최종적으로 옳은지는 두고 봐야 할 일이다. 그러나 지금 우리는 제프리 삭스의 견해만을 거의 일방적으로 수용하려는 주류세력의 방향성만 있다는 점에서 균형적 사유를 위해서도 이스털리의 견해에 귀 기울일 필요가 있다. 나라를 발전시키겠다는 명분으로 국가가 개인의 권리를 빼앗고 있음을 직시해야 한다.

진정한 발전에 왜 민주주의가 필수적인가? 무엇보다 권위주의적 접근에 저항할 수 있는 바탕이기 때문이다. 정치적 이해관계에 따라 권위주의적 노선을 발전원리로 제시하는 방식은 오로지 자신의 지배를 정당화하고 정치적 강압으로 물질적 발전을 포장할 뿐이다. 물론 많은 국민들에게 그 이익의 일부를 배당하기는 하지만 실질적으로는 자신들의 더 많은 권력과 부를 유지하는 방식에 불과하다. 그러면서 나라의 경제를 발전시키는 지도자라는 이미지에 집중한다. 그리고 거기에 익숙해진 국민들은 순응한다. 그러나 그 효력이 끝나게 되면 붕괴된다. 이미 우리는 1997년에 큰 대가를 치르며 경험했는데도 여전히 그 틀에서 벗어나지 못하고 있기 때문에 발전은커녕 퇴행을 반복한다. 그래서 지금은 위기가 극대화된 상태에 이르렀다.

국가의 발전이 개인의 발전에 큰 도움이 되는 건 맞지만 그것이 선행해야 하는 것은 아니다. 오히려 그것은 정치적 잇속을 위해 개인의 권리를 침해하는 경우가 훨씬 더 많다. 개인의 발전이 모아져서 사회와 국가가 발전한다는 것이 민주주의와 수평사회의 기본 철학이다. 노태우 정부 시절을 통해 이미 경험한 것처럼, 즉 전두환 정권 시절 겹친 호황기가 경제성장률이 상승으로 나타난 듯하여 고성장의 원인을 전두환 때문으로 여기는 이들이 있었지만 사실은 그 호황기는 독재정부의 강제가 개입된 점들이 있었기 때문에 전두환의 퇴장 후 끝났던 것이다. 정확히 말하자면 호황은 독재자의 능력과 별 상관이 없다. 상황이 좋았고 운이 좋았으며 다행히 전두환이 경제의 전권을 김재익 같은 경제학자에게 맡겼기에 가능했던 일이기도 하다.

독재나 겉만 민주주의의 탈을 쓰고 독재에 버금가는 행태를 저지른 정권들은 결국 우리의 미래 발전을 저해한 가장 심각한 후유증과 폐해를 낳았을 뿐이다. 그들은 시민의 삶에 대한 공감능력이 없고 민주시민의 삶을 경험한 게 거의 없어서 공생의 의식조차 없었다. 진정 국가와 사회를 발전시키는 힘은 자유롭게 자신의 권리를 행사하는 개인에서 비롯되며 각 개인이 공감과 공생의 목적을 가질 때 사회적 가치로 빠르게 진화한다. 개인의 권리는 단순히 한 개인의 이익 수행에 그치는 게 아니다. 각자가 권리를 가진 개인들이 모인 사회는 자신의 권리를 누리기 위해 적극적이고 경쟁적으로 문제의 해결에 나서게 되고 그게 발전을 이끄는 힘이 된다. 그리고 거기에서 그러한 권리와 결과를 극대화할 수 있는 시스템이 저절로 만들어진다. 기업과 그들의 권리에 충성하는 주류경제학자들은 걸핏하면 '시장만능주의'를 외치지만 진정한 시장은 바로 이러한 방식으로 자생하는 것이다.

이스털리는 단호하게 말한다.

"한국의 권위주의적 지도자에 이어 과도기적 지도자, 민주적 지도자를 거치면서 달성한 고성장의 원동력은 특정한 지도자들의 계획이 아니라 그보다 광범위한 국가적 상황이라고 보는 것이 더 합리적임을 지적한 바 있다. 독재자를 두둔하는 것보다 더 합당한 설명은 이처럼 자유가 신장되는 긍정적 변화에 더하여 기술을 경험한 장기적인 역사 덕분에 빠른 속도로 기술을 따라잡는 성장이 가능했다는 것이다."

권력을 차지한 자들이 정치적으로 독재를 꾀하는 것은 그들의 이익을 위해서기도 하지만 빠른 결과에 대한 조급증 때문이기도 하다. 그러나 사회의 안녕과 복지가 긍정적으로 발전하는 것은 개인의 자유가 확대될수록 커진다. 그러므로 정치와 경제는 서로 떨어지지 않는다. 진정 경제의 발전을 원한다면 무엇보다 민주주의가 보편적으로 수행되고 개인의 자유가 철저하게 보장되어야 한다. 모든 사람들이 자신의 권리를 자유롭게 행사할 수 있는 사회가 미래 성장을 이끄는 힘을 갖는다.

경제성장이 먼저고 민주주의는 그다음이라고 생각하는 사람들의 착각은 그릇된 교육의 산물이다. 이스털리가 세계은행 공식보고서와 연설 등에 왜 '민주주의'라는 단어가 없느냐고 물어봤단다. 놀랍게도 그 답변은 이랬다고 한다. "세계은행 설립헌장은 민주주의라는 말의 사용을 금지하고 있어서 그 말을 쓰는 것 자체가 법적으로 불가능하다." 경제적 테크닉만 따진다는 뜻이다. 민주주의가 빠진 경제적 당근이 과연 의미와 가치가 있는가? 아니, 그 경제적 결실이 가능하기는 한가?

이스털리는 거듭 분명하게 말한다.

"빈자가 부자와 똑같은 권리를 누려야 한다고 소리 높여 주장하는 것이다. 당신의 정부가 나머지 세계 사람들의 권리를 원조기관이나 군사적, 외교적 행동을 통해서 짓밟을 때 소리 높여 그에 항의하는 것이다."

그런 말조차 빨갱이나 종북좌파의 준동이라고 말할 것인가?

덧붙여 이 말도 기억해야 한다.

"정치와 경제 모두에 걸쳐 개인의 권리가 확립된 시스템은 대체로 긍정적인 행동을 보상해주며, 부정적인 행동에 제동을 건다는 점이 교훈이다. 대체로 그러한 시스템은 의도적 지휘의 오만을 차단한다. 사실 오늘날 우리가 향유하는 번영의 거반은 그러한 시스템에서 움트는 자생적 해법을 통해 창조된 것들이다."

정치적 억압은 사회적 신뢰를 망치고 공감의 능력을 의도적으로 박탈하고 상생이 아닌 1%의 독점만을 강화함으로써 사회 전체를 망가뜨린다. 그것은 정치와 경제 전반에 세습적 엘리트집단을 고착시킬 뿐이다. 창조적 파괴는 그런 환경에서는 불가능하다. 그러므로 우리는 당당하게 개인의 권리와 자유를 주장하고 그것을 지켜내야 할 뿐 아니라 타인의 권리를 인정하고 서로 존중함으로써 진정한 발전을 향해 나아가야 한다. 타인의 빈곤과 억압에 대해 중립적일 권리는 없다. 타인 특히 약자의 권리 침해를 묵과하거나 내 이익을 위해 기술적 해결을 모색하는 것은 도덕적 비극이다.

지금까지 살아오면서 적어도 내가 기억하기에 '부동산 경기부양책'이 끊어진 적이 거의 없는 듯하다. 토건족의 이해관계에 근거한 왜곡된 논리와 정책 결정의 탓이겠지만 해괴한 것은 선거 때만 되면 더 극성을 부린다는 점이다. 그래서 늘 선거 이후 부동산 과열의 후유증을 겪는다. 탐욕적 자본주의의 대표적 악습인 이러한 '관행'이 선거에 극성을 부리는 이유는 유권자의 경제적 이익에 부합하는 것으로 호도하는 정책과 내 집의 가격이 오르면 무조건 좋다는 탐욕 때문이다. 내 집이 오르면 다른 집도 오른다. 단기적으로 시세차익은 얻을지 모르지만 내가 다른 집 구할 때 그 비용 고스란히 혹은 그 이상으로 지불해야 한다. 결국은 경제의 최상위층에게만 가장 큰 혜택이 돌아갈 뿐이다. 그리고 집마저 없는 사람들은 그 등쌀에 죽어나간다. 부동산 거품을 스스로 거부할 수 있는 판단이 필요하다. 그게 공감이고 연대다. 미국의 기준금리가 오르게 되면 저금리시대는 끝난다. 이미 하우스푸어들이 많다. 그런데 이제는 렌트푸어로 하락해야 한다. 가계부채 1300조의 폭탄은 여전히 부동산 부양을 외치는 기득권 세력의 폭탄 돌리기의 산물이다. 누구나 당장의 내 이익을 마다하지 않는다. 그러나 장기적으로 보면 그게 내 이익이 되는 것도 아니며 나보다 못한 사람을 공적으로 착취하는 것이고 그 탐욕의 결과는 처참하게 된다. 이제라도 그 못된 악습을 '사회적으로' 끊어내야 한다. 그게 공감과 연대의 사회적 확장이다.

그리스의 개혁적 정치가이며 시인인 솔론의 말을 기억해야 한다.

"피해를 입지 않은 사람이 피해자와 똑같이 분노할 수 있을 때 정의는 실현된다."

지금 위기에 직면한 우리는 문제를 해결하기 위해 다수가 참여하며 다양한 집단이 서로 다른 다양한 개혁을 요구해야 한다. 기술의 진보가 빠른 현대에 권력이 그것을 통제하도록 하는 것은 시대착오적이다. 오히려 다양한 문제의 제기를 수용하고 함께 숙고하여 더 나은 융합적 대안을 찾아내야 한다. 그것이 공감과 공생에 바탕을 마련하는 수평사회의 민주주의의 가치다. 그러므로 민주주의는 중요한 자산이다. 수평적 시스템에서 발현되는 전문화와 다양한 교환 그리고 혁신이 경제발전의 원동력이다. 민주주의는 낭비가 아니다.

민주주의는 낭비가 아니다

학교에서 그토록 귀에 못이 박히도록 민주주의와 정의에 대해 배웠으면서도 민주주의는 낭비적이며 보편적 인간 가치에 부합되지 않는다고 헛된 소리를 하는 이들이 있다. 헌법적 가치를 근원적으로 유린한 유신헌법의 제정도 그러한 근거에 의존했다. 위기에 직면한 상황에서 언제 절차를 따지고 비생산적인 논의와 비판을 거쳐야 하느냐는 논리였다. 아직도 그런 가치관으로 정치하고 기업 운영하는 자들이 여전히 우리 사회를 지배하고 있다는 것은 놀라운 일이다.

민주주의가 만능은 아니다. 전지전능하거나 선하기만 한 것도 아니다. 그래서 언제나 민주주의 위기론은 끊임없이 제기된다. 대의주의가 지닌 역기능은 고대 그리스 시절부터 되풀이되는 낡은 유행가다. 유권자의 '이기심'을 충족시켜 표를 얻기 위해 감세나 복지를 떠들며 단기적 정책만 선호해서 장기적으로 큰 사회적 부담을 안긴다는, 그래서 결국 국가의 파탄을 초래한다는 주장이다. 이른바 포퓰리즘에 대한 비판이다. 그러나 민주주의는 단순한 포퓰리즘이 아니다. 그것은 극히 일부의 문제를 전체로 침소봉대하는 일반화의 오류에 불과하다. 그들이 주장하는 남미 포퓰리즘의 실패 운운도 더 정확하게 분석하면 대중적 정책과 복지 부담 때문이 아니라(남미가 복지국가인가?) 권력자들의 부패와 기업의 탐욕에 기초한 철저한 유착과 타락 때문이다.

사실 우리는 제대로 민주주의를 실현하거나 누려보지도 못했다. 왜곡된 학습과 정치적 수사(修辭), 그리고 교묘하게 통제되거나 자사 이익에 우선이며 자의적이고 비일관적인 언론 등에 순치되어 살아왔다. 민주주의가 압살되거나 과도하게 통제될 경우 저항하며 부분적으로 그 권리를 획득했을 뿐이다. 그나마도 지속적 진화가 아니라 중간에 부분적 퇴행까지 자행되며 방해를 받았다. 유시민은 『후불제 민주주의』에서 우리가 민주적 기본질서를 온전히 누리기 위해 치러야 할 비용을 다 지불하지 않은 상태라고 정의한다(그가 말하는 '후불제'란 헌법이 규정한 민주주의 역시 나중에라도 반드시 그 값을 치러야 한다는 의미이기도 하다). 그래서 '아직은' 민주공화국이 아니며 우리의 민주주의는 '아직 할부금을 다 치르지 않은 채 타고 다니는 승용차'와 비슷하다고 말한다. 그러면서 헌법 제1조는 '존재'를 서술한 것이 아니라 '당위'를 선언한 것일 뿐 저절로 민주공화국이 되는 것이 아니라 민주공화국이 '되어야 한다'고 주장한다.

나는 이미 민주주의의 정치적 함의에 대해서는 앞에서 어느 정도 다뤘다고 여긴다. 그래서 이 장에서는 그것이 왜 경제발전에 필요한지에 대해 서술하고자 한다. 우리 사회는 민주주의와는 거리가 먼, 상당히 군대식 사고가 만연한 중앙집권적 조직이 근간을 이루고 있으며 특히 기업의 경우 더더욱 그렇다. 박근혜 정부가 선거 때 '경제민주화'를 내건 이유는 비민주적 경제 운용이 가져온 폐해를 스스로 자각하고 있으며 무엇보다 유권자들의 분노를 알고 있기 때문이었다. 그러나 결국 공수표로 날린 것은 자율성과 분권화에 대한 이해와 공감이 전혀 없었기 때문이고, 기업 또한 자신들에게 돌아오게 될 부담을 덜어내기 위해 그 백지화에 앞장섰기 때문이었다. 그것은 결국 기업도(아니 더 엄밀하게 말하자면 기업이 더하면 더했지 결코 덜하지 않다) 자율화와 분권화에 무관심하다는 것을 의미한다. 기업에서도 민주주의적 절차에 따른 의사결정과 이행은 장기적으로 볼 때 성장의 동력이라는 점을 명심해야 한다.

그것은 유시민이 '후불제' 민주주의를 논하면서 진정한 민주주의를 구가해본 적이 없었다고 자성한 것을 경제에 그대로 적용할 수 있음을 뜻한다. 즉 우리 경제는 민주주의도 진정한 시장경제도 작동된 적이 없다. 오히려 정치는 유권자인 시민들의 저항과 요구에 따라 변화하고 진화할 수 있지만 총수 1인 지배체제인 기업에서는 그러한 시도가 별로 없기 때문에 스스로 문제의 심각성을 자각하지 못하고 일반 시민들도 그것은 기업의 문제라거나 혹은 그런 중앙집권적이고 일사불란한 조직체제가 경제발전에는 필요하다는 그릇된 생각을 갖고 있기 때문에 변화가 더더욱 더디다.

박근혜 정권의 최순실 국정농단(박근혜-최순실 게이트)에 대한 국회 청문회에 참석했던 주진형 전 한화투자증권 대표(그는 2015년 삼성물산과 제일모직 합병에 찬성하라는 그룹의 지시에 반대해서 자리에서 물러났다)는 의미심장한 말을 했다.

"한 의원이 '좋은 경영자란 뭔가'라고 질문했는데 이재용(삼성전자 부회장)은 답변도 안 하고 가만히 있더라. 평소에 이런 문제를 진지하게 생각해본 적이 없어 보였다."

회장의 아들이어서 '자연스럽게'(사실은 '그냥') 부회장에 오른 이재용은 최고의 대학을 다녔고 외국 유학까지 다녀온 인물이지만 기본적 기업 철학과 경영자의 태도에 대해서조차 무관심했다는 뜻이다. 그런 조직에서 무슨 민주적이며 합리적이고 정의로운 절차가 가능하겠는가. 조직이 커질수록 총수가 모든 것을 결정할 수도 없고 그래서도 안 된다. 그러나 여전히 분권적 사고는 미흡하고 의사의 결정은 독단적이며 (그것이 성공하는 경우도 있지만 실패하는 경우도 적지 않다) 비민주적이다. 실제로 이재용 부회장의 부친인 이건희 회장이 안드로이드 개발자 앤디 루빈의 서울 프리젠테이션에서 루빈의 회사 직원 수에 불만스러운 의향을 암시하자 동석했던 이사들이 그렇지 않다고 지적하지 않아서 결국 보름 뒤에 구글에 팔린 것은 그 대표적 사례다. 아무리 하부조직이 예전에 비해 훨씬 민주적이고 수평적으로 변화해도 상부는 여전히 폐쇄적이고 비민주적이며 독단적이라면 무의미하다. 그 임원들은 안드로이드의 매력을 분명 알아챘을 것이다. 그러나 회장의 태도가 미온적이거나 마음에 들지 않는다는 속내를 읽은(그걸 잘 읽어내 임원이 된 이들도 많을 것이다) 임원들은 입을 다물었다. 괜히 입 열었다가 미운털 박히면 다음 임원 재계약은 무망하다는 것을 본능적으로 알았기 때문에 그랬을 것이다. 삼성전자가 엄청난 이익을 얻고 있으니 다행이지만 '기계'는 언젠가 수명을 다한다. 그러나 운용체계는 계속해서 더 큰 이익을 얻고 더 많은 부가가치를 생산하게 된다. 그런데 '지나치게 눈치 빠른' 임원들은 입을 다물었고 결국 삼성은 안드로이드를 잃고 그걸 돈주고 사다 쓰는 처지가 되었다. 물론 그 과정을 통해 그 그룹도 지금은 생각이 많이 바뀌었을 것이다.

그러나 조금은 바뀌었을지 몰라도 근본적 변화는 별로 보이지 않는 다. 나는 경제학자도 아니고 그 기업에 대한 자세한 정보도 갖고 있지 않으며 특별히 배타적 혐오감을 갖고 있지도 않다. 다만 그 기업이 적 어도 대한민국의 가장 대표적인 기업이며 특히 세계적 기업의 위상을 차지하고 있다는 점에서 대표성을 가지고 지적하는 것이다.

얼마 전 삼성전자 중견사원들을 대상으로 인문학 강연을 한 적이 있다. 특이하게도 엔지니어들과 디자이너들이 함께 연수를 받고 있었 다. 나는 그게 무엇인지 느꼈다(물론 개인적인 견해일 뿐이지만). 삼성전자 는 스마트폰의 리더 회사지만 애플과 중국의 후발업체들 사이에 낀 샌 드위치 신세가 되고 있다. 중국의 기업들은 애플을 경쟁 우선 대상에 서 제외했다고 한다. 적어도 자신들의 현재의 문화 풍토에서는 애플의 '디자인 마인드'를 따라잡을 수 없다고 판단하고 '기술과 가격' 경쟁력 에서 삼성을 타깃으로 삼았다고 한다. 실제로 삼성 제품은 중국 시장 에서 한 해 사이에 1위에서 6위까지 추락했다.

아마도, 적어도 내가 느끼기에는, 엔지니어와 디자이너의 결합은 그 러한 위기의식에서 비롯된 대책이었을 것이다. 그러나 문제는 당사자들 이 그 핵심 의도를 모르는 눈치더라는 점이다. 그렇게 결합하고 연수를 시키니까 특이한 교육과정이고 나름대로 의미와 가치가 있다고는 여기 겠지만, 그런 방식과 의식으로는 직면한 사태의 위기를 극복하기 쉽지 않을 것이다. 이것은 방향성과 목적의 속내를 아래와 공유하려는 투명 성이 여전히 부족하기 때문이 아닌가 여겨진다. '너희들은 그저 시키는 대로만 하면 되는 것'이라는 의식이 빚어낸 것이라면 심각한 일이다. 투 명하게 공개하고 문제의식을 공유하면 애플에 대해서는 기술과 가격으 로 대결할 수 있는 우월성을 확보하고 중국의 후발업체들에 대해서는 디자인에서 압도할 수 있는 우월성을 획득해서 독보적인 위치로 더 성장할 수 있는 발판이 될 수도 있지 않을까 싶어서 안타까웠다.

아직까지 대단한 실적을 달성하고 있으니 문제점들이 노골적으로 드러나 보이지 않을 뿐이라는 위기의식이 필요하다. 총수 지배체제가 여전히 견고한 상태에서 모든 조직이 민주적이고 수평적으로 전환하는 것은 쉽지 않을 것이다. 그러나 그러한 전환이 따르지 않으면 결국 도태될 수 있다는 위기의식이 필요하다. 총수 지배체제는 더 이상 효율적이지 않으며 미래지향적이지도 않다. 그런데도 그러한 체제는 요지부동이다. 기업의 민주화는 요원하다. 그 절박성의 인식이 필요하다. 그게 진정한 '창조적 파괴'의 시발점이다.

기업은 군대가 아니다. 그런데 기업은 군대보다 더 독단적이고 1인 지배적이다. 시대착오적이다. 과거 성공의 미망에서 하루라도 빨리 벗어나야 한다. 재벌 개혁에 저항할 게 아니라 조직을 민주화하고 수평화하여 그러한 비판과 비생산의 구태에서 벗어날 수 있어야 한다. 당장 지배체제를 바꾸지 못한다면 적어도 조직을 민주화하는 방향으로 나아가야 한다. 그것도 한시라도 지체하지 말고 빨리. 기술과 자본의 축적만 중요한 게 아니다. 조직을 자율적이게 하고 분권화해야 한다. 그 기초가 바로 민주주의 방식의 전면적 도입과 실천이다. 직장민주화가 없으면 경제는 발전하지 못한다. 지금 변화하지 않으면 재벌이 궁극적으로는 자본주의의 근본을 망치고 사회를 무너지게 했다는 비판에서도 벗어나지 못할 것이다. 진정한 합리성은 기업의 민주주의 정착이다.

사람을 키운다고 말만 할 게 아니다. 기업가 가문부터 민주적 사고를 함양해야 한다. 아무리 기업과 조직이 민주적이고 수평적으로 변신한다 해도 총수가 비민주적이고 공감의 능력이 결여되면 사상누각이다. 발렌베리 가문의 사람들은 집안에 사업적으로 연관된 손님이 찾아올 경우 항상 아이들을 문 옆에 앉게 해 나누는 이야기를 듣게 한다고 한다. 그리고 손님이 돌아가고 나면 아이들에게 왜 이러한 대화들이 오 갔으며, 또한 그들의 부모와 상대방이 그 당시 왜 이러한 말과 반응을 보였는지를 묻고 이에 대한 이유들을 설명해준다. 이러한 과정을 통해 아이들은 효과적이고 목적에 맞는 언행을 자연스럽게 익히게 되고, 또 한 사업적인 관심과 차후 가문의 사업에 대한 책임감을 갖게 된다. 그 런데 여기서 주목해야 할 것은 그게 단순히 후계 수업이 아니라 모든 가족들이 '대등한 개인'의 자격으로 그 자리에서 배제되지 않도록 한 다는 점이다. 그런 민주적이고 수평적 사고가 어렸을 때부터 형성된다 는 점에 주목할 가치가 있다. 그렇게 발렌베리 가문의 아이들은 또래 활동이나 교육으로 익히기 어려운 비즈니스의 세계에 관심을 갖게 되 고 또한 어른들의 대화를 통해 넓고 깊게 사고하도록 자연스럽게 훈련 된다. 그 바탕은 집안에서 수행되는 민주주의 방식에 있다. 그러한 교 육을 통해 사람의 중요성을 깨닫고 강한 책임감과 독립심 그리고 넓게 통찰할 수 있는 능력을 갖게 될 것이다.

5
세대 간 차별과
대립을 극복해야

예전에 비해 노인 인구가 크게 증가하고 있다. 60대가 차지하는 비율과 비중은 갈수록 커질 것이다. 그리고 지금의 50대들은 곧 60대에 진입한다. 이른바 베이비부머 세대들은 다른 세대에 비해 인구수가 무척 많다. 따라서 그들의 정치적 선택과 사회적 판단은 대한민국의 미래에 중대한 영향을 미칠 것이다. 하지만 우리는 복지와 부양의 대상으로서 노인 문제를 고민하고 있을 뿐 이러한 고려와 판단은 미미하고 따라서 핵심적 대책도 마련하지 못하고 있다.

조영태 교수는 『정해진 미래』에서 특별히 베이비부머 1세대(1955~1963년생)와 2세대(1964~1974년생) 간의 갈등에 주목한다. 1세대는 우리나라의 경제발전을 이룩했지만 이제 은퇴하기 시작하는 세대이기도 하다. 조 교수는, 이들의 노동시장에서의 정년연장 등 고용에 관한 문제에 주목하고 있지만 넓게 보면 이들이 곧 비노동 비경제 비사회적 활동의 예비 노인 인구라는 점에도 주목해야 한다고 지적한다. 이들은 사회적 역할은 감소하지만 선거에서 중요한 유권자 집단을 형성하기 때문에 미래가 이들의 손에 달려 있다 해도 과언이 아니다. 조 교수가 우리가 다양하게 판단을 내릴 때 "현재가 아니라 미래를 기준으로 삼아라."고 강조하는 의미를 주목해야 한다.

이 세대가 어떠한 정치·경제·사회적 판단을 하느냐에 따라 대한민국의 운명이 결정될 수 있다는 점에 주목해야 한다. 60대와 곧 거기 진입할 50대에 대한 사고의 대전환이 필요하다. 또한 그 세대들이 다음 세대에 대해 경제적으로뿐 아니라 정치적으로도 부담이 되는 것이 아니라 오히려 가장 든든한 지원과 혜안으로 버팀목이 되어야 하는 것은 중요한 사회적 명제이며 시대정신이기도 하다. 그런 의미에서 이 문제에 접근해야 할 것이다.

60대여, 일어나라!

난장판이었다. 어느 하나 제대로 돌아가는 게 없었다. 2016년, 대한민국의 망가진 민낯이 그대로 그러났다. 급기야 대통령까지 구체적으로 등장했고 끝내 탄핵이 가결되었다. 불신과 분노가 하늘을 찔렀다. 앞으로 나아가도 모자랄 판에 퇴행만 거듭했다. 그런데 아무도 책임지지 않았다. 정황은 뚜렷하다. 그러나 대통령은 비상시국에 유언비어라며 겁박했다. 경제, 외교, 안보, 교육, 복지 등 어느 하나 제대로 되는 게 없었으니 비상시국 맞다. 그걸 초래한 건 지도자의 무능과 무지와 무책임이었다. 기초적인 민주주의 소양도 없고 '시민의 삶'을 경험하지도 않았던 대통령과 그 휘하의 이너서클들이 안하무인 후안무치로 설쳤을 뿐이다.

심지어 물대포라는 공권력에 의한 죽음을 덮기 위해 온갖 비겁한

짓 마다하지 않았다. 청소년들이 도대체 무엇을 배울 것인가. 대통령의 지지율은 계속 추락해서 거의 바닥까지 떨어졌고 거짓과 무능의 실체를 파악한 사회는 국회를 통해 대통령을 탄핵했다. 국민들은 결코 바보가 아니다. 약간 비겁하기는 해도. 그런데 놀랍게도 60대 이상에서는 여전히 그 지지율이 제법 나왔다. 그 파탄에도 그런 지지가 나오는 것이 놀랍고 두려우며 부끄럽다. 과연 노인(복지법상으로는 65세지만 이제는 그 연령을 높여야 한다는 여론이 비등하다)들은 그렇게 판단하는 것이 자연스러운 일인가?

손자 손녀 본 친구들이 제법 있다. 예뻐 죽겠단다. 그럴 것이다. 자식 키울 때보다 손주 볼 때 더 살갑다. 호르몬이 바뀐 탓도 있다. 대를 이어주니 그렇기도 할 것이다. 그러나 본질은 그게 아니다. 자식 키울 때는 의무가 앞선다. 제대로 세상 살아가도록 키워야 할 의무가 있다. 그러니 자정(慈情)만 앞서지는 못한다. 이 나라에서 아이 키우는 건 보통 일이 아니다. 엄청난 의무와 비용을 요구한다. 하지만 손주에게는 의무가 희석된다. 그러니 예쁘고 살갑기만 하다. 잠깐 들렀다 떠나면 자꾸만 눈에 밟힌다. 스마트폰에 저장된 사진만 봐도 저절로 웃음이 나는 모양이다. 그 행복한 모습에 나도 행복해지는 느낌이다.

그럴 때 나는 묻는다. "예쁘지? 그런데 그 아이가 20년 뒤 어떤 세상에 살까? 이런 세상에 살게 하고 싶니? 할아비로 해야 할 일이 무엇인지 생각해봐. 세상이 망가졌으면 고쳐야지. 그래야 걔들이 행복하게 인간답게 살 거 아냐." 아직 손주 맛(?) 보지 못한 심통이 아니다. 아무리 예뻐하면 뭐하랴. 그 아이들이 살아갈 세상이 지옥이라면. 아직 힘이 남았을 때 제대로 된 세상 만들기 위해 팔 걷고 나서야 한다. 그게 할머니 할아버지의 의무다. 그런데 이렇게 개판 된 나라를 만든 장본인을 무조건 지지한다? 그게 보수인가? 애국인가? 안보와 안정적 발전인가? 청맹과니 짓이다. 역사에 죄 짓지 말아야 한다. 우리의 아이들이 살아갈 미래를 위해 고민하고 올바른 선택을 해야 한다. 누구나 나름의 이념과 가치관을 갖는다. 인생관과 세계관도 다르다. 하지만 다음 세대에 대한 책임은 똑같이 진다. 그 점을 놓치지 말아야 한다.

지금의 실버들은 엄청난 시대의 한복판에 흐르는 삶의 강을 건너온 세대다. 생래적 가난을 겪었지만 그걸 이겨냈다. 어느 하루 편하게 지낸 날 드물었다. 뼈가 부러질 만큼 버티고 일했다. 그래서 이만큼 발전했다. 전쟁의 끝자락에서 모진 질곡을 겪었다. 그러면서 공포를 학습했고 순치와 순응을 강요당했다. 지긋지긋한 가난은 전쟁보다 질기고 힘들었다. 그 가난을 벗어날 수만 있다면 지옥도 불사하고 영혼마저 기꺼이 팔겠다고 생각할 정도였다. 배고픔에 대한 원초적 두려움만큼 비참하고 처절한 게 없다. 그 세대들은 배고픔에 대한 질곡을 벗어나기 위해 밤낮 가리지 않고 일했다. 바닥의 계층에서 탈출하기 위해 쏟아지는 잠을 쫓으려 바늘로 허벅지를 찌르며 공부나 일에 매달렸다. 그 엄청난 시대를 겪은 세대다. 그것만으로도 그들의 삶은 이미 위대하다.

그렇다고 그들이 밥그릇만을 위해 살지는 않았다. 처음에는 참았지만 한계점을 넘었을 때는 끝내 불의에 저항했다. 귀한 목숨까지 바치며 이승만 정권의 독재를 응징했다. 그러나 박정희의 쿠데타로 혁명은 학살되었다. 박정희에게는 양면성이 있다. 5·16쿠데타와 삼선개헌 그리고 유신 등 민주주의의 압살이라는 어둠과 산업화와 경제개발이라는 빛이다. 그런데 여기에서 지금의 60대가 주목해야 할 것이 있다. 박정희 시대에 그들은 10대에서 20대 초반의 나이였다. 공부하던 학생들이 대부분이었고 민주주의에 대해 배웠던 시기다. 물론 1968년 말에 만들어진 '국민교육헌장'에서 보듯 전체주의적 국가우선주의를 학습당하던 시기였으니 그런 생각에 길들여진 사람들도 있을 수 있다. 아무리 그런 사람들도 유신 시절 말도 되지 않는 '긴급조치' 등으로 인한 절벽 같은 철옹성과 암흑마저 찬성할 수는 없었을 것이다. 그런 사람들이 나이 들어가면서 이전보다 나아진 살림살이와 편리함에 익숙해져서 노골적으로 그 시절을 '찬양'만 하는 것은 뭔가 잘못된 일이다. 물론 생각이 바뀔 수도, 가치관 인생관이 변할 수도 있다. 하지만 '비겁한 타협'과 '타율적 인지부조화'에 의한 합리화의 올무에 갇힌 건 아닌지 냉정하게 돌아봐야 할 일이다.

10·26 이후 벌어진 12·12 하극상과 군 내부쿠데타로 권력을 장악한 전두환 세력이 광주학살을 통해 집권한 철권통치 기간이었던 80년대는 지금의 60대가 가장 혈기왕성하게 활동하던 시기였다. 마침 불어온 '3고 3저'의 바람으로 경제가 다행히 성장했다. 물론 그 과정에서 이전보다 훨씬 더 심한 정경유착이 있었고 아직도 그 고리는 끊어지지 않고 더 질기게 뻗었다. 청춘 시절 박정희 시대에 좌절한 민주화에 대한 아쉬움은 전두환 정부에서 강한 저항으로 저장되었다. 마침내 87년 항쟁이 일어났을 때 가장 뜨겁게 일어났던 건 이른바 당시 '386세대'로 불리던(지금의 40대 후반~50대 후반) 이들에 호응해서 시민운동으로 번지게 했던 당시 '넥타이 부대'였던 지금의 60대의 힘이었다.

그렇게 국민을 학살하고 집권한 전두환의 철권정치도 끝냈다. 감동이었다. 경제발전과 민주화를 동시에 이룬 건 그들의 위업이자 자부심이었다. 승리의 몫은 우선 그들의 선배였던 지금의 7, 80대 기성 정치인들의 차지였다. 그리고 저항의 당사자들이었던 후배들이었다. 그러나 지금의 60대들은 그것을 억울해하지 않았다. 드디어 민주화를 쟁취했다는 기쁨으로 만족하며 각자 본업으로 돌아가 충실하게 살았다. 늘 억압과 강제 속에 살아왔으면서도 꿋꿋하게 버티고 가정을 꾸리고 열심히 일만 하면서 사회를 성장시켰다. 그런 점에서 지금의 60대는 혜택

보다는 의무에만 충실했던, 조금은 억울한 세대이기도 하다.

1990년대 일반 시민들의 삶에 큰 변화가 생겼다. 1988년 서울올림 픽을 거치면서 자신감도 생겼을 뿐 아니라 부동산 가치가 급상승하면 서 재산 증식의 기쁨을 누렸고 90년대부터는 '꿈에 그리던' 마이카 시 대를 맛보기 시작했다. 지금이야 자동차가 흔하디흔한 일상적 상품이 지만 그때만 해도 자가용은 선진국에서나 누리는 '그림의 떡'이었다. 그 자동차를 소유했다는 것은 성장과 성공의 절정을 의미했다. 그래서 80 년대 경제성장의 그늘을 제대로 인식하지 못했다. 전두환 정부의 경제 정책은 정당한 노동 가치를 억압하고 착취하며 대기업에 이익을 몰아 주는 방식이었다. 그것은 철권통치였기에 가능한 일이었다. 하지만 경 제성장의 부스러기를 맛본 사람들은 그 시절이 '호시절'이었다는 착각 을 갖기에 충분했다.

6·29선언(나중에 밝혀진 바에 따르면 그것은 노태우의 작품이 아니라 정 권 연장을 위해 전두환이 연출하고 노태우가 주연을 맡은 연극이었다)으로 일 약 인기를 모은 노태우가 김대중과 김영삼의 분열을 이용하여 고작 36%의 득표율로 대통령에 당선되었다. '보통사람'이라는 구호가 12·12 하극상의 주역이며 전두환 정권의 쌍생아라는 태생적 문제를 덮었던 결과이기도 했다. 노태우는 전두환처럼 철권 강압을 휘두르지 않았다. 그는 상대적으로 유연한 기조를 선택했다. 그가 집권하면서 봇물처럼 터진 것이 노동에 대한 정당한 분배의 요구였다. 그것은 정당한 것이었 다. 전두환 정권에서 억압되고 통제된 상태의 '기형적 경제구조'의 일방 적 피해자였던 노동자들이 자신들의 권리를 요구했다.

사람들은 충격을 받았다. 그러나 그 충격은 자신들이 얼마나 억압되 고 착취당했는가에 대한 충격이 아니라 거리에 몰려나와 노동자들의 권리를 외치는 모습에 대한 충격이었다. 놀라운 일이다. 그도 그럴 것이 박정희에서 전두환으로 이어지는 강권통치 시절에는 숨도 제대로 못 쉬고 순응해왔기에 그러한 격렬한 저항은 낯설고 심지어 두렵게 느끼는 사람들도 많았다. 전두환 정권이 지금까지 자랑삼아 말하는 경제성장과 물가안정이라는 것도 사실은 통제와 억압으로 눌렀기 때문에 비상식적으로 생긴 현상이었지만 그것은 이미 과거의 일이고 당장 눈앞에 펼쳐진 시위와 요구에 당황하기 시작했다. 경제가 불안해 보이고 기업들은 임금상승 때문에 기업하지 못하겠다고 엄살과 으름장을 섞었다.

지금의 60대가 그 시절에 어떤 위치에 있었는가를 생각해보자. 30대~40대의 가장들이었다. 급격한 변화나 새로운 도전에 대한 열망은 사위고 안정적인 삶과 가정의 보존이 가장 큰 가치로 자리 잡았고 직장에서는 중간관리자 이상의 자리에 앉았다. 그들의 입장에서 볼 때 격렬한 노동 시위는 회사의 이익에 반하는 것이기에 결사적으로 막아야 했다. 그러나 그 세대 모든 사람들이 전부 중간관리자의 자리에 있었던 것은 아니다. 훨씬 더 많은 사람들은 현장에서 강한 노동을 해야 했다. 그들은 임금에 대한 정당하고 공정한 지급을 요구하는 노동운동이 고맙기도 하면서 한편으로는 그들로 인해 자신들의 일자리마저 위태롭게 되지 않을까 하는 두려움을 함께 느꼈다. 90년대 들어 경제가 서서히 침체기에 접어들자 그러한 우려는 현실로 나타나는 듯했다.

정부는 이들의 강한 요구에 대해 이러지도 저러지도 못하는 어정쩡한 모습을 보였다. 보수를 자처하는 이들은 정부의 무기력을 질타하고 진보라 여기는 이들은 예전과 다른 모습을 보이지 않는다고 비판했다. 그러나 보수를 토대로 집권한 정권은 서서히 보수의 모습을 확실하게 드러냈고 기업은 환영했다. 노동운동의 격렬함 때문에 임금이 급상승해서 국제경쟁력을 잃게 되면 경제가 위축된다는 논리를 내세웠다. 불안은 결국 안정에 대한 선호를 굳게 만들었다. 그렇게 지금의 60대는 '자연스럽게' 보수의 대열에 합류했다.

무능한 권력이 초래한 IMF체제는 그러한 조류를 강화시켰다. 도대체 어떻게 국가와 기업을 운영했기에 그런 날벼락을 맞았는지를 묻기보다 각자도생해야 하는 절박감에 당혹했다. 그들의 삶은 완전히 망가졌다. 저항할 힘은 사위고 나이도 지났다. 그렇게 무너졌다. 청춘이라면 모를까 가장들이고 아이들을 가르쳐야 하며 어떻게든 가정을 책임져야 하는 의무감만 잔뜩 짊어진 사람들이 고용불안과 해고의 공포에 시달렸다. 그리고 실제로 많은 사람들이 실직했다. 삶의 질은 추락했다. 희망은 보이지 않았다. 그러면서 과거에 대한 그리움은 진해졌다. 나이 들면 복고적이고 과거 회상적인 것은 자연스러운 현상이지만 뜨겁고 팔팔하게 살았던 이 사람들이 순간적으로 무너지면서 안정에 대한 경도는 급격해졌다.

운 좋게 그 질곡의 시간에 살아남고 IMF 이후의 과실을 마음껏 누린 60대들도 상당수다. 그들은 자신들의 행운과 성과에 만족했다. 그리고 그러한 결과를 오랫동안 누리고 싶어 했다. 하지만 40대 이후 줄곧 불안한 삶을 꾸려가다 나이 때문에 그마저도 그만두게 된 60대들은 허망했다. 남은 건 없는데 노후의 삶을 자식들이 책임지는 사회도 아니다. 자식들은 그들대로 겨우겨우 살아가는 걸 알고 있기에 뭐라 요구할 수도 없다. 그렇다고 노후 대책이 있는 것도 아니다. 쥐꼬리만큼의 연금과 그만도 못한 노인연금의 수혜가 전부인 사람들이 많다. 허탈했다.

그 허탈함에 경제성장 운운하는 부패세력에 권력을 맡겼다. 그건 희망이 아니라 야합이었다. 왜곡된 감정이입이고 욕망의 변칙적 투사(projection)였다. 경제를 살리면 불안한 노후의 대책이 생길 것 같고, '왕년에 경제활동 화려하고 뜨겁게 했던' 시절에 대한 향수와 자긍심이 살아날 것 같았다. 그러나 국가를 치부의 대상으로 삼은 자들은 제 잇속만 챙겼다. 그들은 온갖 협잡으로 다음 권력까지 좌우했다. 이전 정권을 조금도 치죄하지 못하는 박근혜 정권의 속살이었다. 얼마나 단단히 발목을 잡혔으면 찍소리도 못했을까. 보수를 참칭한 수구세력은 민주주의를 유린했고 정의를 조롱했다. 그리고 우리의 자식들은 절망한다. 매일 7명의 망울을 터뜨리지 못한 꽃대들이 자신의 줄기를 자른다. 그런데도 이 어른들은 오불관언이다. 시대를 역행해도, 민주주의가 퇴행해도 못 본 척한다. 이 막장 패륜의 권력과 사회를 꾸짖기는커녕 무조건 지지한다. 그게 50% 넘는 60대 지지율의 속살이다. 이건 어른의 할 짓이 아니다. 한심하게도 야당은 이 세대를 포기하고 여당은 공짜군은 표라 여긴다. 이런 바보짓이 있는가.

계급 배반 투표의 어리석음을 벗어나야

놀라운 것은 이른바 '계급 배반 투표'라는 것인데, 자신의 처지와 너무도 거리가 먼, 온갖 혜택과 갖은 수단으로 그 몫을 지속하고 더 확장하고자 하는 세력들에게 그 희생의 대상들이 투표한다는 점이다. 그들은 부자 증세를 반대하는 정당과 정치인에 표를 던진다. 자신들은 부자도 아니고 힘도 없으면서. 이유는 여러 가지로 분석된다. 일단 국가가 부강해져야 국민의 삶이 개선된다는 생각('국민교육헌장'에 있는 대목 "나라의 융성이 나의 발전의 근본임을 깨달아"야 한다는 생각으로 무장된) 때문일 것이다. 올바른 사회와 국가는 '개인의 발전이 모아져 저절로 사회와 국가가 발전하는' 것임을 자각하지 못하기 때문이다. 또 다른 이유는 지금의 경제를 일군 주역으로서의 자부심이 그릇된 방식으로 작동되었기 때문이다. 즉 자신들이 일군 성과를 불안하게 만들 것이라 섣부르게 판단하는 사람들에 정권을 맡겼을 때 퇴보할지 모른다는 불안감이다. 그래서 자신들의 호주머니에서 몰래 야금야금 혹은 아예 대놓고 빼내 부자들의 호주머니를 채워도 모른 척한다. 그래서 가난한 사람이 부자를 위한 정책을 지지하고 약자가 강자의 권리를 강화하는 정당에 투표한다.

또 다른 이유는 더 심각하고 미래로의 추동력을 상실하게 하는 것인데, 그건 바로 왜곡된 안보관이다. 부모 세대가 전쟁을 직접 겪었고 그 참상을 혹독하게 치렀으며 전쟁의 참화를 극복하는 데에 수많은 고생을 했던 것을 목격한 세대였다. 그리고 학교에서 지속적인 안보 교육을 받았고 고등학교 때는 교련 수업까지 받았고 짧지 않은 군대 생활도 치렀다. 이들에게 안보는 최우선적 국가 과제로 각인되어 있다. 실제로 전쟁을 겪지는 않았어도 학습된 것은 그에 못지않았다. 그래서 보수정권이 걸핏하면 들먹이는 안보 프레임에 즉각적으로 반응하고 결집하는 양상을 보였다. 여기에 신 매카시즘까지 가세한다. 그러니 여전히 빨갱이니 종북좌파니 타령이다.

하지만 그들이 안보에 능력이 있다고 여기던 보수(사실은 수구적인) 정권의 안보정책에 대해서는 세세히 따져보지 않았다. 자신들의 집권을 위해 안보 불안을 야기할 목적으로 선거 직전에 중국에서 북한당국자를 만나 휴전선에서 총을 쏴달라고 부탁했던 것은 태연히 묵인했다. 엄청난 비용이 온갖 비리와 야합 그리고 치부로 빠져나간 방위산업비리에 대해서도 관대하거나 무관심했다. 정말 국가의 안보를 위해서라면 그러한 문제에 대해 날카롭게 따지고 치죄해야 했지만 그러지 않았다. 국가안보를 책임지고 있다고 믿는 집권세력에 대해 그런 문제를 따지면 자칫 안보가 흔들릴 수 있다고 여긴 때문일까. 그토록 집요하게 안보를 외치면서 정작 수많은 장관들이나 고위직에 임명되는 이들과 그 자식들이 군대에 가지 않은 것은 눈감아주었다. 놀라운 일이다.

보수를 자처하는 60대들이 일방적인 미국지상주의에 빠져 있는 것은 어떻게 이해해야 할 것인가? 우리에게 미국이 중요한 우방이고 동맹국인 건 주지의 사실이다. 또한 우리에게 가장 중요한 경제 파트너인 것도 엄연한 사실이다. 따라서 미국과의 우호적인 선린관계는 우리 안보와 경제에 필수적이다. 하지만 지금은 20세기 냉전의 시대도 아니고 이념에 따라 편을 가르고 나누는 때가 아니다. 어제의 동지가 오늘의 적이 되는 건 이미 이전부터 비일비재한 일이다. 한국전쟁 때 유엔가입국 가운데 16개국이 참전했다고는 하지만 그 핵심은 미군이었다. 그리고 전화 복구를 도운 것도 미국이었다. 그러니 미국에 대한 호감과 선의를 갖는 것은 자연스러운 일이다. 특히 지금의 60대들은 미국의 지원을 구체적으로 실감했던 세대이기 때문에 그 향수와 더불어 호감의 정도가 더욱 강하다. 그러나 무조건 미국을 선호하는 것과 미국의 입장을 안보와 경제의 측면에서 최대한 우리의 이익에 부합되게 주도하는 것은 엄연히 다르다.

예를 들어 이명박 정권 때 미국 쇠고기 수입 협상에서도 일방적으로 미국의 입장을 따르고 정작 대만보다 나쁜 조건을 수용한 것은 어떻게 봐야 하나? 시민들의 분노는 고려하지 않고 국가의 정책을 불신한다고 매도하는 태도는 과연 국가의 이익에 부합하는가? 시민의 분노와 저항은 당연하다. 그것을 지렛대로 삼아 미국에 대해 그들의 조건을 최대한 받아주고 싶지만 시민들의 분노와 저항이 심하다고 오히려 우리 쪽에 유리한 조건으로 유도했어야 했다. 그게 외교의 능력이고 주체성이다. 무조건적인 미국 선호는 득이 아니라 독이다. 지금 대한민국의 입장과 환경은 그런 점에서 매우 심각하고 민감하다. 그러나 시민들의 분노와 저항을 지렛대로 삼기는커녕 다 내주면서 미국에 뺨 맞고, 일본에 멱살 잡히며, 중국에 발길질 당하고 있지 않은가.

이른바 보수세력의 집회(그러나 대부분은 수구세력이 주동하거나 관제 시위인 경우가 많다) 때 태극기와 성조기를 함께 흔드는 장면을 우리는 익숙하게 보고 있다. 그러나 뜬금없다. 왜, 우리의 문제를 따지고 다투는데 성조기가 나부껴야 하는가. 부끄러운 일이다. 그들이 성조기를 흔드는 건 자신들이야말로 한미동맹의 공고함을 적극적으로 지지함으로써 안보의 밑돌을 굳건히 확인하는 것이라고 믿기 때문이겠지만 양식이 있는 사람이라면 낯이 확 달아오르는 일이다. 왜 남의 나라 국기인 대형 성조기가 서울의 광장에서, 그것도 자국의 문제를 따지는 장면에서 펄럭여야 하는가.

외교란 자국의 실리를 극대화하는 무기 없는 전쟁이다. 동맹국이요 가장 중요한 외교와 통상의 파트너라 해도 우리의 실리와 명분을 위해 때로는 국내의 반대와 비판을 지렛대로 삼을 수 있는 지혜가 필요하다. 그런데 그런 방법을 언급하는 순간 곧바로 반미주의자라거나 안보를 위협하는 종북세력이라고 몰아세운다. 하지만 그 대가는 액면가보다 많은 비용을 지불해야 하는 결과로 돌아오는 경우가 허다하다. 정작 그 값은 따지지 않거나 따지지 못한다. 그러므로 맹목적인 미국 경도는 오히려 국익에 도움이 되지 않는다. 그런데 60대가 거기에 방해 요소로 핵심적 역할을 수행하고 있다면 어찌할 것인가. 냉정하게 성찰해야 한다.

가장 심각한 악습은 색깔론에 휘둘리는 것이다. 그리고 거기에 휘둘려 그 선봉에 선다는 사실이다. 아무리 좋은 정책을 들고 나와도, 민주주의를 위한 사고와 판단 그리고 행실이 입증이 되었어도, 종북 프레임의 덫에 걸리는 순간, 비판은커녕 오히려 그 피해자를 몰아세우며 그런 사람들 때문에 국가의 안보가 흔들리는 것처럼 침소봉대하는 습관을 버리지 못한다. 미국에서 50년대를 휩쓸던 매카시즘이 얼마나 소름 끼치는 패악이었는지 알면서도 그런 작태가 21세기 대한민국에서 또다시 벌어지고 있다는 건 시대착오다. 그것 말고는 제압할 말도 개념도 철학도 정책도 없음을 자인하는 꼴이다.

그리고 사실이 판명된 뒤에도 기성의 권위로 후대를 제압하려고만 한다. 남의 말은 듣지 않으려 하고 낡은 레코드판을 되풀이해서 돌리는 60대에 대해 과연 다음 세대가 어떻게 생각하고 있는지 알려고 하지 않는다. 그러니 꼰대 소리 듣는다.

나이 들었다는 건 할 일이 없고 판단능력이 쇠퇴하는 것을 의미하지 않는다. 오히려 살아온 과정을 통해 어떤 게 중요하고 어떤 게 지엽적인지 분별할 수 있는 능력과 경험을 갖고 있음은 자산이다. 다만 그것이 제대로 자산 가치를 가지려면 끊임없이 현재와 미래에 대해 공부해야 한다. 하지만 공부는 안 하고 편향적인 종편 패널들의 헛소리와 프레임에 말려들어 모든 것을 그 시선으로 판단하고 있지는 않은지 성찰할 일이다. 귀중한 자산은 사장시키면서 엉뚱하게 걸림돌의 역할이나 충실히 하고 있다면 그것은 역사에 대한 죄업이다.

지금의 60대는 이전의 노인세대와 다르다. 우리 사회 전체가 이 점에 주목해야 한다. 그저 나이 들면 다 수구꼴통이 된다고 체념하거나 그걸 역이용하려는 작태를 끝장내기 위해서는 반드시 그래야 한다. 그들은 대다수가 고등학교까지 교육을 받은 첫 세대다. 그 앞 세대들은 그런 혜택을 보편적으로 누리지 못했다. 그래서 자유당이나 공화당 독재가 가능했다. 막걸리 한 사발에 표를 넘기는 일이 비일비재했다. 못 배웠기 때문에 어쩔 수 없는 일이라고 여기기도 했다. 그러나 지금의

60대는 다르다. 못 배웠기 때문에 이런 게 아니다. 사느라 바빠서 배운 걸 실천하지 못했을 뿐이다. 나이 들면 저절로 수구화된다? 말도 안 된 다! 늘 푸른 정신으로 살아야 한다. 공부해야 한다. 예전에는 사는 게 바빠서 공부할 틈 없었다. 그런데 지금은 시간이 많다. OECD 국가들 5, 60대가 가장 많이 책을 구매한다. 그런데 우리는 그 세대가 가장 안 읽는다. 그러니 과거의 시계 속에 갇힌다. 21세기인데도 20세기 식으로 산다. 그래서 아직도 매카시와 홍위병들의 말에 휘둘린다.

60대는 권리의 삶을 재시도하는 나이

지금의 60대는 정말 치열하게 살았다. 그들은 의무의 삶에 대해서만 배 웠지 권리의 삶에 대해 배우거나 누려보지 못했다. 도대체 언제까지 의 무의 삶이 요구되는가? 자식들 가르치는 일만 해도 만만하지 않다. 나 보다는 더 나은 삶을 살 수 있도록 아이들 교육비를 벌기 위해 뼈빠지 게 일했다. 그러나 그것으로 끝이 아니다. 우리는 자식의 결혼 비용까 지 떠안아야 한다. 이건 목돈이 드는 일이다. 결국 저축해놓은 자산이 없으면 빚을 내거나 집을 줄여서 그 비용을 대야 한다. 노후 대책은 거 기에서 거의 허물어진다. 어쨌거나 그 정도면 의무의 삶을 벗어난다. 그 런데 권리의 삶을 살자니 막막하다. 그걸 제대로 배우지도 않았고, 앞 세대에서 어떤 모범의 사례를 보지도 않았다. 단순히 노후 자금 탓만 은 아니다. 그러니 망연자실이다.

나는 이제라도 60대가 권리의 삶을 살아야 한다고 믿는다. 그렇게 하고 싶어도 경제적 사회적 능력이 없고 생물학적으로도 기력이 쇠하여 이전 같지 않다고 말한다. 동의한다. 그러나 아직 살아가야 할 날 많다. 늦었다고 생각할 때가 마지막 기회다. 권리의 삶이 반드시 경제적 사회적 능력을 지닌 사람들만의 몫은 아니다.

꽤 오래전 TV의 한 프로그램을 보면서 많은 것을 느꼈다. 독일에서 노인들을 어느 산장에 머물게 한 적이 있단다. 산장은 과거의 어느 한 시기를 그대로 재현하도록 꾸며졌다. 예를 들어 1970년에 맞췄다 하자. 신문도 잡지도 그때의 것들이 비치되고 심지어 TV도 그 시대 녹화된 것을 틀었다고 한다. 처음에는 노인들의 불평이 많았다. 왜 굳이 과거의 것에 맞춰서 일정한 기간을 지내야 하느냐는 불만이었다. 그러나 그 기간이 끝난 뒤 놀라운 일이 벌어진다. 정신건강뿐 아니라 생체건강까지 젊어졌다는 것이다. 하버드대학의 심리학 교수 엘렌 랭어(Ellen Langer)의 『마음의 시계(Counterclockwise)』는 그 점을 세밀하게 실험하고 연구한 결과물이다.

1979년 9월, 아주 한적한 시골 마을에 8명의 노인이 당도했다. 모든 것은 1959년의 풍경에 맞췄다. 마치 타임머신을 타고 20년 전으로 돌아간 느낌이었다. 상상해보라. 70대 후반에서 80대 초반의 노인들이 미국 최초의 인공위성이 발사되는 장면을 흑백텔레비전으로 지켜보고, 카스트로의 아바나 진격과 공산주의 등 1959년 당시의 시사적인 문제를 놓고 토론을 벌였으며, 라디오에서 흘러나오는 냇 킹 콜의 노래를 듣고 옛날 영화를 보았다. 오직 그들뿐이었다. 가족도 간병인도 없었다. 타인의 도움 전혀 없이 무엇을 먹을 것인지를 스스로 결정하는 데서부터 요리와 설거지, 청소 등 그간 자의 반 타의 반 멀리했던 육체적 활동을 하며 일상생활을 지냈다. 그랬더니 노인들에게 놀라운 변화가 일어났다. 단 일주일. 1959년의 세상에서 스스로의 힘으로 일상을 영위한 지 단 일주일 만에, 놀랍게도 노인들은 50대로 돌아간 것처럼 신체 나이를 20세 거슬러 올라갔다. 시력과 청력, 기억력, 악력이 향상되고 체중이 느는 등 실제로 젊어졌다! 심지어 한 걸음 내딛기도 힘들어했던 한 노인은 지팡이를 집어던지고 꼿꼿한 자세로 걷기 시작했다. 또 다른 노인은 연구원들의 미식축구 경기에 동참하기도 했다. 일주일 전과 후의 노인들은 전혀 달랐다. 무기력한 노인의 삶을 버리고 일상의 소소한 일에서부터 삶을 결정짓는 큰일에 이르기까지 스스로 선택하고 책임졌던 과거의 젊은 시절로 돌아가 불과 일주일을 보낸 결과였다.

어떻게 그런 일이 가능했을까? 처음에는 지루한 과거로만 여겨서 탐탁해하지 않았지만 당시의 신문, 잡지, TV 프로그램을 보면서 그 시절의 자신을 떠올리게 된 것이다. 젊었을 때의 자신이 떠올려진 것이다. 그 나이에 가졌던 야망, 꿈, 희망, 바람 등이 기억난 것이다. 그러나 직업을 선택하고 가정을 꾸리면서 그런 것들을 포기할 수밖에 없었다. 그저 한때 품었던 꿈으로만 여기고 접었다. 현실을 받아들이면서. 그리고 잊고 살았다. 잊고 살 수밖에 없었다. 그런데 은퇴한 뒤에 그 시절의 매체를 보면서 다시 그때의 꿈을 기억하게 된 것이다. 이제 의무의 삶을 끝냈으니 남은 삶은 권리의 삶을 살겠다 여겼고, 포기했던 꿈을 다시 꺼내 실현하고 싶은 갈망이 생긴 것이다. 그래서 정신도 몸도 젊어진 느낌이 들었다는 내용이었다. 젊었을 때 진정 하고 싶었던 게 무엇인지, 그때 나는 어떤 열정과 사상을 지니고 있었는지를 기억하고 되살려내야 한다. 그게 진짜 회춘이다.

권리의 삶이란 바로 그런 것이다. 그냥 대접받고 경제적 유택을 누리는 게 능사가 아니다. 내가 정말 하고 싶었던 것을 어떤 의무의 강박이나 부담 없이 작더라도 실현해보고자 하는 욕망이 지금 60대들이 누려야 할 특권이다. 그런데 그 시절 힘들었던 삶에 대한 위로와 알아줌을 원하는데 그게 안 되니 원망스럽고 자신들의 처지가 안타까울 뿐이어서 자신들이 잘나가던 때의 생각으로 회귀하고 거기에 집착하는 모습을 선택한다. 그게 퇴행이다. 의무의 삶에서 벗어나 자신의 잊힌 혹은 포기했던 꿈 혹은 하고 싶었던 어떤 일을 하고자 하는 삶과, 과거에 대한 회상과 집착에 꼬치를 틀고 갇힌 삶을 비교해보라. 생각을 바꾸면 삶이 바뀌는 건 비단 젊은 세대들만의 몫은 아니다.

내 권리의 삶을 재생하면서 세상과 호흡하고 다음 세대에게 나의 경험과 지식을 나눠주며(강요하고 낡은 생각을 주입하려는 게 아니라) 미래의 삶을 마련해야 한다. 다음 세대를 위해 무엇을 해야 할지 고민할 수 있는, 현실적으로 무언가를 할 수 있는 마지막 시간이다. 그러니 선거 때도 미래를 위해 표를 행사해야 한다. 60대의 나이는 해고에 대한 두려움도 없다. 세상 경험은 풍부하다. 다만 과거에 갇힌 경험은 위험하다. 아직 남은 삶 많다. 늦었지만 내가 하고 싶었던 꿈도 추구해보고 세상을 바꿀 힘이 아직은 있음을 당당하게 누려야 한다. 경제적으로 육체적으로 조금 사위었을 뿐 우리가 할 수 있는 삶은 아직 남았다.

나는 정치인들이 60대를 바라보는 시선과 방식을 뜯어고쳐야 한다고 믿는다. 그리고 그들을 변화시켜야 하는 건 60대 자신들이다. 보수를 자처하는 정당은 고정표라고 생각하며 평소에는 그들을 위한 정책 따위는 안중에도 없다가 선거 때만 되면 안보와 성장을 외치며 표를 달라 하면 되는 자동지급기처럼 생각한다. 정작 노인연금은 공약과 달리 싹둑 잘라내도 저항도 없으니 태연자약하다. 자신들의 고정 지지층이라고만 여길 뿐이다. 더 한심한 건 진보를 표방하는 정당이다. 노인 세대에는 공을 들여봤자 소득이 없다고 여긴다. 그러니 포기한다. 심지어 어떤 대통령후보는 노인들은 투표장에 나가지 말아야 한다는 말을 해서 곤욕을 치르기도 했다.

60대들이야말로 선거와 공약 그리고 실천에 대해 면밀하게 감시할 수 있는 중요한 세대다. 풍부한 경험과 지식 그리고 시간적 여유는 그러한 역할을 충실하게 수행할 수 있는 자산이다. 그러나 과연 그 세대들이 정책을 제시하거나 감시하는 역할을 제대로 해왔는지 의문이다. 그러니 한 쪽은 고정표라고 여기며 방관하고 다른 쪽은 자기편이 아니라고 포기한다. 갈수록 60대로 진입하는 인구수 즉 유권자 수가 많아지는데도 이 문제에 대한 진지한 검토와 재정립이 없다는 건 우리가 정치에 대해 얼마나 방관적이고 수동적인지를 일목요연하게 보여준다.

이전 세대와 달리 지금의 60대는 적어도 교육을 제대로 받은 첫 세대라는 점을 모두 유념해야 한다. 당사자들은 물론이고 정치인들과 정당들도 고민해야 한다. 그리고 60대들도 보수를 표방한 정당이 수구적인 행태를 보이거나 거짓 안보와 비정상적 경제정책을 시행할 때는 용감하게 나서서 비판하고 시정토록 해야 한다. 그랬을 때 세대 전체가 그들에게 보여줄 존경과 신뢰는 우리 사회의 미래에 매우 중요한 자산이 될 것이다.

미국의 대통령 선거를 보라. 75세의 샌더스는 경선에서 아쉽게 졌지만 그는 60년대 이후 줄곧 자신의 이상을 포기하지 않았다. 그의 정신은 우경화되던 민주당 정책을 바꿨다. 약자를 외면하고 강자의 이익을 대변하려던 힐러리를 정신 번쩍 들게 만들었다. 물론 힐러리는 선거에서 패배하여 샌더스의 공헌을 무산시켰지만. 우리에게 4·19세대 정치인들은 어떤가? 그들이 품었던 이상을 지금도 발언하는가? 스스로 기득권이 되어 보수화되거나 수구의 앞잡이가 된 사람들이 많았다. 그들은 지금 이 난장판을 보고도 아무 말도 하지 않는다. 단지 나이 들었기 때문이 아니다. 미래를, 다음 세대를 고민하지 않기 때문이다. 대접만 받으려 한다. 그러면서 공부는 하지 않는다.

세상과 호흡해야 한다. 예전에는 일하느라 시간이 없어서 책을 멀리

했다면 시간이 많은 이제부터라도 서점으로 도서관으로 가야 한다. 푸릇푸릇한 이상을 포기하지 않을 때 우리는 늙지 않는다. 젊었을 때 품었던 꿈을 기억해야 한다. 그리고 다음 세대에 물려줘야 한다. 낡은 꿈이 아니라 새로운 꿈을.

보수를 참칭한 수구세력에 놀아나지 말아야 한다. 그게 치열하게 삶의 강을 건너온 60대가 택해야 할 권리와 의무다. 이 아수라를 따끔하게 비판하고 질책해야 한다. 손자 손녀들이 예쁘고 사랑스럽다면 할아버지 할머니가 의연히 일어나야 한다. 그 아이들에게 올바른 대한민국을 넘겨줘야 한다. 우선 책부터 손에 쥐어보시라, 선배들이여. 우뚝 일어서라, 60대여!

새로운 노후에 대한 사회적 의제

이명박 정부 때 김황식 총리가 서울지하철공사를 방문한 자리에서 왜 적자에 허덕이는 공기업이 무임승차를 방치하느냐는 투의 말로 구설에 오른 적이 있다. 적자 기업에 대한 질책은 총리로서 당연한 일이다. 그러나 그의 지적은 문제가 많았다. 무엇보다 총리의 자리에 있는 사람으로서 사고가 균형적이지 않았다.

65세가 넘으면 버스와 지하철 요금을 내지 않는다. 경로우대다. 노인 인구가 적지 않으니 지하철의 경우만 해도 받았어야 할 요금을 따지면 2000~3000억 원쯤 된다고 한다. 단순한 판단으로는 그럴 수 있다. 그러나 넓게 생각해보면 그게 얼마나 좁은 소견인지 금세 드러난다.

첫째, 만약 노인들에게 대중교통 요금을 부과하면 가정불화가 생길 수 있다. 이런 지적이 뜬금없다고 여길지 모른다. 하지만 현실을 고려해보라. 수입이 없는 노인들로서는 교통비도 만만하지 않다. 그러면 밖으로 나가는 일을 최소화할 것이다. 집에 노인 어르신이 나가지 않으면 당장 숨 막히는 건 며느리(혹은 아들이나 사위)다. 물론 다 그런 건 아니겠지만 (시)부모께 끼니를 챙겨드려야 하고 외출하는 것도 눈치 보인다. 행동에 제약을 받고 부담이 생기니 스트레스가 쌓인다. 그리고 그 스트레스는 퇴근한 배우자에게 고스란히 전가된다. 불편한 일이다. 그 비용은 돈으로 환산되지 않는다. 그걸 읽어내지 못하니 적자 운운 질책한 것이다.

둘째, 대중교통을 이용하려면 밖으로 나가 어느 정도 걸어야 한다. 그리고 내려서도 움직여야 한다. 건강한 사람들도 그렇지만 특히 노인들에게는 적당한 운동이 필수적이다. 대중교통을 이용하기 위해 움직이는 것도 만만치 않은 운동이 된다. 노인들에게는 퇴행성 질환이 많은데 움직임을 줄일수록 그 발병 빈도는 높아진다. 움직이지 않아서 그런 질환이 생기면 의료비가 많이 든다. 그러면 의료보험 부담이 커진다. 공공의료 시스템에 부하가 걸린다. 실제로 어떤 시뮬레이션은 그런 경우 치러야 하는 부담액이 2조 원쯤 된다는 분석을 내놓기도 했다. 그런 연쇄성에 대한 이해가 없으니 경로 무임승차를 시비한다.

셋째, 대중교통을 이용해서 밖으로 나가면 세상과 호흡하게 된다. 노인들은 몸만 쇠약해지는 게 아니라 정신도 정체되기 쉽다. 꼭 책을 읽지 않더라도 세상이 어떻게 돌아가는지 몸으로 느끼는 외출은 정신건강에도 도움이 된다. 열린 마음으로 세상과 후배들을 바라보면서 때론 소통하면서 세상을 읽는다. 그것 또한 돈으로 환산할 수 없는 사회적 가치다.

넷째, 지금의 노년 세대는 열심히 일했다. 그들의 노력과 헌신이 있었기에 이만큼 성장했다. 그런데 그들에게 사회가 지불하는 대가가 있는가? 고작해야 몇 푼 되지 않는 노인연금(그나마도 최근에 생겼고 공약에서 약속한 금액도 깎았다)이 전부다. 물론 각 개인은 스스로 노후의 삶에 대한 준비와 대처를 해야 하지만 그게 반드시 개인적인 문제로 귀결되는 것만은 아니다. 제대로 된 사회라면 그 공헌에 대한 사회적 보상을 마련해야 한다. 그건 후배 세대들의 의무요 사회의 역할이다. 그런 상황에서 공적으로 그들에게 제공하는 대가라는 게 고작 대중교통 요금을 덜어주는 것뿐이다. 그러니 질책이 아니라 무성의와 무대책에 대한 부끄러움이 먼저여야 한다.

그런데도 그런 문제는 읽지 못하고 당장 적자를 보는데 왜 무임승차를 방치하느냐는 건 현상적 인식밖에 없다는 뜻이고, 무엇보다 자신은 그런 삶을 살지 않기 때문에 공감도 이해도 없기 때문으로 판단된다. 자신의 주변을 봐도 다 잘난 사람들이고 여유 있는 사람들이니 더욱 그렇다. 그들은 버스나 지하철 탈 일도 거의 없고 대중교통비 부담도 전혀 느끼지 않는 사람들이다. 공감능력이 없는 사람들이 정책을 결정하고 수행하니 갈수록 힘없는 사람들만 사는 게 버거워진다. 생각을 바꿔야 하고 공감의 능력을 키워야 한다. 높은 자리에 있는 사람들일수록 더더욱 그렇다. 그러나 애석하게도 현실은 그와는 반대다.

예전과 달리 60대는 아직 노동의 능력이 소멸되지 않았다. 그런데도 할 일이 없어서 일하지 못한다면 그건 사회적 낭비다. 게다가 갈수록 인구가 줄어들어 이른바 인구절벽에 직면한 처지에서 그러한 유휴노동력을 활용해야 하는 건 사회적 명제이기도 하다. 그러나 막상 할 게 없다. 기업에서 이들을 데려다 일을 시키는 건 무망한 일이고 공공사업에 투입하는 것도 그렇다. 그러니 평생을 죽어라 일만 했던 노인들이 폐지를 주워 용돈을 삼거나 생계에 쓴다. 이건 예의도 아니다.

전작인 『고장난 저울』에서도 언급했지만 나는 사회가 연대해서 노인들이 건강한 경제활동을 할 수 있도록 해야 하며 그에 대한 제안을 하고자 한다. 흔히 그냥 하는 말로 '할 일 없으면 농사나 짓지.'라고 한다. 그러나 농사 아무나 짓는 게 아니다. 농사도 전문적인 일일 뿐 아니라 '농사의 근육'이 붙어야 가능한 일이다. 젊은 귀촌인들도 적응하지 못하고 다시 돌아오는 일이 허다하다. 일은 힘들고 경제성은 없기 때문이다. 처음부터 지속적인 농업 노동은 버겁고 어렵다. 차차 적응할 수 있는 방안을 모색해야 한다.

예를 들어 여러 생협의 조직을 활용하는 방법을 모색할 수 있다. 생협은 많은 네트워크를 구축하고 있고 생산지와 관계를 맺고 있다. 도회에 있는 생협 조합원 가족에 은퇴한 어르신들이 있다. 일은 하고 싶어도 할 수가 없는 분들도 많다. 이분들이 생협과 기래하는 농업생산지에 가서 일품을 제공할 수 있게 한다. 농작하는 입장에서도 일손이 부족하다. 그래서 외국인 노동자들 고용하는 곳도 많다. 물론 체력도 약하고 오랫동안 도회 생활에 익숙한 노인들이 처음에는 별 도움이 되지 않을 것이다. 하지만 숙련노동이 아닌 일쯤은 할 수 있다. 숙련도가 떨어지고 노동강도도 약하니 통상임금의 절반쯤만 주기로 한다. 게다가 이분들은 여러 날 계속해서 일할 수 있는 체질도 되지 못한다. 일주일쯤 일하고 돌아간다.

아마 돌아와서 몸살 나는 노인들도 많을 것이다. 낯선 노동은 훨씬 더 몸을 고단하게 한다. 하지만 노동의 즐거움과 미약하나마 경제활동을 했다는 성취감이 더 클 것이다. 어느 정도 휴식을 취하고 회복하면 다시 내려가서 또 일주일쯤 노동한다. 그런 과정을 되풀이한다. 그러면서 일에 숙련성도 늘고 체력도 강해질 것이다. 그러면 임금을 조금 높게 지불한다. 승진하는 것처럼 임금 인상되는 즐거움도 만만치 않을 것이다. 그러면서 한 번 내려가서 일하는 주기를 길게 갈 수 있다. 처음에는 며칠, 그다음은 일주일, 그리고 그다음 몇 주쯤 늘어난다. 한곳에서만 하는 게 지루하면 다른 경작 거래지로 옮길 수도 있다.

생협은 여러 곳의 경작 계약지가 있으니 그런 식으로 활용할 수 있는 네트워크가 가능할 것이다. 그렇게 두루 체험하면서 마음에 드는 곳이 있으면 장기적으로 기거하면서 노동할 수 있는 공간을 마련한다. 도회에도 집이 있으니 오가며 생활할 수 있다. 노동을 통해 경제활동을 하는 것은 당연히 가계에도 도움이 된다. 어르신들이 큰돈을 벌지 못하고 생활비에 보태지 않더라도 최소한 그분들께 들였던 비용은 줄게 된다. 노인도 가정도 농촌도 공생할 수 있는 모델이 될 수 있다.

요즘 많은 지자체에서 인구 감소를 막기 위해 안간힘을 쓰고 있다. 그래서 다양한 유인정책과 보상책을 마련한다. 그러나 정착하는 인구를 유입시키지는 못하는 게 현실이다. 당장의 결실만을 바라보니 장기적으로 그리고 사회 전체가 연대하는 방식으로 확장하지 못하는 경우가 많다. 귀촌하는 사람들에게 지원 자금을 몰아주는 것도 부담스럽다. 그래서 난감해하는 지자체들도 많다. 하지만 단번에 내려와 사는 게 아니라 적응할 수 있는 방책을 마련하고 그들이 머물 수 있는 기본적인 주거 공간(예를 들어 예전 광산의 사택처럼)을 마련해서 일손이 부족한 농업인들에게는 값싼 노동력을 활용할 수 있게 하고 도회에서 내려오는 사람들에게는 적응하고 발전할 수 있는, 부담감을 줄여주는 방식을 모색하면 크게 도움이 될 것이다. 이렇게 적응할 수 있는 기회를 주고 정착을 결정하면 그때 구체적이고 확장된 내용으로 지원하면 도움이 되지 않을까.

게다가 이들 은퇴자들은 앞서 말한 것처럼 교육을 받은 세대이기 때문에 농업지식에 대한 갈망이나 흡수 능력을 갖췄으므로 보다 과학적인 영농으로 유도 발전시킬 수 있다. 그런 상생 모델을 마련하는 건 사회 전체가 유기적으로 연대하여 대책을 마련하는 방향으로 진일보 해야 할 것이다. 노인세대에게 진정 필요한 것은 자존감이다. 자존감은 적절한 노동과 경제활동 그리고 사회적 역할을 수행했을 때 생겨난다. 그러므로 이러한 상생의 모델은 적극적으로 모색해야 한다. 또한 생협 의 조직을 통해 도농경제 네트워크를 구축함으로써 수급의 합리적 조 절을 통해 경제적 성과도 높일 수 있다.

이 사례는 우리가 고민해야 하는 노인세대 은퇴 노동력 활용의 하 나에 불과하다. 그러나 이러한 시도와 그 가능성은 보다 많은 가능성 으로 확장될 수 있다. 그게 핵심이기도 하다.

삶을 재설계할 수 있는 사회적 교육 시스템을 마련해야

나는 우리가 권리의 삶 혹은 은퇴 이후의 삶을 살아갈 수 있게 하는 사회적 장치 즉 삶의 재교육 시스템을 최대한 빨리 구축해야 한다고 믿는다. 사실 지난 IMF체제를 겪었을 때라도 그런 교육 시스템을 마련 했어야 한다. 그 이후 20여 년이 지난 지금까지 속수무책인 것은 비난 받아 마땅한 일이다.

20세기 들어 인간의 수명은 획기적으로 연장되었다. 조선후기 30대 후반, 1960년대만 해도 60세를 넘지 못하던 대한민국 사람들의 평균수 명은 이제는 남녀 평균으로 대략 80세쯤 되었다. 엄청난 발전이다. 섭 취하는 음식은 좋아지고 노동(물론 육체노동을 기준으로)의 강도는 약해 지며 의약과 위생은 혁명적으로 발전한 덕분이다. 이렇게 수명이 연장

되면서 자연스럽게 평생학습의 개념이 도입되고 정부, 지자체, 교육기관 등에는 그런 역할을 전담하는 기관이나 기구가 전부 마련되었다. 그러나 불행히도 여전히 그 내용은 거칠게 말하면 '취미, 건강, 오락' 위주의 교육들이다. 물론 그런 것들도 필요하다. 하지만 그것으로 '제2의 삶'을 마련하지 못하면 부차적인 것에 머물고 말 뿐이다.

그러나 시대가 바뀌었다. 그게 처음 도입되었던 시기에 비해 수명 자체가 늘었을 뿐 아니라 사회적 경제적 환경도 변했다. 거기에 비해 평생교육의 내용과 방식은 진화하고 있다고는 하지만 획기적이고 근본적 변화에 이르지는 못하고 있는 현실이다. 물론 비용도 만만치 않다.

나는 예전 1980년대 후반 영국의 어느 경제 잡지에서 읽었던 내용이 아직도 신선한 충격으로 남아 있다. 일반인들을 대상으로 하는 목공학교의 커리큘럼 내용을 읽다가 받은 충격이다. 은퇴자나 직업을 전환하려는 이들이 주 수강생들인데 우리는 목공학교라고 하면 곧바로 목재를 다루는 법, 즉 톱질, 대패질, 사포질 등의 훈련과 도면 설계를 배우는 것이 핵심일 텐데 그들의 내용은 완전히 달랐다.

수강 기간은 2년쯤으로 기억난다. 그런데 첫해에는 앞서 말한 그런 기능교육 강좌가 거의 없다. 첫 수업이 인상적이었다. 첫 강의는 바로 '숲의 생태'였다. 나무를 가공하는 것이 목공이니 그 나무가 자라나는 숲에 대해 배우는 것이다. 그것을 읽었을 당시 내게는 충격이었다. 목공과 숲의 생태라는 게 큰 범주에서는 연관성이 있지만 우리는 곧바로 기능을 습득하고 훈련하는 것이라 생각하던 사고였으니 신선했다. 숲의 생태교육은 자연스럽게 생태계 전체에 대한 폭넓은 지식과 사고를 다룰 것이다. 그러면 자연스럽게 환경의 문제도 다룰 것이다. 북유럽의 가구들이 간결하고 단순한 디자인이 많은 건 어쩌면 그런 것들과 연관되는지도 모른다는 생각이 들었다. 생태와 환경을 배운 사람들로서는 화려한 장식의 가구를 만들기 위해 깎아내야 하는, 즉 불필요한 자연의 낭비가 따르는 것을 경계할 것이고, 그래서 그것을 최소화하기 위한 방책으로 그런 소박하고 단순한 가구 디자인을 만들어내지 않았을까 추측되었다.

그다음 이어지는 수업들은 '나무의 생물학적 이해'쯤 되는 것이었다. 다양한 나무의 생태와 생물학적 이해가 목공과 관련된다는 사실이 놀라웠다. 사실 당연한 일인데도 말이다. 목재로 사용하는 어떤 나무는 어디에서 어떻게 몇 년을 자라며 그 나무의 특성은 어떤 것인지 등을 다루고 배울 것이다. 지루하기보다는 흥미진진할 것이다. 앞으로 자신이 재단하고 절단하고 짜 맞춰 하나의 가구가 될 그 목재 즉 나무에 대한 이해는 목공 작업과 그 대상에 대한 유기적 관계를 만들게 될 것이다.

그다음 과목은 더욱 충격적이었다. 바로 건축에 관한 수업이었다. 가구와 건축? 그러나 간단하고 명료한 이유였다. 대부분의 가구는 건물 안에 있다. 그러므로 모든 가구는 건물과 중요한 관계를 맺고 있으며 조화와 감응의 고리를 맺는다. 그러니까 건축에 관한 수업은 또한 자연스러운 것이다. 우리의 목공 수업에서 건축을 가르치는지 모르겠다. 그다음 수업은 디자인이었다. 건축은 디자인과 깊은 관계를 맺고 있고 가구 또한 그렇다. 디자인을 배우면 자연스럽게 미술에 관한 지식과 정보를 배우게 된다. 미술사에는 단순히 미술의 역사만 담고 있는 게 아니라 사회사, 풍속사, 종교사 등과 밀접한 내용들이 담겨 있다.

이렇게 유기적이고 체계적으로 배우면서 전체의 큰 그림을 먼저 학습하는 것이다. 그런 뒤에 2년차쯤에 본격적으로 목재를 가공하고 재단하는 등 구체적인 목공 실습 위주의 교육을 받는다. 그렇게 배운 뒤에 자신의 목공 공방을 차렸을 때 그 주인공은 어떤 느낌이 들까? 단순히 목수가 아니다. 자부심과 창조의 매력을 더 크게 느낄 것이다. 이런 방식으로 저들은 제2의 삶, 제3의 삶으로 전환하는 삶의 재구성을 위한 사회적 교육 시스템을 일찍부터 마련했다. 그런 게 복지국가의 진면목이다. 연금이나 실업수당 등이 핵심이 아닐 수 있다는 뜻이다. 그런 방식으로 새로운 일자리를 만드는 것이 얼마나 매력적일까. 자존감과 자부심이 저절로 생길 것 같다.

평생교육을 내건 우리의 사회적 교육 시스템은 취미, 건강, 오락 등으로 짜여졌다. 혹은 그나마 몇 개 되지 않는(최근에는 증가했지만, 얼마 전까지만 해도 서울 같은 거대도시에 고작해야 동서남북으로 나뉜 4개의 공적 직업훈련원이 있었을 뿐이다) 직업교육을 담당하는 곳에서 다루는 것들은 미장, 도배, 보일러 등 주로 일용직 잡역(?) 위주로 당장의 생계를 해결할 수 있는 방식 위주다. 삶을 재구성하고 재해석하며 새로운 전환으로 새로운 의미의 삶을 꾸려가는 것과는 거리가 멀다.

갈수록 수명은 길어질 것이고 하나의 직업이나 직종이 지속되는 기간은 점점 짧아질 것이다. 불가피하게 새로운 삶의 방식을 지속적으로 모색하고 교육받으며 새롭게 살아가야 할 것이다. 그리고 이왕이면 갈수록 더 큰 의미와 가치를 누릴 수 있는 방식과 내용으로 진화해야 할 것이다. 지금이라도 당장 생각을 바꿔야 한다. 이미 평생교육이라는 개념과 시스템이 마련되었으니 그것을 좀 더 전향적으로 발전시키고 그래서 시민들이 사회적 교육 시스템을 통해 점점 유의미한 삶으로 발전할 수 있는 방법을 모색해야 한다. 그게 진짜 복지의 모습이다.

보수와 수구를 분별해야

어느 사회나 생각이 다르고 이념이 다른 사람들이 함께 어울려 산다. 한 가지 생각으로 뭉쳐야 한다는 것 자체가 반사회적이고 반민주주의적이며 전체주의적 사고다. 그런 사회는 일사불란하게 문제에 대처하고 즉각적인 효율을 얻는 것처럼 보이지만 '자유로운 개인'이라는 가장 중요한 가치를 망가뜨릴 뿐 아니라 결코 창조적 혁신이 이루어지지 않는다는 점에서 끔찍한 일이다. 미래는 다양성의 사회다. 단순히 다양한 것들을 나열하는 것이 아니라 서로 다른 것들끼리 교환하고 때론 갈등하면서 날을 다듬고 아귀를 맞추며 융합하고 새로운 것을 창조하는 사회다. 그 시작은 서로 다름을 인정하는 것이다.

누구나 자신의 생각이 옳고 자신의 신념이 정당하다고 판단한다. 그러고 싶어 한다. 그러나 그 울타리에 갇힌 순간 자신의 발전도 없을 뿐 아니라 사회의 발전을 방해한다. 특히 정치적 이념과 종교적 신념을 바꾸는 것은 대단히 어려운 일일 뿐 아니라 충돌과 파괴를 마다하지 않는다. 정치적 대립의 가장 대표적 구조는 '보수 대 진보'의 프레임이다. 실제로 우리 사회에서 이러한 프레임으로 재미를 본 세력은 대부분 보수 진영이다. 그래서 그들은 걸핏하면 진영논리로 문제를 회귀시키고 거기에 종북의 올무까지 씌우면 '상황 끝'이다. 그게 먹힌다. 그러니 자꾸만 써먹는다. 21세기 지금까지도.

보수와 진보의 구별은 무엇인가? 보수와 진보 혹은 우파와 좌파의 구별은 단순한 듯하지만 사실은 매우 복잡하며 역사적으로 진행된 층위에 따라 해석이 달라진다. 그것은 그 각각의 의미와 가치에서 우선순위와 수행속도라는 차이에 의해 달라지는 것이지 인간과 사회에 대한 근본적 이해의 차이로 보는 것은 '잘못 꿰는 첫 단추'라고 봐야 한다.

물론 정치학자들이나 경제학자들의 논리에 따르면 그렇게 단순한 것이 아니라 하겠지만, 지금 우리에게 필요한 것은 그런 세밀한 구분과 차이가 아니라 어떤 지점에서 접점을 모색할 수 있는지에 대한 성찰이다.

보수가 안정과 성장을 강조하면서 규제완화로 시장을 활성화해야 한다고 주장하는 반면 진보는 공정한 분배와 빈부격차의 해소를 시행해야 인격적인 삶과 경제의 건전한 발전이 가능하다고 주장한다. 그런데 안정과 성장에서 공정한 분배가 불가능한 것인가? 혹은 반대로 인견적인 삶과 경제의 건전한 발전은 규제를 완화하고 시장을 활성화하는 것과 배치되는가? 물론 각 입장의 우선순위는 다를 수 있지만 서로 완전히 배타적이거나 모순적인 것이 아닐 수 있다. 그럼에도 불구하고 이분법적 사고에서 벗어나지 못하는 건 진영논리의 틀이 유리하다고 여기는 세력의 무기라는 점을 명심하고 그러한 행태를 배격해야 한다.

또한 지금까지의 역사적 이해도 중요하지만 현재 우리가 직면하거나 체감하고 있는 경제 이해를 통한 접근도 수반해야 한다. 이제는 대부분의 선진국에서 퇴조하고 있지만 여전히 우리 사회에서는 중요하게 작동되는 신자유주의는 시장의 자유를 추구하고 세금과 복지의 수준을 낮추는 것인데 진영의 문제를 떠나 과연 이러한 선택이 미래의 대한민국을 어떻게 만들어갈지에 대해 고민해야 할 것이다. 최근 부각되는 후기자본주의는 정부의 공정한 개입을 촉구하며 세금과 복지의 수준을 높여서 모든 시민이 사람다운 삶을 살게 하는 것이지만 그 구체적 실행을 위한 예산을 어떻게 확보할 수 있는지 등에 대해서도 허심탄회하게 논의해야 할 것이다. 이렇게 우리는 더 이상 사회를 경직시키고 분열시키는 진영논리에 빠지지 않으면서 냉정하게 토론하고 대안을 마련하는 데에 집중해야 할 것이다.

그 시작은 '보수=수구'라는 그릇된 인식을 깨는 것에서 비롯해야 한다. 둘의 혼용이 지금 우리 사회의 진영논리가 부당한 방식으로 작동되는 근본적 원인을 제공한다. 우선 우리가 이 논의의 틀에서 배제해야 하는 건 양쪽의 극단적 진영, 즉 극우와 극좌의 무리다. 문제는 이들의 수는 적지만 격렬하고 목소리를 크게 내기 때문에(그 논리가 합당하고 정연하냐의 문제를 떠나) 정작 핵심과 진정한 의미와 가치를 훼손한다는 점에서 이들을 배제하는 게 우선이다.

나는 이 책에서 '상식적인' 구분을 제시하려 한다. 내가 생각하는 상식적인 보수는 내가 집에서 배운 가치, 즉 인간의 도리와 도덕성 그리고 배려와 책임 등의 가치와 학교에서 배운 가치, 즉 연대와 진리, 민주주의와 정의 등의 가치를 실현하는 데에 주체적으로 앞장서는 것이다. 그 가치의 실현을 위해 최선을 다하고 그 가치에 반하는 것을 제거하는 데에 주저하거나 외면하지 않는 것이 보수의 가치다. 만약 몰라서, 혹은 알면서도 비겁하거나 내 일과 삶에 직접적인 영향을 미치지 않기 때문에 모른 척하거나, 더 나아가 자신의 이익을 위해서 그 가치들을 말살하고 왜곡하는 데에 앞장선다면 그것은 보수가 아니다. 그것은 악당이거나 수구일 뿐이다.

진정한 보수라면 그런 작태를 비판하고 저항하고 맞서 싸우는 것이 마땅하다. 만약에 이런 기준을 근거로 진보를 따진다면 내가 집이나 학교에서 배운 가치관은 현재와 미래의 삶에 상당한 장애가 되기 때문에 마땅히 혁신적으로 고치는 데에 앞장서는 것이 진보의 몫이라고 본다. 결국 우리 사회가 말하는 보수는 안정과 성장을 추구하며 민주주의와 정의를 실천하는 것이다. 그런데 일방적인 안보논리(걸핏하면 상대를 '종북좌파'로 몰아세우는)와 대기업 위주의 성장만을 강조하면서 그것에 장애가 되는 모든 가치는 제거하거나 위축시키려는 게 대한민국 자칭 보수의 민낯이다. 그건 보수가 아니라 수구일 뿐이다.

보수가 수구를 자신들의 울타리에서 쫓아내지 않는 건 자신들에게 문제가 생겼을 때 홍위병처럼 나서서 방어해줄 세력이라고 믿기 때문이며 그들의 표가 자신들의 고정표라고 여기기 때문이다. 그리고 실제로 보수 정치인들 가운데 상당수가 수구적 가치관을 갖고 있거나 자신의 기득권을 고수하기 위해서 그러한 세력을 방어막으로 삼아야 할 필요성을 느끼기 때문이다. 거기에 언론과 종교까지 가세하면 그 세력은 막강해진다.

언론은 기본적으로 보수적인 선택을 할 수밖에 없다. 기본적으로 미디어 기업은 기업의 광고에 의존할 수밖에 없기 때문에 사업의 유지를 위해서는 어느 정도 혹은 상당 부분 자본의 대변인 역할을 떠안을 수밖에 없다. 흔히 말하는 진보언론(진보라기보다는 다른 언론들이 수구적이어서 상대적으로 그런 평가를 받는 것이지만)조차도 기업의 광고에 크게 의존하는 것은 마찬가지이기 때문에 아주 특별한 비리가 아닌 한 보수적 견지에서 보도할 수밖에 없다. 문제는 그러한 생태적 환경이 자꾸만 수구의 영역으로 넘어간다는 점이다. 사람들은 언론의 보도가 매우 객관적이고 사실적이며 심층적인 것이라고 여기는 경우가 많다. 그런 점에서 볼 때 수구언론에서 조작하거나 편향된 정보를 제공하는 일이 비일비재한 현실은 매우 심각하고 위험한 일이다.

종교 또한 대개는 보수적 성향을 띤다. 게다가 우리나라에서 종교를 가진 사람들은 거의 절반을 넘는 엄청난 집합이기 때문에 선거 때마다 정치인들이 종교계를 기웃거리며 표를 구걸한다. 그런데 종교는 현실이나 물질적 문제보다 영적이고 정신적인 가치와 신념에 집중하기 때문에 현실에서의 부조리 등에 대해 비판하거나 저항하는 성향이 매우 낮다. 어떤 이는 종교가 그런 성향을 띠는 이유는 사회를 바꿔야 한다는 가르침이 없기 때문이라고 지적하지만 그건 전적으로 옳은 것은 아니다. 불교는 인도의 계급을 초월한 인간의 가치를 강조함으로써 카스트제도를 무너뜨렸다. 그래서 어떤 이들은 아소카 왕 이후 불교가 인도에서 약화된 것은 결국 카스트제도의 뿌리가 워낙 깊어서 그들로부터 비토당했기 때문이라고 지적하기도 한다. 물론 이후의 불교가 그렇게 사회개혁적인 성향을 노골적으로 피력하지도 않았고 더더욱 우리나라의 경우는 호국불교의 개념으로 자리 잡은 게 워낙 오래된 까닭에 지금도 그런 성향이 강할 뿐이라고 지적하기도 한다. 기독교의 경우에도 예수의 복음은 불의와 부패 그리고 비인격성에 대한 강력한 비판과 저항과 맞닿아 있다는 점에서 종교가 보수적인 까닭을 단순히 교리나 경전 때문이라고 하기는 어렵다. 오히려 종교는 사회적 탄압을 늘 두려워하는 까닭에, 그리고 실력자인 신자들의 역할이 종교 내에서도 크기 때문에 그들의 입장을 두둔하기 때문이기도 할 것이다.

지금 우리에게 필요한 것은 보수냐 진보냐의 문제가 아니다. 제대로 된 진짜 보수의 모습과 진짜 진보의 모습을 강조하고 있는지를 감시하고 있느냐의 문제다. 그리고 더 나아가 올바른 보수와, 사이비 보수이면서 보수를 참칭하는 수구세력을 분별하고 분리하는 것이다. 국민이라면 누구나 이행해야 하는 의무를 소홀히 하거나 기망하는 행위를 일삼는 것조차 눈감는 건 수구세력에 힘을 몰아주는 것이며 결국 그들은 자신들만의 이익을 탐닉하면서 사회를 망가뜨리게 될 것임을 분명히 기억해야 한다. 그토록 안보를 외치면서 병역을 기피하고 세금을 탈루하며 위장전입쯤은 밥 먹듯 하는 행위를 양해해서 총리나 장관의 자리를 차지하는 것은 보수에 대한 모욕이다.

그런 점에서 앞서도 언급했지만 방위산업 비리나 국방에서의 온갖 부적절한 행태에 대해 함구와 옹호로만 일관하는 것은 어리석은 짓이고 수구의 농간에 놀아나는 것과 다르지 않다. 세계일보 박수천 기자의 기사를 읽어볼 필요가 있다. 그는 국가안보를 담당하는 군에 대한 적극적 감시와 참여가 안보를 위한 초석이라고 강조한다. 무엇보다 군의 투명성은 최하위다. 국방부의 정보 공개율은 2016년 기준 19.6%에 불과해 중앙행정기관의 평균 공개율 48.9%의 절반에도 미치지 못했다. 물론 국방의 영역에는 어느 정도의 기밀이 필요한 건 사실이다. 그러나 걸핏하면 '국가안보'를 앞세워 마땅히 공개해야 할 정보까지 공개를 거부하는 것은 부패와 무력화를 촉발하는 암적 요소다. 그나마도 알아야 하고 알고 싶은 건 알리지 않고 자신들이 알리고 싶은 즉 선전하고 싶은 것만 공개하는 것이 대부분이다. 그런데도 군의 비리나 부패를 지적하지 않고 감싸는 것은 올바른 보수의 태도가 아니다. 그런 게 바로 수구의 행태다.

나이 든 사람들이 마치 자신들만 군대에 다녀온 듯한 태도를 보이는 건 웃기는 일이다. 젊은이들도 다 군대 간다. 내 아들 둘도 모두 군대에 다녀왔다. 그런데도 자기네들 군대 타령하는 건 시대착오다. 지금의 6, 70대라고 직접 전쟁에 참전한 건 아니다. 그들 중 일부가 베트남 전쟁에 참가하기는 했지만 소수였고 그야말로 빽 없는 자식들이었다. 그리고 그건 엄밀히 말해 남의 전쟁이었다. 내 큰형이 군에 있을 때 베트남에 파병되었던 것을 기억한다. 어머니는 늘 노심초사였다. 내 나라 전쟁이건 남의 전쟁이건 모두 다 참혹하다. 그런데 지금의 6, 70대는 그들의 선배 세대들의 한국전쟁에 관한 무용담과 고생의 이야기를 듣고 자랐고 반공교육을 받으며 성장했기 때문에 전쟁에 대한 원초적 공포를 지닐 수는 있다. 하지만 자신들만 군대에 가서 힘든 병역의 의무를 다한 건 아니다. 정작 힘 있고 돈 있는 집 자식들이 병역을 기피하는 것을 질책해야 한다. 의심스러우면 고위 공직자들과 재벌들 그리고 그 자녀들의 병역 비율과 보통 사람들의 그것을 비교해보라.

견고한 한미동맹도 중요하고 튼튼한 국방은 필수적이다. 그러나 무조건적이고 맹목적인 지지와 옹호는 진정한 국방 경쟁력을 약화시키고 군에 대한 신뢰를 떨어뜨리며 장병의 사기마저 저하시킨다는 점을 기억해야 한다. 만약 여러 사정으로 군대를 가지 않는 사유를 가졌다면 그대로 국방의 의무를 면탈시키는 것보다 그에 상응하는 사회봉사로 적어도 시간적 균형성을 맞춰야 한다는 요구를 공론화한다면 상위 1%들의 병역기피는 제법 줄일 수 있을 것이다. 그리고 적어도 장관의 자리에 오르는 사람은 국방과 납세의 의무에 대해 철저하게 검증함으로써 박탈감과 체념을 일반화시키는 일은 없어야 한다. 그런 주장을 바로 진짜 보수가 해야 하는 것이다. 60대야말로 진정한 보수의 가치를 실현하고 감시하며 수구세력을 몰아내는 데에 앞장서야 하지 않을까? 그게 지금 60대의 사회적 역할이며, 그랬을 때 아래 세대들로부터 존경과 신뢰를 얻을 수 있을 것이다.

거듭 말하거니와 지금 우리에게 필요한 것은 보수와 수구를 분별하여 보수로부터 수구를 추방하는 것이다.

노블레스 오블리주를 요구하라

대한항공 조현아 전 부사장의 '땅콩회항' 사건은 이른바 보석금수저들의 민낯을 고스란히 드러낸 사례의 극히 일부일 뿐이다. 이른바 노블레스 오블리주에 대한 성찰을 촉구하는 사회적 계기를 마련하기도 했다는 점에서는 긍정적 결과이기도 하다. 그 사건 몇 달 전에 한국방송공사의 프로그램 개편이 있었는데 아침 방송이 너무 연예오락 프로그램으로만 구성돼 있다며 기존의 한 프로그램을 교양 프로그램으로 전환하기 위한 자문을 나에게 구해 왔고 아예 출연해달라는 부탁이 있었다. 나는 TV에 출연하는 것을 그다지 즐기는 편이 아니라서 새로 전환한 프로그램이 어느 정도 자리를 잡으면 그만둘 생각을 하고 출연에 응했다.

작가들이 매주 주제와 소재에 대한 세밀한 자문과 토론을 추구했고 그러면서 내용도 충실하게 만들 수 있었으며 제법 좋은 팀워크도 구축했다. 다행히 반응도 괜찮았다. 그런데 어느 날 방송국에 갔더니 작가가 본부장에게 불려가 질책을 받았다는 말을 듣게 되었다. 드라마 스타 작가가 아니고서는 본부장과 만나는 일이 거의 없는 터라 의아했는데, 문제의 원인은 바로 조현아 사건 직후 다룬 내용 즉 노블레스 오블리주 때문이었다. 능히 짐작할 일이었다. 대한민국의 다수 시민들에게는 분노의 문제였지만 1%들에게는 거북한 주제였던 것이다. 나는 그 사건(?) 이후 출연을 포기했다. 공영방송인 방송공사의 본부장쯤 되는 인물이 그런 한심한 사고 체계를 갖고 있는 게 충격적이었다. 그러나 그게 태연히 자행되는 사회다.

노블레스 오블리주란 사회 고위층 인사에게 요구되는 높은 수준의 도덕적 의무다. 영국의 국립묘지에는 젊은 소대장들의 무덤이 유난히 많으며 대부분 귀족 출신이라고 한다. 제1차 세계대전과 제2차 세계대전에서는 영국의 고위층 자제가 다니던 이튼칼리지 출신 중 2,000여 명이 전사했다. 그들은 국가의 위기에 가장 먼저 나선다. 포클랜드전쟁(아르헨티나의 입장에서는 '말비나스'전쟁)에 영국 여왕의 둘째아들 앤드루가 전투 헬기 조종사로 참전했고 최근에는 아프가니스탄에 해리 왕자가 파병되는 등 모범적인 태도를 보인다. 한국전쟁 때 미군 장성들의 아들 124명이 참전했는데 그중 35명이 전사했거나 부상을 입었다. 영국에 아직도 귀족제도가 존치하는 건 그러한 모범을 보이고 있기 때문이라는 평가는 꽤 설득력이 있다.

영국이나 미국에만 해당되는 게 아니다. 중국의 국가주석인 마오쩌둥의 아들이 한국전쟁에 참전했다가 죽었다. 그러나 마오쩌둥은 아들의 시신 수습을 포기하도록 지시했다. 그것 때문에 자신들의 작전 수행에 지장을 받을 수 있다는 판단도 작용했지만 수많은 군인들이 죽었는데 주석의 아들 시신만 수습하는 것은 장병의 사기에도 나쁜 영향을 미친다고 여겼기 때문이다. 과연 우리나라의 권력자들과 재벌들도 그럴 수 있을까? 그럴 일이 별로 없을 것 같다. 아예 병역의 의무 자체를 회피하는 인간들이 많으니까.

진정한 귀족층 혹은 지도층들은 투철한 도덕의식과 솔선수범하는 공공정신을 지켰고 그런 전통은 계승된다. 노블레스 오블리주는 의무인 동시에 명예로 인식되기 때문에 자발적이며 심지어 경쟁적으로 이루어진다고 한다. 이러한 도덕의식은 계층 간 대립을 해결할 수 있는 최고의 수단이기도 하다. 기득권층의 솔선수범은 그래서 사회를 건강하게 만드는 토대이기도 하다.

과연 우리 사회는 진정한 노블레스 오블리주가 실천되고 있는가. 물론 그런 사람들 제법 있다. 그러나 여전히 많은 권력자들과 부자들과 그들의 가족이 저지르는 패악질은 오히려 갈수록 심해진다. 운전기사에 대한 비인격적인 폭력을 일상사로 삼았던 재벌 2, 3세들의 모습에서 시민들이 더 큰 분노를 느끼는 것은 그들이 혜택만 누리고 의무는 외면하는 것에 대한 총체적 회의와 불신 때문이다.

스웨덴의 기업 발렌베리는 그런 점에서 우리가 진정 배워야 할 사례다. 그 기업은 가장 철저한 노블레스 오블리주를 실천하면서도 '존재하되 드러내지 않는다(Esse Non Vederi)'는 것을 모토로 삼는다. 발렌베리는 무려 150년이 넘은, 5대째 이어지는 가족기업이다. 그렇다고 우리나라 재벌들처럼 무조건 자식들에게 가업을 계승하는 방식은 아니다. 그 기업은 철저하게 후계자 양성원칙을 고수한다. 그 원칙은 '사회와 함께하는 책임감'으로 공동체의식을 어렸을 때부터 교육시키며 겸손과 검소함을 평생의 습관으로 익히게 하는 것이다. '존재하지만 드러내지 않는'이라는 모토가 그렇게 어렸을 때부터 철저하게 학습된다.

발렌베리 가문의 아이들은 부의 세습을 당연하게 여기지도 않으며 검소하게 생활하는 법을 배우고 익힌다. 잡초를 뽑는 일쯤은 스스로 해결하며 집안일을 돕도록 양육되며 형제자매의 옷을 물려 입는 것쯤은 기본이다. 집도 으리으리한 대저택이 아니라 다른 일반 시민들의 집과 크게 다르지 않은 집에 살면서 이웃들과 스스럼없이 어울리는 것을 가문의 전통으로 삼는다. 그러니 특권의식이라는 게 생길 여지도 없고 물질만능주의에 빠질 우려도 없도록 성장하게 된다. 또한 세대 간의 유대를 중시해서 이웃과 위화감은커녕 오히려 좋은 본보기가 됨으로써 좋은 영향과 습관을 공동체에 전파하는 역할을 수행하도록 가르친다.

발렌베리 가문은 일종의 가족기업 형태를 유지하지만 모든 가족을 기업경영에 참여시키지는 않는다. 금융과 산업 두 부문으로 나누어 두 명의 상속인이 최고경영자를 맡는 방식을 따른다. 그러니 다른 가족들의 암투나 불필요한 개입과 그로 인한 갈등의 요인이 없다고 한다. 이들 후계자에 대한 요건은 매우 엄격하다.

우리나라 기업들이 대부분 회장의 자식들을 실장부터 시작해서 금세 이사가 되고 30대면 부사장이나 사장의 자리를 차지하게 하는 것과는 달리 발렌베리 가문은 스스로 자신의 능력을 입증하도록 요구하며 혼자 힘으로 명문대학을 졸업하도록 요구한다. 그리고 반드시 군대에 다녀와야 하는데 특히 해군사관학교에 입학해야 하는 것이 거의 불문율이다. 해군 장교로 강인한 정신력과 애국심을 기르도록 하는 것이다. 그렇게 성장한 후계자는 하루에 12시간 이상 일하는 강인함을 발휘한다. 우리 재벌들의 자제들이 상당수 병역을 피하는 것과는 대조적이다. 이들은 또한 '부모의 도움 없이' 세계 금융 중심지에 진출하여 국제적 경제감각을 터득하고 실무경험을 쌓음으로써 국제 금융의 흐름을 익히도록 요구받는다. 적어도 그런 절차를 거쳐야 후계자로 지목될 수 있다. 그 기간이 최소한 10년 이상 걸린다. 그리고 특이한 것은 반드시 2명의 후계자를 선정하는데 그 검증의 절차가 매우 까다롭다고 한다. 2명의 후계자를 두는 것은 적당한 견제와 보완에 의한 균형을 통해 기업이 건실하게 운영되도록 하기 위해서다.

이 과정까지만 해도 우리나라 재벌들의 행태와 너무나 대조적이다. 그러나 더 놀라운 것은 기업 이익의 85%를 법인세로 내서 이익을 사회에 환원하도록 한다는 사실이다. 8.5%가 아니라 85%다. 우리나라 재벌들이 걸핏하면 법인세가 높아서 기업하기 힘들다고 엄살을 부리는 것과 얼마나 대조적인가! 발렌바리 기업은 '드러내지 않으면서' 사회에 건강한 역할을 수행하는 '이단적인' 경영을 택하고 있다. 우리 같으면 그런 기업 못 하겠다고 내뺄 텐데 놀랍게도 150년 넘는 역사를 자랑한다. 그러니 시민들도 특권 대신 책임을 선택하는 이 기업을 존경할 수밖에 없고 강한 신뢰를 보내는 건 당연한 일이다. 심지어 스웨덴의 자긍심 그 자체라고까지 평가되는 걸 보면 부럽기까지 하다. 스웨덴에서 '발렌바리'라는 이름 자체가 자본주의, 힘 그리고 봉사와 동의어라고 하니 굳이 노블레스 오블리주라는 용어 자체가 무의미할 지경이다.

발렌베리 가문의 기업이 차지하는 비율은 스웨덴 경제 GDP의 30% 이상이다. 이쯤이면 우리 같으면 당연히 독점에 대한 비판이 가해질 텐데 스웨덴에서는 비판이 아니라 자긍심과 신뢰의 대상이란다. 조금은 봉건적으로 보일지도 모를 철저한 가족경영을 고수하면서도 그런 신뢰를 받는다는 것은 놀라운 일이다. 그들은 심지어 '가문'이라는 명칭도 사용하지 않고 대중의 주목을 받지 않으려 노력한다. 우리나라 재벌 2세들이 걸핏하면 갑질하고 온갖 추태를 부리는 것과 비교해보면 부럽기까지 하다.

발렌베리 가문은 제2차 세계대전 당시 헝가리의 유대인들을 구하며 크게 활약했다는 점에서 인도주의 실천의 모범으로도 꼽힌다. 그들은 앞서 말한 것처럼 세계 금융시장의 흐름 등을 터득했기 때문에 스웨덴에서 최초로 유럽연합(EU) 가입을 제안했다. 단순히 하나의 기업군이 아니라 중요한 사회적 역할을 수행하고 의제를 제시할 수 있다는 건 이미 기업 그 이상의 역할과 능력을 실현하고 있음을 보여준다. 이러한 태도는 그들의 노사관계에서도 그대로 드러난다. 그들의 노사관계의 중심 철학은 공존과 상생이다. 그래서 가장 '이상향적'이라는 평가를 받을 정도다.

가장 충격적인(?) 것은 발렌베리 가문이 스웨덴뿐 아니라 전 세계 경제에서 차지하는 비중이 매우 높은데도 가족 어느 누구도 스웨덴 100대 재벌에도 끼지 못한다는 점이다. 그들이 보유한 주식과 재산이라야 천억 원도 되지 않는다고 한다. 우리나라 재벌 총수들이 '조' 단위의 재산을 보유하는, 그러면서도 정작 자기지분 비율은 대부분 5% 미만이며, 책임은 거의 지지 않는다는 점과 비교하면 상상이 되지 않는 일이다. 어떻게 이런 일이 가능할까? 불가사의한 일이다.

그 까닭은 독특한 기업구조에 연유한다. 즉 기업 수익의 대부분이 재단으로 들어가는 구조 때문이다. 이건 또 뭔가? 우리나라 재벌들도 재단을 갖고 있다. 그러나 대부분은 선의보다는 사회적 물의를 일으켜서 공분을 샀을 때 정권에 밉보이지 않고 여론을 가라앉히기 위해 만든 재단이다. 또한 출연도 대부분 주식으로 공여함으로써 확고한 우호 지분을 확보하고 주가가 상승하면 그만큼 이익을 취하면서 정작 재단이 지급하는 비용은 그리 크지 않다. 그런 점에서 발렌베리 가문의 재단은 주목할 필요가 있다.

그 시작은 2대 경영자였던 크누트(Knut A. Wallenberg)에서 비롯되었다. 그는 자신의 전 재산을 기부해서 '크누트 & 앨리스 발렌베리 재단'을 설립했다. 이후 여러 재단을 운영해서 기업의 이익을 다양한 공익사업에 기부했다. 스톡홀름 경제대학, 상공회의소, 도서관, 천문대, 박물관 등 수많은 공공건물과 운영비용을 제공했다. 이러한 투자 덕택에 스웨덴의 기초과학 분야 노벨상 수상자들 대부분은 발렌베리 재단의 도움을 받아 연구했다는 평가를 받는다. 발렌베리 가문은 스웨덴의 장기적 발전을 추구하며, 노동자의 가치를 중요하게 생각하고 안정적인 발전을 이룩하는 것을 최우선 과제로 삼는 기업 철학을 고수한다.

모두가 다 발렌베리 가문의 삶과 경영을 따를 수는 없다. 또한 모든 기업들에게 그런 철학과 태도를 요구할 수만도 없다. 그러나 적어도 기업을 하는 사람들이라면 그 흉내라도 내면서 사회공동체의 가치와 이익을 위해 모범을 보일 수 있어야 한다. 기업은 분명히 이익을 추구하는 집단이다. 경제학에서 그것은 분명한 원칙이다. 그러나 그것 자체가 궁극적인 목적은 아니다. 질문을 하나만 더해도 달라진다. "왜 기업은 이윤의 극대화를 추구하는가?" 답은, 기업에 참여한(자본이건, 노동이건, 경영능력이건, 아이디어건) 사람들에게 보다 많은 분배를 해주고 그래서 보다 사람다운 삶, 자아를 실현하는 삶에 더욱 가까이 다가가도록 하기 위해서다. 발렌베리 가문처럼 하지는 못해도 적어도 그런 경영철학은 가져야 한다. 그게 최소한의 노블레스 오블리주의 바탕이다.

사실 노블레스 오블리주는 누가 누구에게 요구할 수 있는 게 아니다. 스스로가 당연히 그래야 하는 일종의 사회적 책무이자 역할이다. 그런데 혜택은 다 받고(정확히 말하자면 능력 이상으로 누리면서) 그러한 책무와 역할은 외면하는 한 그 사회는 결코 건강해질 수도, 미래가치를 증진시킬 수도 없다. 받고 누린 혜택만큼의 의무다. 제발 스스로 깨닫고 내부에서 가르치며 각성하는 최소한의 도리를 이행해야 한다. 그리고 그러한 요구를 할 수 있는 건 바로 시니어들의 자격이기도 하다. 비슷한 세대의 사람들이 그런 말하면 '배가 아파서' 그런다고 힐난할 수 있지만 어른들이 따끔하게 말하면 귀 기울여야 할 사회적 발언이 된다는 점을 고려해야 한다. 물론 그들 스스로도 노블레스 오블리주를 실천하면서(그래서 권력과 재력을 가진 시니어들이 나서야 한다) 후배 노블레스들에게 오블리주를 촉구하는 모습을 보여야 할 것이다.

6

미래는 올바른
교육에서 온다

18세 투표권에 대한 반성적 성찰

선거 때만 되면 '상대적으로' 진보적인 정당은 지정곡처럼 외친다. 만 18세에게도 투표권을 허용해야 한다고. 물론 '의미 그 이상으로' 보수적인 정당은 한사코 반대한다. 자신들의 이해관계가 우선이다. 만 19세 유지를 고수하는 입장은 18세면 고등학생이며 대입 공부하기에도 모자란데 정치판에 들이밀 수는 없으며 아직은 학생이기 때문에 정치적 판단에 미숙하다고 주장한다. 그러나 정작 OECD 가입국 가운데 19세 선거권을 고수하는 나라는 폴란드와 우리뿐이라는 점은 외면한다(최근에 폴란드도 18세 투표권으로 바뀌었다고 한다).

과연 18세면 정치적 판단이 미숙할까? 그럼 다른 나라에 비해 우리나라 청소년들은 정치적으로 미숙하다는 것을 자인해야 하는 것인가? 그리고 누가 미숙함을 판단하는가? 누구나 일정한 나이가 되면 선거권을 갖는다. 그것은 헌법이 부여한 권리고 평등권의 가장 근본적 이념이자 가치다. 그런데 왜 유독 선거권에 대해서만 19세를 고수하는가? 그러나 이미 18세에 주민등록증을 발급하고 있다. 또한 병역법에 따르면 만 18세가 되는 대한민국 남성은 모두 제1 국민역에 편입된다. 그러니까 국방의 의무나 납세의 의무는 18세부터 부과하되 선거의 권리는 19세가 되어야 허용한다는 의미다. 18세에 판단이 미숙하다면 어떻게 그 나이에 결혼할 수 있도록 법률이 정하고 공무원에 임용될 수 있는가. 미숙 운운하는 게 그야말로 미숙한 판단이다.

일제강점기였던 1929년의 광주학생항일운동은 판단이 미숙한 '아해들의' 무모한 저항의 '흉내'였는가? 3·1운동의 아이콘인 유관순 열사도 당시 나이 불과 열여섯 살이었다. 열사의 무모하고 판단력이 결여된 행동이었는가? 그리고 1960년 이승만 독재를 무너뜨린 4·19학생혁명에 참가한 고등학생들은 단순히 부화뇌동한 '구상유취(口尙乳臭)의 고삐리들'이었던 것인가? 고등학교 3학년 학생이 정치적 판단이 미숙하다고 규정한다면 그건 우리의 교육과정이 민주주의 시민 양성에 실패했다는 반증인 셈이다. 그리고 입시에 몰두하도록 배려해야 한다는 건 고양이가 쥐 생각해주는 꼴이다. 보수건 수구건 고등학생이라서 정치적 판단을 못 하니 정치적 권리를 갖게 하지 말아야 한다고 주장하는 건 비겁한 억지 변명에 불과하다. 그리고 진보적이고 민주주의에 충실하다 자처하는 정당들이 그것을 반박하며 선거 연령을 낮추자고 주장하면서 정작 평소에는 아무것도 하지 않은 것도 직무유기일 뿐이다. 도대체 그들은 그동안 무엇을 했던가. 학생인권조례 문제조차 거들떠보지 않고 적극적으로 개입하거나 문제의식을 심화시키지도 않았던 자들이다.

학교 풍경 1

대부분의 학생들은 교복을 입고 이름표를 단다. 물론 달지 않는 학교도 있지만 거의 다 이름표를 단다. 어떤 학교는 탈부착이 가능한 이름표를 쓰기도 하지만 많은 학교들은 그것을 교복에 '박아' 떼지 못하도록 한다. 아무도 이 문제에 대해 불편해하지 않는다. 그런데 나는 그게 영 보기 불편하다. 물론 나도 학교 다닐 때 이름표(당시는 명찰이라고 불렀다) 달고 다녔다. 그때는 잘 몰랐다. 이제야 깨달은 게 안타까울 뿐이다.

왜 학생들은 이름표를 달고 다녀야 할까? 그게 정말 교육적인가? 물론 이름표를 다는 직업군이 있다. 군대와 의사 등 유니폼을 입는 직업들은 이름표를 단다. 죄수들의 경우는 이름조차 박탈당해서 숫자(수인번호)로만 박힌다. 제복을 입는 사람들이 이름표를 다는 건 두 가지 이유 때문일 것이다. 하나는 조직의 상하관계와 질서를 위해서다. 군대의 이름표가 대표적이다. 또 다른 하나는 고객에 대한 배려와 책임감의 표현이다. 자기 이름에 대해 부끄럽지 않도록 행동하기 위해서다. 그렇다면 학생들의 이름표는 어떻게 이해해야 하는가?

학생들이 이름표를 다는 이유는 물론 하나의 '관행'일 뿐이기 때문이다. 그러나 속살을 들여다보면 다르다. 어리고 힘이 약한 존재는 자신의 '아이디(ID)'를 '까는' 것일 뿐이다. 나이가 벼슬인 사회다. 정작 나잇값은 못하면서 걸핏하면 "너 몇 살이야?" 묻는다. 그게 왜 궁금한 건지. 그것 말고는 상대를 제압할 게 없다는 뜻일 뿐이다. 학교에서 이름표를 붙이고 이름이 호명되는 건 일단 그렇다 치자. 하지만 학교가 아닌 곳에서도 어른들은 학생들의 이름표를 보고 그냥 이름을 부른다. 하지만 학생은 그 사람이 누군지, 뭐 하는 사람인지, 몇 살인지도 모른다. 알고 싶지도 않다. 그런데 반말 지껄이며 함부로 이름을 부른다. 힘 없고 어리면 그렇게 얕잡아본다. 이건 심각한 문제다. 그렇게 무례하게 구는 어른도 문제지만 학생들 입장을 생각하면 끔찍하다.

'나보다 힘세고 나이 많고 돈 많은 사람은 아무렇게나 내 이름을 부른다. 불쾌하기는 하지만 참을 만한 일이다. 늘 그래 왔으니까.' 그런 생각이 들 수 있다. 그러나 그렇게 순치되면서 어떤 사고체계가 형성될 것인지 주목해야 한다. '나도 나중에 힘세고 나이 들고 돈 많아지면 나보다 아래인 사람들에게는 막 대해도 되겠구나.'라거나 앞으로도 자신보다 여러모로 위에 있는 사람들에게는 알아서 기거나 순종해야 된다는 걸 알게 모르게 익히게 될 수도 있다는 점에서 이게 과연 교육적인지를 반드시 물어야 한다.

교장선생님이나 교감선생님 연수 때 이걸 물어본다. 점심 식사 후 강의였다. 한 교장선생님께 물었다. "왜 선생님은 이름표를 달지 않으셨나요?" 그분은 뜬금없는 질문이라는 듯 황당한 표정을 지었다. 그러시더니 "아, 아까 점심 때 잠깐 벗어놨는데 깜빡 잊고 차는 걸 잊었습니다. 그런데 그거 달지 않는다고 큰일 나는 건가요?" 불쾌하다는 표정이 역력했다. 나는 다시 말했다. "ID카드를 말씀드리는 게 아닙니다. 왜 양복에 명찰(이분들께는 이름표보다는 '명찰'이라는 게 더 익숙할 것 같아서)을 달지 않으셨는지 여쭌 겁니다." 그 말에 더 황당하다는 표정이다. "왜 제가 양복에 명찰을 달아야 하나요?" "그런데 선생님 학교의 학생들은 명찰 달지요?" 내가 다시 물었다. "당연하지요. 걔들은 학생이니까 명찰을 달아야지요." 별 시답지 않은 걸로 시비한다는 표정이다. "그래요? 왜 학생들은 명찰을 달아야 하나요?" 마치 무슨 논쟁이거나 검사와 피고의 다툼 같다.

나는 다시 묻는다. "학생들이 명찰을 달아야 하는 게 정말 교육적이라고 생각하세요?" 교장선생님도 물러서지 않는다. "당연하지요. 학생들은 학교에서 단체생활을 하고 있습니다. 그리고 질서를 수련하는 건 중요한 교육적 활동과 목적의 하나니까요." 의기양양하다. 그럴 것이다. 당신은 학교현장에서 수십 년 경험을 쌓은 베테랑이니까. "그렇다면 교장선생님께서는 명찰을 다는 것이 질서와 규칙 준수의 목적에 부합된다고 보십니까?"

물론 학생들이 이름표 다는 게 무슨 문제인지, 그게 그리 심각한 건지 반문할 수 있다. 그러나 나는 그런 생각에 동의하지 않는다. 좋다, 백보 양보해서 학생들이 단체생활을 하고 어느 정도 질서와 위계의 교육을 위해 필요하다 치자. 그렇다면 교장선생님을 비롯한 모든 선생님도 이름표를 달면 된다. 그게 부끄러운 일은 아니다. 오히려 학생들은 모든 사람은 동등하고 평등하다는 중요한 가치를 깨닫게 될 것이다. 자신들보다 나이도 많고 지위도 높으며 인격적이고 무엇보다 자신들을 가르쳐주는 스승의 이름표를 보고 함부로 이름 부르지는 않을 것이다. 대신 평등의 가치를 체험한다. 그게 진짜 교육이 아닌가. 심지어 학교를 방문하는 외부인(학부모를 포함해서)들도 단순히 '방문'이라 이름 붙인 패를 착용하지 말고 거기에 이름까지 붙이는 것도 좋을 것이다. 학교에 들어오는 모든 사람들은 똑같이 자신의 이름표를 단다는 게 반교육적이라 생각하지 않는다.

지금은 학급당 학생수가 30명 내외다. 많아야 40명 적으면 20명쯤 된다. 내 반 학생들 이름 외는 것 어렵지 않다. 예전에는 6, 70명 돼도 이름 다 외웠다. 만약 다른 반 학생들 이름을 모르면 물으면 된다. "네 이름은 뭐니?" 그렇게 묻는 게 교사의 권위를 추락시키는 건 아니다. 오히려 다짜고짜 이름표를 훑어 읽고 이름을 부르는 것보다 훨씬 더 친근하고 예의에 맞다. 선생님들이라고 학생들을 무조건 노예 부르듯

하는 것 자체가 반교육적일 수 있다는 생각도 가질 필요가 있다.

나는 다시 교장선생님께 말했다. "물론 학교를 운영하시려면 여러 가지로 바쁘시겠지만 틈나는 대로 학생들의 얼굴과 이름을 익혀서 학생들의 이름을 불러보세요. 한꺼번에 다 외는 건 불가능하니 하루에 열댓 명씩 외워두세요. 그러면 일주일에 일흔 명은 넘겠지요. 복도에서 만나거나 길에서 만났을 때 일단 이름을 외워둔 학생들 이름을 불러보세요. 그 학생은 교장선생님께서 자기 이름 불러준 것만으로도 뿌듯한 자존감이 생길 것이고 학교에 대한 애정도 생길 겁니다. 입장을 바꿔 생각해보세요. 이제라도 우리가 바뀌어야 하지 않을까요? 그래야 미래가 바뀝니다."

교육의 숙명적 한계는 '과거를 살아온 사람이 과거의 방식으로 미래를 살아갈 사람들을 가르친다는' 것이다. 어떤 교육이건 그 한계를 벗어날 수는 없다. 그래도 과거와 현재와 미래가 큰 변화가 없을 때는 어느 정도 통했다. 그러나 지금은 지난 20세기와 판이하게 다른 21세기를 살아가고 있고 무엇보다 학생들은 21세기에 태어나서 앞으로 21세기 거의 전부를 살아가야 한다. 과거를 살아온 사람도 미래를 살아갈 사람도 바꿀 수는 없다. 그렇다면 '과거의 방식'을 '미래를 살아갈 방식'으로 바꾸는 수밖에 없다. 생각을 바꾸면 삶이 바뀌고 세상이 바뀐다.

학교 풍경 2

학생들을 보면 안쓰럽다. 가장 행복해야 할 나이고 감수성이 예민할 때인데 공부와 규율에만 내몰린다. 심지어 사춘기조차 제대로 챙기며 청춘의 강을 건너지도 못한다. 그저 '고진감래(苦盡甘來)'를 강요받으며 '사육'된다. 고진감래라는 말 참 고약하다. 특히 학교에서는 제발 쓰지 않았으면 좋겠다. 지금 고생하면 나중에 좋은 일 생긴다며 모든 욕구와 바람 억제하고 공부에만 힘을 쏟으면 좋은 성적 거둬서 좋은 대학 진학하고 좋은 직장 얻고 좋은 가정 꾸릴 수 있다는 등의 헛된 감언이 설이기 때문이다. 그건 천박한 보상심리만 자극할 뿐이다. 학교는 연대를 배우고 진리와 정의를 실천하는 법을 배우는 곳이며 자신의 삶을 설계하는 지도를 그리는 법을 익히는 곳이다. 그런데 현실은 그와는 정반대다.

가끔 학교에서, 그것도 학생들을 대상으로 하는 인문학 강연 요청이 들어온다. 사실 고등학생 강연이 가장 힘들다. 산만하고 예민하며 집중력이 10분을 못 넘긴다. 하지만 그렇다고 외면할 수는 없다. 가장 필요한 시기에, 가장 예민한 나이에 조금이라도 도움이 될 수 있다면 선배의 역할은 하는 셈이라 여기기 때문이다. 강연료도 싸다. 기업 강연료의 1/10에도 미치지 못하는 경우가 허다하다. 게다가 멀리 있는 지방의 학교라면 시간 등의 기회비용도 만만치 않다. 그러나 나는 가능하면 응한다. 그건 내가 할 수 있는, 해야 하는 의무고 기회이기 때문이다.

얼마 전 어느 고등학교에 강연하러 갔다. 남학생들만 다니는 학교였다. 시작하면서 학생들에게 물었다. "여기가 ○○'남자'고등학교 맞지요?" 그랬더니 학생들은 의아하다는 표정이었다. "○○고등학교인데요." 내 말이 낯설었던 모양이다. 그럴 것이 한 번도 그렇게 부른 적 없으니까. 왜 거기에 굳이 '남자'라는 말을 붙이느냐는 투정이다. "그래요? 그럼 옆에 있는 학교는 뭐예요?" "○○'여자'고등학교요." 녀석들은 여전히 뭔가 풀리지 않는 유치한 퍼즐게임처럼 느끼는 것 같았다. "거기는 여학생이 다니는 학교니까 '여자'고등학교라면, 여기는 남학생들만 다니는 학교니까 '남자'고등학교가 맞지요?"

학생들의 반응은 다양했다. 뭐 무슨 말도 안 되는 소리냐는 표정, 말은 맞는 듯하지만 용납하기는 어렵다는 표정, 그럴 수도 있구나 싶은 표정 등이 섞였다. 왜 '여자'고등학교는 어색하지 않은데 '남자'고등학교는 불편하고 어색해할까? 익숙하다는 것, 자연스럽게 느껴진다는 것, 일상적이라는 것 등은 사실 왜곡과 편견의 산물인 경우가 많다. 어떤 학생은 나의 말에 노골적인 적대감을 드러내기도 했다. 그냥 '○○고등학교'면 되는 걸 '쪽팔리게' '남자'라는 불필요한 수식어를 붙일 필요가 있느냐는 거다.

여학생이 다녀서 '여자고등학교'면 남학생들만 다니는 학교는 '남자고등학교'가 맞다. 남녀공학 혹은 여남공학이면 '○○고등학교'라고 할 수 있다(일본에서는 '공학'이라는 개념에 상대적으로 '별학[別學]'이라는 용어를 사용한다고 한다). 이게 그리도 부당하고 불편하며 어려운 일인가? 어떤 '굳이 필요 없는' 수식어를 다는 것이 격하의 말인가? 그렇다면 왜 다른 이들에게는 그 수식어를 요구하는가? 여자들도 '여자'고등학교에 별로 어색해하지 않는 걸 보면 내가 조금 유별난 건가 싶기도 하다. 하지만 이름은 결코 가볍게 여길 게 아니다. 그것은 정체성을 드러내거나 인식하는 중요한 방식이고 통로다.

예전에는 '아들들만' 고등교육을 시켰다. 아이들은 많고 살림은 어려우니 그럴 수도 있겠다 싶지만 철저하게 남존여비의 그릇된 생각이 만연했을 때의 사고방식 때문이다. 여자는 키워봐야 시집가면 '남 좋은 일'만 해줄 뿐이라거나 여자는 가르치면 오히려 되바라진다는, 그야말로 '되바라진' 낡은 생각 때문이었다. 그러나 이제는 아니다. 오히려 여학생들의 학업성취도가 더 높고 결과도 뛰어나다. 아직은 '유리천장'이 도처에 깔려서 최고위직에 오르는 데에는 많은 장애물들이 있지만 그것 걷히는 건 시간문제다. 그런데도 아직도 20세기의 사고에서 벗어나지 못하고 있다. 그게 습관이 되고 관행이 되어 미처 깨닫지 못하고 있을 뿐이다.

그런 의미에서 '여류' 시인, 소설가, 작가 따위의 말도 나는 여간 불편한 게 아니다. 그럼 왜 '남류' 시인, 소설가, 작가라는 말은 없는가. 그건 본디 남성의 영역인데 특별히 몇몇의 여성에게 그 영토의 일부에 출입할 권한을 허락한다는 의미나 의도가 아니고서는 어떻게 설명하고 이해해야 하는가. 명칭 하나 제대로 정돈하지 못하면서 양성평등이니 페미니즘이니 하는 건 어불성설이다. 그런 명칭을 강요하는 것은 폭력이고 그런 명칭에 순응하는 것은 굴종이다. 일상적 용어에까지 그렇게 날을 세울 것 있느냐 핀잔하는 이도 있는데, 나는 그런 반박이 더 불쾌하고 불편하다. 물론 그렇게 핀잔하는 이들은 거의 다 남자들이다. 그러나 여자들까지 그런 견해에 동의하거나 묵인하는 걸 보면 절망스럽다.

학교의 이름이라서 특별히 더 중요하고 개선이 시급하다. 자라는 아이들이 다니는 곳이다. 세상을 제대로 바라보고 자라야 한다. 그런데 알게 모르게 어떤 억압과 왜곡이 자연스럽게 여겨지도록 성장한다면 그것보다 반교육적인 것은 없다. 내가 개인적으로 이 문제에 대해 더욱 실망했던 것은 선생님들의 반응이었다. 내가 '여자'고등학교가 있다면 '남자'고등학교라고 해야 옳다고 말했을 때 남녀 선생님들의 반응 모두 의외라는 건 동일했지만 남자교사들은 불편한 듯 웃고 여자교사들은 놀라움과 자괴감(?)의 기색이 역력했다. 아, 여전히 우리는 그렇게 길들여져 있구나 싶어서 씁쓸했다.

이름은 함부로 혹은 허투루 붙이는 게 아니다. 이름은 반복적으로 불린다. 그러면서 자연스럽게 그 정체성이 정립된다. 한번 잘못 쓰면 그대로 굳어지고 여간해서는 바뀌기 어렵다. '원서동'이니 '원남동'이니 하는 동네 이름이 오래된 지명인 줄 착각하지만 그건 '창경원' 서쪽 과 남쪽의 마을이라는 뜻의 고약한 지명이다. 일제가 창경궁을 놀이터인 창경원으로 훼손하고 붙인 이름이다. 부끄럽고 화가 나는 이름인데 여전히 쓰고 있다. 학교의 이름도 일제 때 못된 의도로 혹은 무성의로 지어진 것 많다. 익숙해지면 그걸 분별조차 해내지 못한다. 잘못된 이름은 죄다 뜯어내야 한다. '여자'고등학교를 없앴던지 '남자'고등학교로 이름을 바꿔야 하지 않을까? 잘못된 이름표 목록 점검해서 나쁜 명찰은 떼며 살아야 한다. 21세기가 아닌가!

학교 풍경 3

학교는 단순히 일방적으로 지식을 전수시켜 학생들이 좋은 대학에 진학하고 좋은 직업을 얻도록 가르치는 곳이어서는 안 된다. 말로는 '전인적 인격교육' 운운하지만 과연 그런 선언적 가치에 전적으로 동의할 학교와 시민들이 얼마나 될까. 학교는 지식뿐 아니라 민주시민으로 살아갈 수 있도록 다양한 과정을 통해 삶을 배우고 익히게 하는 곳이기도 하다. 대학조차 학생들은 배제하고 학교를 운영하는데 하물며 중고등학교에서 그런 것은 언감생심이라 여길 것이다. 하지만 더 이상 그런 관행을 묵인해서는 안 된다. 그건 미래에 대한 범죄행위다.

적어도 학생들이 자신들의 학교에서의 삶에 대해서는 최대한 스스로 선택하고 책임질 수 있는 법을 가르쳐야 한다. 어리다고, 공부해야 한다고 간단히 눌러버리면 주체적으로 살아갈 수 있는 '자유로운 개인'

을 억압하고 결과적으로 사회의 부조리에 순응하게 만들며 창조적인 삶은커녕 20세기 식의 지식만 움켜쥐고 재빨리 기득권에 편입할 수 있는 방책만 모색하려 할 것이다.

그런 사례 가운데 하나로 나는 교복을 들고 싶다. 학생들이 교복 입는 건 자연스럽다? 부모들도 교사들도 교복 입고 학교 다녔으니 당연하게 여긴다. 물론 잠깐 교복을 입지 않았던 세대도 있다. 이른바 '써니 세대들'이다. 거의 다 교복 입고 학교 다녔다. 그런데 교복을 입는 게 정말 교육적일까? '이름표'와 비슷한 시비라고 타박하지 말기 바란다. 같은 목적으로 모인 집단이 제복을 입는 것을 무조건 당연하게 여기지 말아야 한다.

무엇보다 교복은 강제적이며 개성을 말살한다. 어린 나이는 어느 정도 강제적 학습이 필요하고 지나친 개성은 눌러줄 필요가 있다고 강변하지 말자. 제발 어른의 입장과 시각에서만 해석하지 말아야 한다. 최대한 청소년들의 입장에서 생각하고 판단할 수 있어야 한다. 그것이 기성세대 공감능력의 시작이다. 나는 교사연수나 교육장, 교장 등 고위 교육직 연수 때마다 이 문제를 던진다. 교복을 꼭 입어야 하느냐고.

대부분 대답은 '그렇다.'이다. 사복을 입으면 어쩔 수 없이 경제적 차이에 따른 위화감이 생길 뿐 아니라 교실 내 학습환경도 어지러워서 교육적이지 못하다는 대답이다. 일단 어느 정도는 동의한다. 그러나 '사복을 입으면'이라는 전제 자체가 잘못되었다. 왜 우리는 교복을 입으면 전부 다 교복을 입고 사복으로 정하면 몽땅 다 사복을 입어야 한다고 생각할까? 교복을 입거나 사복을 입거나 자율적 선택에 맡기면 된다. 아마 그래 본 적이 없으니 생경하게 느낄지 모른다. 하지만 왜 그러면 안 되는가?

그랬더니 상당수 선생님들이 되묻는다. 첫째, 교복을 입은 학생들과 사복을 입은 학생들 간에 파벌이나 따돌림이 구조적으로 생겨난다는 것이다. 처음에는 그럴 것이다. 교복 입은 학생들 따로 사복 입은 학생들 따로 어울릴 것이다. 그건 오히려 자연스러운 것이다. 그러나 조금만 시간이 지나면 그깟 옷 따위로 척지거나 따로 어울리는 게 얼마나 우스운지 학생들 스스로 깨닫는다. 이것은 매우 중요한 교육적 가치다. 외모나 복장이 달라도 그건 그리 중요한 게 아니라는 것을 몸으로 느낀다. 그것보다 중요한 가치 학습이 어디 있는가? 둘째, 사복 입은 학생들에게 명품이나 사치품에 대한 선호가 생길 것이고 그러면 자연히 계층 간 위화감이 생길 수밖에 없다고 지적한다. 그럴 것이다. 어른들도 그런다. 그러나 학교에서 가르칠 중요한 가치는 겉모습 치장하기 위해 과도한 비용을 지불하는 건 합리적 경제행위도 아닐뿐더러 그렇지 못한 친구들에 대한 배려를 위해서라도 자제하는 법을 깨닫도록 하는 것 아닐까? 셋째, 방과 후 학생들을 지도하기 어렵다고 한다. 그런 점 있을 것이다. 요즘 학생들은 예전에 비해 신체적으로 조숙해서 어른들과 크게 차별되지 않는 경우 많다. 게다가 요즘 화장쯤은 일반적인 거니 더욱 그럴 것이다. 하지만 구체적이고 현실적인 대안을 마련해야지 무조건 교복을 입혀야 일탈을 줄일 수 있다고 생각하는 건 너무 편의적이거나 일방적 사고가 아닌가 싶다. 제복이 주는 통일성, 통제의 편의성, 유대감 등을 말하지만 그것보다는 억압과 통제에 익숙해지는 관성을 만들어줄 수도 있다는 점을 먼저 고려해야 하지 않을까?

이 문제의 제기가 너무 과격하다거나 현실의 고려가 없는 이상적인 것이라고 비판할 사람들도 있을 것이다. 하지만 나는 설령 그런 면이 있다고 백보 양보하더라도 그게 이상적일 뿐이라고 생각하지는 않는다. 교복에 대해 좀 더 구체적으로 그리고 시대사적으로 따져보자.

교복을 폐지해야 한다는 생각이 일반화된 것은 기존의 교복이 일제 군복을 모방한 잔재라는 점과 당시의 사회적 분위기, 즉 통행금지 해제와 두발 자유화 등에 따른 개인의 자유와 개성의 존중이라는 교육적 판단에 따랐던 것이었다. 1982년은 준비 기간이었고 본격적인 시행은 1983년부터였다. 교복의 폐지는 청소년들의 심리적 위축과 강압적 통제를 벗어나 개성을 존중하고 민주주의 의식을 고취한다는 큰 의미가 있기에 과감하게 시행했다. 놀랍게도 전두환 군부독재 시절이다.

하지만 불행히도 그것이 오래가지 못했다. 고작 3년을 시행했을 뿐이다. 물론 처음부터 전면적 복귀는 아니었다. 학교장의 재량에 따라 보완조치를 채택하게 했다. 그런데 그랬던 이유가 무엇이었는가. 교외 생활지도가 어렵고 탈선이 용이하며 가계에 경제적 부담을 주기 때문이라는 것이었다. 도대체 우리의 교육은 학생들의 자율권을 보장하고 그들의 선택을 존중하며 스스로 책임지는 법을 가르치기보다 사소한 (?) 구실로 통제와 억압의 방식을 태연하게 선택하는 게 교육적이라고 여기는 것인가?

당시 교복자율화 혜택을 누렸던 세대에게 교복을 입지 않아서 정말 타락하고 방탕하였으며 공부에 소홀했냐고 물어보면 거의 다 그렇지 않다고 대답하는 경우가 절대다수였다(다만 그들이 자기 자녀들이 교복을 입는 것에 아무런 저항이 없다는 건 그것을 경험한 앞 세대로서 중요한 자산을 포기한 것이고 역할을 제대로 수행하지 못한 것이라는 자책이 필요하다고 본다). 어쨌거나 이런 식으로 '당사자'인 학생들에게는 물어보지도 않고 어른들 편의에 따라 결정하고 학생들은 그저 수용하기를 강제했던 셈이다. 교복자율화에 따라 경제적 부담과 계층 차별적 요인이 있다면 오히려 그것을 중요한 경제 수업으로 삼았어야 한다. 각자 경제적 형편에 따라 합리적으로 옷을 선택하는 것이 경제의 기본이며 앞으로 그렇게 살아야 합리적 삶을 영위할 수 있음을 가르쳤어야 했다. 또한 옷은 자신을 표현하는 방식인데 그것을 누리는 방법을 배우지 않았으니 학교에서 다양한 의상 코디네이션 특강을 통해서 학습하도록 했어야 한다. 그게 어른으로 성숙하게 진입할 수 있는 예비적 과정이 아닌가. 그런데 과연 그 당시에 그렇게 합리적이고 개성 있게 그리고 값싼 옷이라도 멋지게 코디하면 훨씬 더 아름답게 입을 수 있음을 가르친 적이 있는가? 그런 시도는 거의 하지 않고 이런저런 핑계로 다시 교복을 입혔다.

게다가 교복으로의 회귀를 전후해서 외고나 과학고 같은 이른바 특목고들이 생겨났는데 그중 많은 학교들이 교복을 입었다. 그런데 그 교복이 예전의 시커먼 일제 군복 잔재의 교복이 아니라 밝은 색상, 다양한 무늬와 세련된 디자인의 옷이었다. 그러니 교복이라는 부담과 거부감이 별로 없었다. 오히려 미국 사립학교 같은 느낌까지 들었다. 여러 학교들이 그런 방식을 모방했다. 어쩌면 거기에는 그런 교복을 입으면 특목고처럼 자부심이 생길 수도 있다는 판단이 개입했는지 모르겠다. 터무니없는 말이라 여길지 모르지만 만약 평가와 평판이 낮은 학교들이 교복을 입기 시작했다면 모두 우르르 따라 했을까? 아닐 것이다. 그러니까 교복으로 회귀한 것에는 어른들의 편의와 부적절한 감정이입이 교묘하게 얽힌 탓도 무시할 수 없을 것이다.

두려워하지 말자. 과감하게 학생들에게 선택과 판단을 맡기자. 어린 아이가 아니다. 그들도 나름대로 판단하고 결정할 능력과 권리가 있다. 그것을 가르치는 게 교육이 아닌가. 물론 어른들의 눈에는 미흡할 것이다. 그 미흡한 점을 객관적으로 인식시킴으로써 학생들 스스로 그 문제를 해결할 수 있도록 하는 것이 진짜 교육이다.

교복을 입는 건 학생들이다. 어른들이 아니다. 교사도 학부모도 아니다. 학생들의 선택을 존중해야 한다. 그것 자체가 중요한 토론의 주제가 될 수 있으니 교육적이고 민주적인 커뮤니케이션의 효과를 얻을 수 있다. 학생들은 자신들의 선택에 대해 논리적으로 설명하고 그 선택에 대해 책임을 질 뿐 아니라 겉모습으로 사람을 판단하거나 패거리 짓는 게 얼마나 어리석은 것인지 배우게 될 것이다. 닭요리는 '양념 반 프라이드 반'을 먹으면서 어째서 학교에서 '교복 반 사복 반'은 생각조차 해서는 안 되는 일이라 여기는 것일까?

학교마다 조금씩 다르기는 하지만 아직도 겨울철이면 외투 착용 문제로 시끄러운 경우도 있다. 겨울철 외투의 종류, 착용 기간과 허용 장소 등을 규제하는 문제들이다. 학생답게 입어야 한다는 주장과 따뜻할 권리를 요구하는 주장의 대립이다. '학생답다'는 말은 진정 무엇일까. 질서와 규칙을 잘 배우고 따르는 것을 뜻할까? 학생을 보호하는 측면에서 규제한다는 주장도 있는데 그 주장의 근거는 교복 등 학생 신분에 맞는 복장은 학교 밖에서 학생들을 위험으로부터 보호하는 역할을 한다는 것이다. 과연 그 말이 전적으로 타당한지, 그리고 그게 추위로부터 보호하는 것보다 더 중요하고 선행하는 것인지는 모르겠다. 값비싼 외투 구매에 따른 과잉 소비 조장의 우려를 거론하는 이들도 있다. 꼭 금지나 규제는 아니어도 일정한 혹은 최소한의 '가이드라인'을 제시한다. 어쨌거나 외투 문제도 학생들의 생활인권의 측면에서 숙고해야 한다.

기존의 여러 학교들의 '학생생활인권규정'에는 복장에 대한 세세한 규정이 있다. 학생들의 의견'도' 참고했다는데 학생의 인권을 침해하는 규정에 학생 의견이 들어갔다는 게 무슨 의미인지 모르겠다. 외투를 입는 주체는 학생들이므로 '그들의 의견을' 일차적으로 다뤄야 한다. 학생들의 의견이 '후순위 참고사항'이거나 궁색한 구색 맞추기여서는 안 된다. 그들에게도 건강권과 따뜻할 권리가 있지 않은가. 옷에 대한 규정 때문에 추운 겨울 외투도 제대로 입지 못하고 덜덜 떠는 게 과연 얼마나 '교육적인' 것인지 모르겠다. 경쟁적으로 값비싼 외투를 사려는 분위기 때문에 규정을 마련하지 않으면 학부모들이 항의하기도 한다는 핑계는 궁색하다. 오히려 그것을 좋은 경제교육의 계기로 삼고 적극적으로 대처하는 게 교육적이지 않은가? 학생들에게만 공자 타령 같은 지루한 설교하지 말고 부모들을 초대하여 누구나 자기 자식 호의호식시키고 싶겠지만 그렇지 않은 '동료 친구'를 위해 자제하는 것도 중요한 연대의식이며 합리적 사유임을 자각시키고 협조를 요청하는 것이 타당할 것이다. 그저 협조문 하나 달랑 보내 일방적으로 통보하거나 훈계의 말로 진부하게 설득하는 행태는 이제 그만둘 때가 되었다. 어떤 외투를 입을지 학생들이 스스로 선택하게 하되 자신의 경제적 합리성과 건강에 대한 적절한 대응법, 그리고 나보다 못한 타인에 대한 배려와 연대의식을 강화하는 교육의 기회로 삼을 일이다.

본질은 외면하고 엉뚱하게 그리고 관습적으로 복장 문제로 갈등하는 것이 교육의 문제여서는 안 된다. 물론 여전히 익숙하지 않고 특히 어른들이 교복을 비롯한 복장의 문제를 경험한 적이 없어서 가볍게 여기는 성향이 있을 수는 있겠지만 그 낡은 사고를 멈춰야 한다. 그런 것들 하나 제대로 권리를 이양하지 못하는 어른들이 교육적 가치 운운하며 거품 무는 거 더 이상 보지 않았으면 좋겠다.

이러한 '학교 풍경'에 관한 소고는 사소한 것일지 모른다. 그러나 관심을 갖고 찾아보면 이런 일은 비일비재하다. 다만 익숙한 관행에 젖어 제대로 보지 못하거나 무관심하기 때문에, 우리는 학생들의 교육과 학교에 대한 의식을 바꾸지 못하고 있다. 선거 연령을 낮추지 못하겠다는 게 공부해야 하는 나이라거나 정치적 판단이 미숙하다고 하는 이들은 과연 학교 교육에서 중요한 과제가 무엇인지 고민했으며, 미래를 살아가야 할 우리 다음 세대에게 무엇을 전해주고 있는지를 고민했는지 스스로 물어야 할 것이다.

정치인들 또한 이미 여러 차례 언급한 것처럼 사고의 대전환을 시도해야 한다. 각자의 셈법에 따라 선거 때만 이러쿵저러쿵하지 말고 진정한 미래의제를 위해 진지하게 토론하고 학생들이 민주주의를 올바르게 학습하고 자유로운 개인으로 당당하게 주체적으로 살 수 있는 정치적 성숙의 토대를 마련할 수 있도록 교육의 문제를 토론해야 한다. 그런 노력을 하면서 선거 연령을 18세로 낮춰서 건전한 민주시민으로서 자신의 권리를 행사할 수 있도록 이끌어야 할 것이다. 필요할 때만 떠들지 말고.

학교에서 노동 관련 교육을 해야 한다

이미 많은 학생들이 아르바이트를 하고 있다. 자기가 필요한 것은 자기가 벌어야 한다는 것을 일찍부터 경험하는 것은 매우 중요한 경제활동일 뿐 아니라 노동의 중요성을 깨닫는 기회다. 그러나 대부분 제대로 노동의 대가를 받지 못하거나 심지어 착취와 폭력에 공공연하게 노출되고 있는 게 현실이다. 매우 심각한 문제다. 물론 약자인 학생들을 착취하는 사용자들은 비난받고 법률적 책임을 져야 하는 건 당연하다. 그러나 만약 이 학생들이 제대로 노동에 관한 법률과 권리에 대해 알고 있다면 그런 폭력에 무방비상태로 당하지는 않을 것이다.

우리 교육과정 중에 과연 노동에 관한 법률 및 철학에 대한 교육 내용을 학습하고 있는지부터 물어야 한다. 고작해야 실업계 고등학교 학생들이 현장실습 나가기 전 형식적으로 간략하게 배우는 게 전부다. 헌법에 보장된 노동의 권리에 대한 법률의 지식뿐 아니라 노동 자체에 대한 깊은 성찰을 가르쳐야 한다. 우리의 자녀들은 대부분 학교를 졸업하면 노동자가 된다. '노동자'라는 용어 자체에 대한 거부감을 갖는 것은 '험한 일' '몸 쓰는 일' 등에 대한 이전의 부정적 의미의 관습 탓도 있지만 경제발전에서 노동은 어느 정도의 희생을 강요하거나 지나친 요구를 자제해야 한다고 조장하는 언론 등의 영향도 크다. 그러나 우리는 대부분 노동자고 자녀들도 노동자가 될 것이다. 그런데도 여전히 노동의 권리에 대해 모른다거나 사회가 노동에 대한 철학을 결핍하고 있다면 이것은 심각한 문제다.

노동3권과 근로기준법 등이 제대로 지켜지지 않고 일방적 희생과 자의적 해고의 위협에 노출되고 있는 현실은 학교에서 제대로 노동의 권리와 법률에 관한 교육이 이뤄지지 않기 때문이다. 노동에 대한 시험 문제가 나오지 않기 때문일까? 그렇다면 그런 문제를 출제해서 자연스럽게 그에 대한 이해와 철학을 마련하도록 유도해야 한다. 노동자의 기본 권리에 대해 아무런 교육도 없이 노동현장에 투입되어야 한다는 건 비인격적이고 반인권적인 결과를 구조적으로 만들어내는 고약한 일이다. 우리 모두가 거의 노동자이면서 최저시급이 얼마인지에 대해 관심을 갖지 않는 것도 '내 일이 아니면 된다.'는 식의 이기적 개인주의에 함몰하게 만드는 사회적 악습이다. 내가 시급을 받지 않더라도 그건 기본적으로 알고 있어야 한다. 그건 '동료시민들'에 대한 최소한의 공감이다. 그래야 이익에 대한 공정한 분배가 가능해지고 사회적 건전성도 확립할 수 있다. 올바른 노동교육을 받은 사람들이 최고경영자나 관리자가 되었을 때 제대로 된 노사문화가 이루어진다는 점에서도 노동교육은 필수적이다.

노동의 권리에 무관심하거나 경시하는 사회 분위기는 자기모순에 빠지게 만든다. 자신의 권리에 대해 무관심하거나 업신여기는데 어떻게 자신의 가치를 실현할 수 있으며 사회적 연대감을 확보할 수 있을까. 선진국들은 이미 학교 교육과정에서 노동문제에 대한 광범위한 교육을 시행하고 있다. 단순한 권리에 대한 지식에 그치지 않고 경제·사회·윤리적 측면의 광범위한 교육을 학교 교육과정에 포함시키고 있다. 독일의 경우 초등학교 과정부터 정규 수업으로 철저하게 가르치고 있다. 학생들은 '모의 노사교섭'을 수업을 통해 배우며 심지어 기업 경영에 관한 자료를 주고 학생들이 스스로 노사 양측 대표를 선정해서 협상하는 과정을 경험하게 만든다고 한다. 단체교섭 등에 관한 자세한 내용을 가르치고 부당한 절차에 대한 항의 문건을 만드는 법, 협약 체결 후 언론과 인터뷰하는 요령 등도 배운다. 다른 나라들의 경우도 크게 다르지 않다. 학교 교육과정에서 단체교섭권 등에 대해 세밀하게 배운다. 그런 과정은 단순히 협상의 기술만을 배우는 것이 아니라 노동의 중요함과 정보의 비대칭성에 대한 비판과 인간의 가치 그리고 연대감 등을 배움으로써 개인의 삶과 사회적 체제를 건강하고 견고하게 만드는 초석이 된다.

선진국들의 교육과정에서 노동에 관한 내용을 보면 우리는 정말 부끄러울 지경이다. 물론 우리 사회가 그 문제에 대해 완전히 무관심하기만 한 건 아니다. 2007년 노사정위원회는 노동인권교육 강화를 주문했다. 그래서 제8차 교육과정에 도입하도록 교육부에 제안했다. 교과서에서 '노동'이라는 단어조차 몇 번 나오지 않는 현실을 날카롭게 지적하면서 적어도 근로기준법과 노동3권에 대한 올바른 교육을 요구했다. 그러나 거부되었다. 교육부가 다른 부서 특히 기업의 눈치를 봐야 하는지, 또한 그렇게 하는 것이 미래 사회를 위해 필요하다고 판단했는지는 모르겠지만 그건 교육부가 취해야 할 태도는 아니다. 올바른 노동의 권리가 마련되지 않는 한 정상적인 사회는 불가능하며, 무엇보다 마땅히 배웠어야 할 내용을 몰라서 사회에서 구조적 불이익을 강요당하는 모순에 노출하게 만들기 때문이다. 놀랍게도 교육부는 전경련이나 경총(한국경영자총회) 등에서 노동인권교육이 계급적 성향의 교육으로 변질되어 근로자의 권리만 강조하는 방향으로 편향될 가능성이 있다는 지적에 순응했다. 심지어 교육부는(이명박 정권 이후 그나마도 유명무실해졌지만) 국가인권위원회가 권고한 '중·고교 교과과정에 노동기본권, 안전과 보건에 관한 권리 및 남녀고용평등에 관한 권리 등 노동인권교육을 필수 교과과정에 담고 실질적이고 내실 있는 교육을 시행할 조치를 강구하도록 한 요구도 거부했다. 이게 도대체 말이 되는가! 이 나라 교육은 그저 학생들을 공부하는 기계로 만들고 부당한 요구에도 순응하며 노동력을 착취당하고 인권을 유린당해도 그저 감내하고 살아가야 한다고 가르치고 싶은 것인가 묻지 않을 수 없다. 다른 부서라면 몰라도 교육부는 결코 그래서는 안 된다.

노동법과 더불어 양성평등에 관한 법률적 교육을 시행해야 한다. 지금 학교에서 간헐적으로 성교육을 하고 있지만 그것은 생물학적 성(sex)에 관한 것이고 사회적 성(gender)에 관한 정규 교육은 제대로 시행하고 있지 않다. 물론 일반 과목 중에 의식이 깨인 교사에 의한 교육은 있을 것이다. 그러나 그것으로는 부족하다. 정식의 교과목을 개설하거나 최소한 정규적인 프로그램을 반복적으로 학습해야 한다. 사회적 성에 관한 무지가 사회적 삶에서 공공연하게 자행되는 양성불평등의 뿌리라는 점을 감안하면 필수적이다. 유리천장은 법적으로는 거부되지만 현실에서는 공공연하게 작동되고 있다. 결국 제대로 배우지 못하고 과거의 인습에 매여 살게 된다는 점을 고려하면 반드시 노동에 대한 권리와 법률과 더불어 양성평등에 대한 교육이 이루어져야 한다.

이제라도 학교에서 노동의 소중함과 존엄성을 가르치고 노동과 양성평등의 정당한 권리에 대해 심층적으로 학습하도록 해야 한다. 그러기 위해 교과과정에 노동과 양성평등에 대한 올바른 가치관과 노동법과 양성평등기본법을 포함시켜야 한다. 그것이 올바른 가치관을 키워주는 교육의 본질적 사명의 하나다. 이런 문제를 해소시키기 위해서는 교육부의 각성만 촉구할 게 아니라 다음 세대를 위한 기성세대의, 자식들의 미래를 위한 부모들의 문제 제기와 공론화를 통해 가장 빠른 시일 내에 이러한 교육이 시행될 수 있도록 해야 한다. 그런 게 진짜 연대의 힘이고 가치가 아닌가. 도대체 언제까지 노동의 문제를 이념의 문제로 낙인찍고 양성평등의 정당한 요구와 주장마저 '종북좌파' 운운하며 억압할 것인가. 그 억압의 대상이 바로 우리 자신이고 우리 자식들인데!

우리는 모두 노동자다

'그는 일한다.' '그는 노동한다.' 두 문장은 같다. 그러나 받아들이는 느낌이나 태도는 다르다. 왜 그럴까? '노동'이라는 말은 '천한 일'이라는 어감으로 써왔다. 몸 써서 힘든 일하는 것을 노동이라 여겨왔기 때문이다. 거기에 '계급'이라는 개념도 억지로 넣었다. 의도했건 아니건. '일'은 포괄적이다. '누구나 일한다.' 그 말에는 아무 저항이 없다. 그러나 '누구나 노동한다.' 그럼 뭔가 어색하고 불편하다.

그러면서 '노동은 신성하다'고 말한다. 그렇게 말하는 '신성한 노동'

은 소수의 강자와 부자를 위해 부지런히 일해서 그들의 이익을 채워주는 뜻에서 신성할 뿐 정작 '노동하는 사람'의 신성함은 외면한다. 그 괴리는 비겁과 차별에서 온다. 그래서 다른 말은 굳이 한자말을 쓰면서 이건 꼭 한글인 '일'을 선호한다. 남북의 대립은 이념의 대립이다. 이념의 대립은 체제의 대립이다. 그리고 그 안에 언어의 대립도 깔린다. '인민'은 좋은 말이지만 북한이 선점하고 사용하는 까닭에 우리가 안 쓰고 못 쓴다. 군사정부들은 노동이라는 말 자체를 꺼렸다. 그게 교육을 통해 일반적 태도로 굳었다. '노동자의 날'도 '근로자의 날'로 바꿔야 했다. 그렇게 노동은 꺼리는 말, 위험한 말이 되었다. 그러나 노동과 일은 같은 말이다.

'그는 노동자다.' 그다지 좋은 어감 못 느낀다. 천하고 어려운 일 하는 사람으로 느껴지기 때문이다. 그러나 '우리는 모두 노동자다.' 일하지 않고 사는 사람 거의 없다. 나름대로 다양한 방식으로 노동한다. 노동해야 살아갈 수 있다. 금수저 물고 태어난 소수는 안 그럴지 모르지만. 노동자는 '노동력을 제공하고 얻은 임금으로 생활을 유지하는 사람'이다. 그게 사전의 정의다. 그러나 꼭 임금을 받아야 노동자 되는 것 아니다. 전업주부도 노동자다. 다만 일의 대가를 임금으로 받고 있지 않을 뿐이다. 그 노동도 엄연한 경제활동이다.

노동의 모습을 구별하여 색깔로 부르기도 했다. 블루니 화이트니 하는. 몸을 놀려 일하는 것이 노동이라 여겼다. 그러나 몸 근육 직접 움직이는 것만 노동이 아니다. 정신의 근육을 사용하는 것도 노동이다. 감정의 신경을 사용하는 것도 노동이다. 세상에 노동 아닌 것이 없다. 그러니 어떤 현장에서건 우리의 일은 모두 노동이다. 따라서 우리는 모두 노동자다. 그 말에 계급이나 차별의 악습을 빼면 당연히 그렇다. 그래야 한다. 그런데도 여전히 우리는 노동을 삐딱하게 본다.

노동하지 않고 살 수 없다. 나의 노동에는 강연과 더불어 글쓰기도 포함된다. 틈틈이 부지런히 읽고 쓰고 성찰해야 한다. 망치와 삽 들고 일하지는 않았다. 그러나 나는 분명히 노동했다. 그 일이 손에 흙이나 기름을 묻히는 일은 아니지만 그에 버금가게 힘들고 고된 노동이다. 그런데 내가 노동자가 아니라고? 천만에 말씀. 나는 노동자다! 글 쓰는 일이 당장 경제적 대가로 돌아오지는 않는다. 그래도 그건 노동이다.

노동은 내 존재의 근거고 삶의 방법이다. 그러기 위해서는 정당한 노동의 대가를 지불받고 내 나름의 삶을 기본적으로 영위할 수 있는 건강한 분배와 소비의 방식이 보장되어야 한다. 경제적 대가를 많이 받건 적게 받건 우리는 모두 노동한다. 그런데도 노동이라는 말을 꺼린다. 여전히. '나는 노동자요.'라고 말하면 위험하게 보는 이도 있다. 삐딱하게 본다. 적대감이나 혐오감을 갖는 이도 있다. 이러니 우리에게 노동은 신성한 것이 아니다. 하층의 삶의 방식일 뿐이다. '노동하지 않기 위해' 죽어라 공부한다. 대기업 책상이나 판검사석 앉으면 노동이 아닌가? 우리는 일하고 돈을 받는다. 우리는 노동자다.

이렇게 우리 모두가 노동자의 삶을 살게 되는데 학교에서 노동의 권리에 대해서 가르치지 않는다는 것은 중대한 의무의 유기일 뿐이다. 심지어 자신이 '정규직'이 되면 노동자가 아니라고 착각하는 경우도 있다. 그렇지 않고서야 자신들의 '노동조합'에 '비정규직'은 가입할 수 없게 하고 그들이 자신들보다 강도 높고 위험한 일을 하는데도 임금은 1/3만 받아도 남의 일일 뿐인 것을 어떻게 설명할 수 있겠는가. '노동조합'은 약자의 권익을 위한 것인데 자신들보다 약한 비정규직에게는 노동조합의 가입조차 불허하는 노동조합이 무슨 권리와 책임 그리고 정당성을 확보할 수 있겠는가. '없는 것들끼리' 싸우게 하는 고도의 술수에 놀아나는 일이다.

일반 시민들의 경우도 '노동'이라는 말만 나와도 불편해한다. 자신들도 엄연히 노동자이면서 그렇다. 예를 들어 철도가 파업해서 5분 간격으로 배차되던 지하철이 20분 간격으로 운행되면 파업하는 노동자들에게 욕설부터 퍼붓는다. 불편한 건 사실이다. 그러나 왜 그들이 파업하는지, 파업하게 되는 과정의 필연성과 부당한 억압은 무엇인지 알아볼 생각도 않는다. 그저 남의 일일 뿐이고 노조 가입자들만의 이익을 위해서 부당하게 파업해서 내가 불편한 것만 불평할 뿐이다. 도대체 우리는 무엇을 가르치고 배운 것인가. 파업은 우리를 불편하게 하지만 파업할 수밖에 없는 문제가 무엇인지 새삼 깨달을 수 있는 기회일 수 있다. 우리 모두 노동자들이기 때문이다. 그 불편을 의연하게 감내할 수 있는 공감의 능력과 연대의 사고를 갖도록 가르쳐야 한다. 그런 사회가 건강한 사회고 그런 나라가 선진국이다.

교육의 비리와 구태를 벗어나기 위해 결성한 '전국교직원노동조합'도 '노동'과 '조합'이라는 문구 때문에 억압과 비난을 받았다. 지금까지 전교조라는 말만 들어도 부르르 떠는 사람들은 그 용어에 분노한 사람들일 확률이 높다. 교사도 노동자고 공무원도 노동자다. 교육을 담당하고 사회적 공무를 수행하는 교원 공무원이기 때문에 노동자가 아니라거나 조합을 결성할 수 없다는 건 그것을 적대시하는 학습의 효과일 뿐이다. 오히려 그들이 지적하고 비판하는 교육의 비리와 구태가 무엇인지 확인하고 지지할 것은 지지하고 비판할 것은 비판할 수 있는 균형감각이 민주시민에게는 필수적이다. 교육자나 공무원의 노동조합은 행동에 상당한 제약을 받는다. 그걸 기꺼이 감내하고 있다. 그런데도 무조건 그들이 내건 '노동'이나 '조합'이라는 용어에 알레르기 반응을 일으키며 종북좌파 운운하는 건 동료 노동자로서 자가당착이다.

실질적으로는 개선이 아니라 개악인 노동법 개혁 주장에 대해 남의 일처럼 느끼는 이들이 있다. 착각도 유분수다. 그게 내 일 아니라 여기며 방관한다. 그러나 다음은 내 차례다. 누구나 노동자이기 때문이다. 저수지의 두꺼운 얼음이 아래에서 녹는 것처럼 겉으로 보이지 않을 뿐이고 당장 내 일이 아니라서 느끼지 못할 뿐이다. 금수저 물고 온갖 혜택 누리는 1%는 안전할까? 얼음 거죽만 남은 형상일 뿐이다. 너의 일, 나의 일 가리고 나눌 게 아니다. 잘못된 법은 고쳐야 한다. 더 나아질 세상과 미래를 위해 그래야 한다. 그런데 작은 구실 핑계로 제 잇속만 챙기려 한다. 이젠 아예 대놓고 헌법에 보장된 노동자의 권한마저 무시한다. 헌법은 기본적으로 약자를 보호한다. 노동자는 약자다. 자본과 권력 그리고 정보력까지 쥔 이들과 비교하면 절대약자다. 강자의 횡포를 막아야 최소한 인간답게 노동하며 삶을 영위한다. 올바른 노동의 개념과 권리를 반드시 가르쳐야 한다.

성장해야 분배가 있지 않느냐 말한다. 경제학에서도 견해가 분분하다. 그만큼 판단하기 어렵다. 그러나 지금까지 50년 넘게 같은 노래만 불렀다. 변주곡은 있었다. 경제민주화 운운하며 표를 얻었다. 그러나 실천은커녕 반대로만 갔다. 그러더니 아예 노동권 자체를 부정한다. 헌법에 보장된 노동자의 권리마저 압살한다. 고용노동부는 노동자의 편에 서는 게 아니라 기업가의 편익을 위해 앞장선다. 이러다가 사회가 무너진다. 언제까지 성장 우선만 노래할 것인가. 노동자들이 무너지면 사회가 무너진다.

거듭 말하지만 우리는 모두 노동자다. 노동을 하지 않고도 사는 극소수를 제외하곤. 노동은 내 삶을 결정한다. '저녁이 있는 삶'은 헛된 꿈이 아니다. 사람답게 살아야 한다. 불안하게 사는 건 사는 게 아니다. 주체적으로 그리고 연대해서 사는 삶이 사회적 삶이다. '노동자여 단결하라.'는 구호는 불온한 게 아니다. 마르크스의 말이라고 밀어낼 게 아니다. 기업이 보유한 유동성 자금이 700조가 넘는다고 한다. 그 돈은 미래가치에 투자해야 한다. 고용은 미래가치가 만들어낸다. 그런데 미래가치에 대한 성찰도 판단도 없다. 그러니 미래는 없다. 일방적 강요만 윽박지를 게 아니다. 모두 머리 맞대고 미래가치를 이끌어내야 한다.

노동은 신성하다. 그러나 그 말이 단순한 포장이면 거짓이다. 노동은 단순히 임금을 받기 위해 제공하는 품이 아니다. 노동을 통해 내 삶을 실현하고 자아를 완성한다. 그러므로 노동의 권한과 법의 보호는 필수적이다. 법이 약자를 외면하는 사회는 망한다. 아래가 꺼지면 결국 위도 무너진다. 그런 연대감을 가져야 한다. 중산층을 만드는 것이 노동자의 몫이다. 노동자가 살아나야 중산층이 커진다. 그래야 사회가 건강해진다. 당당하게 노동에 관한 권리와 법률을 가르치고 감시하도록 교육하자. 학생들에게 그것을 가르치면서 어른들도 새삼 다시 배우는 기회로 삼아야 할 것이다.

교육권리헌장을 제정하고 학생권리수첩을 지급하라

교육은 보수적이다. 아직 판단력과 가치관 그리고 세계관을 온전히 습득하지 않고 있는 어린 학생들에게 시류에 흔들리거나 급진적인 교육은 얻는 것보다 잃는 것이 많기 때문이다. 그래서 흔히 교육의 혁명적 변화에 반대하는 사람들은 교육에서 혁명은 필연적으로 실패할 수밖에 없으며 기초학습이 견고해야 미래의 삶이 튼실해질 수 있다고 주장한다. 타당한 말이다. 그러나 전적으로 옳은 것은 아니다. 한국의 경우 혁명에 가까운 변화를 추구하는 경향이 있어서 다소 걱정된다고 주장하는 말도 경청해야 한다. 대규모 변화를 수반하는 새로운 교육정책을 도입해서 성공적인 효과를 낸 사례는 세계적으로도 매우 드물기 때문이다. 다른 분야와는 달리 새로운 교육정책은 대부분 기대하는 효과를 내지 못하고 실패한다. 그 이유는 선언적 가치와 구호에 그칠 뿐 실질적이고 현장에서 수용하며 수행할 수 있는 내용도 충분히 제공하지 않고 재정적 정책적 지원도 지속적으로 이루어지지 않기 때문이다. 실제 학교현장에서 실현 가능한 방식을 구체적으로 구현해야 한다.

개혁은 무조건 최신의 정책을 시행하는 게 아니다. 문화 자체를 바꿔야 가능하다. 아무리 아이디어가 풍부하고 그럴듯해도 실행하는 것은 매우 복잡하고 저항도 만만치 않다. 그 개혁이 성공하기 위해서는 개인과 사회 모두 그 변화에 따른 철학을 공유하고 구체화할 수 있는 방안에 대해 끊임없이 토론하고 의제를 도출해야 한다. 무엇보다 교육현장에서 모르모트처럼 생체 실험하듯 우왕좌왕하는 것을 막아야 한다. 즉 장기적으로 문제를 수용할 근육을 마련해야 한다.

우리는 교육의 개혁을 논할 때마다 교육의 공학적 방식에 집중한다. 교육의 철학적, 사회적 방식은 상대적으로 뒷전이다. 그러나 가장 중요한 것을 간과하는 한 실패할 수밖에 없으며 설령 어느 정도 교육공학적으로 성공하는 점이 있다 하더라도 무의미해진다. 그럼 그 가장 중요한 것은 무엇인가?

그것은 바로 학생들에게 교육의 권리를 충분히 가르치고 행사할 수 있도록 가르치는 것이다. 어리고 미숙하다고 무시하면서 교육한다는 건 위험한 일이다. 지금까지는 속도와 효율의 사회에 맞춰 교육했고 그 대가를 각자가 누렸기 때문에 가능했던 일이다. 이제는 미래를 살아가기 위한, 주체적이고 적극적인 삶을 가르쳐야 한다. 국민교육헌장 같은 반교육적인 헌장이 아니라 제대로 된 교육권리장전이나 규정집을 만들어 보급하고 적극적으로 가르쳐야 한다. 이것은 교육공학의 문제가 아니라 교육철학의 문제고 사회 전체가 고민해야 할 의제다. 따라서 이 문제는 교육에서의 혁명은 실패하기 쉽다는 우려와는 거리가 먼 문제다. 혁신적 교육정책이 대부분 실패하는 이유는 의지만 있지 역량과 여건을 갖추는 일을 소홀히 했기 때문이라는 주장에는 분명 귀 기울일 필요가 있지만 이 문제는 학교문화가 변하고 개인과 사회가 동시에 변하는 방식이기 때문에 성공할 수 있고 성공해야 하는 시대적 당위를 갖는다.

과연 우리에게 적절한 교육권리장전이 있는가? 21세기를 살아가면서, 그리고 그토록 교육에 목을 매달면서 정작 제대로 된 교육권리장전이 없다면 뭔가 크게 잘못된 것이다. 그런데 유감스럽게도 이 문제를 제기하면 펄펄 뛰거나 심지어 종북좌파로 모는 이들이 있다. 교육주체나 이해당사자들이 모두 동의할 수 있는 교육권리장전을 지금이라도 제대로 마련해야 한다. 그래야 학생들이 정의롭고 공정한 교육을 받고 인격자 자아를 실현할 수 있는 기초를 마련하며 그래야 건강한 사회가 형성될 수 있다. 낡은 틀을 깨뜨려야 한다.

2016년 충청북도교육청은 '교육공동체헌장'을 제정했다. 그러나 보수 단체들은 학교현장의 혼란을 초래할 뿐이라며 격렬하게 반발했다. 상호 존중하고 배려하는 학교문화를 조성한다는 취지의 이 헌장이 그토록 반교육적이거나 혼란을 초래하는 것일까? 기성세대가 살아온 방식에 비춰보면 그렇게 생각할 여지가 없는 것은 아니다. 그러나 지금까지 우리가 받았던 교육방식과 철학에 익숙해서 거기에 갇힌 판단을 하고 있는 건 아닌지 스스로 되물어야 할 것이다.

충북교육청이 내건 헌장의 핵심은 학생, 학부모, 교직원 간 권리와 책임을 밝혀 서로 존중하고 배려하는 학교문화를 만들어가자는 것이다. 그것은 인성교육의 출발점이자 민주시민 교육의 초석이다. 반대만 할 게 아니라 어떻게 그런 초석 하나 제대로 갖추지 않고 지금까지 교육했는지를 먼저 물었어야 하는 문제다. 이 헌장을 토대로 단위 학교는 교육의 3주체 생활협약문을 만드는 등 호응했다. 학교가 민주적이지 않다면 어떻게 사회가 민주주의를 제대로 실현할 수 있는가. 또한 학생들에게 자신들의 권리를 가르치지 않는다면 어떻게 사회에서 자신의 권리를 주장하고 책임지며 살 수 있겠는가. 무조건 반대만 할 게 아니라 마땅히 관심을 갖고 그것이 실현될 수 있도록 학교, 가정, 사회가 협력해야 한다(그 구체적 내용은 충청북도교육청 홈페이지에서 헌장 내용을 확인해보면 될 것이다).

본디 그 정식 명칭은 '교육공동체 권리헌장'이었다. 11개 항목의 헌장과 32개 조항의 헌장 실천규약으로 구성된 교육적 가치가 담겼다. 그런데 시안이 공개되자 보수단체가 들고 일어났다. 보수단체들은 그 헌장에 학생 미혼모를 수용하고 동성애를 조장하며 교권과 수업권을 침해하는 등의 독소 조항이 담겼다며 반발했다. 그들은 헌장 제정 관련 토론회를 저지했고 충북도의회 새누리당 의원들도 사제 간 대립 등 학교현장의 혼란을 유발할 수 있다며 반대에 가세했다. 물론 이들에 동조한 상당수의 종교단체도 이 헌장에 불편해했다.

놀라운 일이 아닌가. 그 헌장은 교육청이 법원의 판결과 국가인권위원회 결정과 권고, 그리고 교육부의 지침 등을 토대로 만들었다. 그럼에도 불구하고 '보수'를 자처하는 단체들은 격렬하게 반대했고 헌장의 제정에 제동을 걸었다. 기성세대가 교육에서 받지 못한 교육과 권리를 다음 세대에 마련하는 게 그리도 위험하고 혼란을 유발할 수 있으며 교사와 학생의 대립과 반목을 초래하는가? 이러고도 우리가 미래 교육에 대해, 더 나아가 미래가치와 목표에 대해 운운할 수 있는가?

결국 이들의 저항에 도교육청은 헌장의 내용을 대폭 손질하고 축소할 수밖에 없었다. 심지어 책임보다 권리만 지나치게 강조되었다는 지적에 따라 헌장의 명칭에서 '권리'를 빼고 법적 근거와 판례, 참고사항을 담은 부록이 소모적 논쟁을 일으켰다고 보고 부록을 뺐다. '권리'라는 가장 핵심적인 낱말을 약탈당한 헌장이라니! 그런데도 보수를 참칭하는 수구단체들의 반발은 수그러지지 않았다. 이게 21세기 대한민국 교육의 현주소다.

책임을 먼저 요구하고 알량하게 권리를 수여하는 것이 아니라 당당하게 권리를 보장하고 그것을 자각하게 하며 의연하게 책임을 수행하도록 가르치는 게 마땅한 순서고 교육의 본분이다. 학생들은 약자다. 권리는 강자에게 우선하는 게 아니라 약자에게 우선적으로 보장되는 것이다. 그런데 약자에게 의무와 책임만 요구한다면 그건 공정하지 않다. 아무리 어린 학생들이라 해도 그들의 권리를 보장하고 문제가 발생하면 함께 고민하고 토론하며 개선해야 한다. 그게 교육의 본분이고 인간의 권리이며 미래의 인식이다. 낡은 생각부터 버려야 한다.

예전 강제로 교육을 빙자한, 그리고 교육현장을 심장부터 망가뜨린 '국민교육헌장'을 억지로 외게 하고 조회 때마다 읊조리게 한 사람들이 반성은커녕 교육의 본질을 훼손하며 미래가치까지 망가뜨려서는 안 된다. 올바른 교육권리헌장을 제정하고 그 핵심을 학생수첩에 담아 배포해야 한다.

어느 교육감은 "미래의 학교는 자율운영체제가 정착된 학교로 교육청이 갖는 많은 권한을 교사와 학생들이 나눠 가져야 한다."고 밝혔다. 심지어 그는 선거권은 당연히 18세로 낮추고 교육감 선거의 경우 16세까지 낮추는 것에 찬성한다고 밝혔다. 그건 유불리 셈법의 문제가 아니다. 학교 운영 과정에서 학생 참여 기회를 보장해야 한다는 취지에서 나온 말이다. 학생들과 직접적인 관련이 있는 교육감 선거를 16세부터 민주적이고 합리적으로 권한을 행사하면서 성숙한 시민의식과 판단력을 키우면 온갖 의무만 있고 권리는 박탈된 19세 선거권은 분명히 낮출 수 있을 것이니 좌파 교육감이라고 비난만 하지 말고 진지하게 고민해볼 문제다. 학교는 민주주의를 배우고 익히고 실천하는 못자리라는 점을 기억해야 한다. 그리고 그런 못자리에서 자란 벼가 미래가치인 창의성과 집단지성의 힘을 발휘할 수 있다는 점을 명심해야 한다.

그런데도 아직도 이런 주장과 제안에 대해 종북좌파라며 무조건 비판하는 건 진영을 떠나 시대착오적이며 미래를 망가뜨리는 바보짓이다. 우리 청소년들을 믿자. 그리고 미덥지 못하면 제대로 가르치자. 그게 어른들의 몫이다. 무조건 억누르거나 무시하지 말고 그들의 잠재력을 믿고 그들의 권리부터 가르쳐야 하지 않겠는가.

교육 생태계를 바꿀 제언

1) '거꾸로 교실' 혹은 '거꾸로 학습

교육이 백년대계라고 말하지만 정작 현실은 백년하청이다. 그리고 그 중심에는 견고한 입시제도가 있다. 아무리 이러저리 뜯고 고쳐도 그 문제가 해소되지 않는 한 늘 새로운 혼란에 직면하고 뜻밖의 암초에 휘청댄다.

우선 교육 생태를 바꿔야 한다. 예전에 비해 지금 학생들이 학습해야 할 지식과 정보는 훨씬 많다. 계속해서 쏟아지는 새로운 지식과 정보를 습득하지 않으면 도태되기 때문이다. 그러나 시간은 한정되고 진도는 나가야 한다. 교육문제를 다룰 때마다 빠지지 않는 사교육의 문제도 그 중요한 이유 가운데 하나는 도대체 그 진도를 따라가기 버겁기 때문이며 한번 낙오되면 회복할 수 있는 기회가 없기 때문이다. 물론 선행학습과 반복학습을 통해 입시에서 보다 좋은 점수를 얻기 위한 경쟁 때문이기도 하지만 특히 초등교육과정에서 발생하는 조기 사교육은 단순히 입시만을 위해서는 아니다.

사람마다 인지·이해능력과 속도가 다르다. 어떤 사람은 조기에 나타나고 어떤 사람은 늦되게 트인다. 그런데 우리의 교육은 일률적 속도로 일정한 내용을 학습하기 때문에 부모의 입장에서는 아이들이 그 속도를 따라가지 못하면 도태될 수 있다는 두려움을 갖게 될 것이고 아이의 입장에서는 한번 낙오되면 학습 자체에 대한 흥미를 잃기 쉽기 때문에 공부가 지겹고 두려워지게 된다. 예전에 비해 늘어난 학습 내용과 전달은 불가피하게 그 이해의 기준점을 상향할 수밖에 없다. 예를 들어 예전에는 중간의 학생들을 기준으로 삼았다면 요즘은 상위 20~30%의 학생들을 기준으로 삼을 수밖에 없다. 학교의 교사들이 그게 학생들에게 버거울 것이라는 것을 알더라도 주어진 진도의 할당을 위해서는 어쩔 수 없을 것이며, 실제로 대부분의 학부모들이 사교육을 통해 그것을 충당하는 현실을 고려하기 때문에 하나의 관행이 되고 있는 게 현실이다.

이러한 문제에 대한 대안으로 최근 떠오르는 게 바로 '거꾸로 학습 (flipped learning)'이다. 우리나라에서 이 학습에 관한 관심을 본격화한 것은 한 TV 프로그램이 계기가 되었다. 2013년 말 〈21세기 교육혁명— 미래 교실을 찾아서〉라는 한국방송공사(KBS)의 다큐멘터리 파노라마팀의 프로그램이었다. 실제로 이 프로그램을 기획했던 정찬필 피디는 이 교육 프로그램에 대한 확신을 갖고 아예 방송을 떠나 이 방법에 고

무된 교사들이 자발적으로 모여 결성한 '미래교실네트워크'라는 교사모임의 사무총장으로, 새로운 교육 패러다임의 전파와 확산에 뛰어들었다. 그런 노력 덕분에 현재 상당수의 교사들이 다양한 연수과정 등을 통해 연구하고 함께 지속적으로 연합하고 있다.

그러면 '거꾸로 학습'이란 무엇인가. 크게 두 가지 면에서 접근한다. 일차적으로 '거꾸로 학습' 혹은 '거꾸로 교실'은 "표준적인 지식이 존재하고 그것을 표준화된 방법에 의해서 학생들에게 일률적으로 전달할 수 있다고 생각하는 낡은 패러다임을 전복하는 것으로, '수업을 한 번 놓치면 따라가지 못하는 전통적 강의식 수업보다 비교 우위에 있다'는 것이다."(이혁규, 『한국의 교육생태계』) 학생들의 인지·이해능력은 다양하다. 그런데 전통적인 학교교육은 '표준적' 기준을 두고 시행된다. 따라서 불가피하게 이러한 방식에서는 도태되는 많은 피교육자를 양산할 수밖에 없다는 기본 인식에서 출발한다. 또 다른 측면은 오늘날 요구되는 학습의 핵심은 과거와는 완전히 다르다는 점이다. 이제는 지식의 획득 그 자체는 별 의미가 없다. 지식 자체가 중요한 게 아니라 그러한 지식을 토대로 다양한 질문과 토론을 통해 사고의 영역을 확장하고 집단지성화하는 성과를 추구해야 한다는 사실이다. 이 점은 매우 중요하다.

'거꾸로 교실'이 각광을 받게 된 중요한 계기는 살만 칸(Salman A. Khan)이 수학 공부에 좌절감을 느낀 사촌동생을 돕는 과정이었다. 서로 멀리 떨어진 사촌형제가 수학 문제를 함께 고민하다가 가르칠 내용을 녹화하여 유튜브에 올린 데서 시작되었는데 흥미로운 점은 동생이 직접 대면하여 배우는 것보다 유튜브에서 배우는 것을 더 좋아한다는 사실이었다. 그건 이미 동생이 새로운 공간 즉 유튜브에 익숙하고 거기에서 만나는 칸을 좋아하였다는 점에 기인하는데 그것은 환경의 변화에 대한 새로운 시각을 제공했다. 놀랍게도 여러 사람들이 유투브를 통해 칸의 수업을 시청했고 좋은 결과를 얻었다는 감사 인사를 올렸다. 그리고 이 내용이 학교에서 교사들이 사용하는 것을 알게 되었고 그 과정은 집에서 유투브를 보게 하고 학교에서는 그 내용을 토대로 응용하는 학습방식을 택하는 것이었다. 이게 그 본격적 시작이었고 많은 관심을 받게 되면서 다양한 방법들이 추가되고 발전한 것이다.

이 점은 학교 내에서도 역으로 발전시켜 전통적인 강의식 수업이 갖는 어려움, 즉 설명의 내용은 많고 학생들을 개별적으로 도와줄 여유가 없기 때문에 학생들이 수업을 어렵고 지겹게 생각한다는 점에 착안하여 강의와 과제의 순서를 바꾼 것이다. 즉 교사가 강의 내용을 미리 동영상으로 찍어 학생들이 집에서 보게 하고 학교 교실에서는 다양한 활동을 할 수 있게 함으로써 그 맹점들을 일거에 해소할 수 있었다.

이혁규 교수는 『한국의 교육생태계』에서 '거꾸로 교실'이 한국 교실을 바꾸는 가장 강력하고 현실적이며 혁신적인 시도 중 하나라고 확신한다. 그는 이렇게 말한다. "거꾸로 교실, 나아가서 거꾸로 배움은 특별한 마법이 아니라 '학생들과 면 대 면으로 마주하는 시간을 가장 잘 보낼 방법은 무엇인가'를 평생에 걸쳐 고민해야 하는 교사들이 익혀야 하는 즐거운 마술이 아닐까?"라고 말한다. 정찬필 전 피디의 강연(〈세바시〉에 그의 특강이 있다)을 들어봐도 확실히 우리에게 좋은 교육적 대안이라는 확신이 든다. 그런데 나는 여기서 한 걸음 더 나아가면 사회적으로 혁신적 대안으로 발전할 수 있지 않을까 하는 생각이 든다.

2) 공교육과 사교육의 협치 모델

대한민국 교육시스템에서 생존하는 데에는 엄청난 노력과 비용이 필요하다. 얼핏 보면 그 원인은 대학입시제도 때문으로 보인다. 누구나 그걸 탓한다. 그러나 솔직히 이제는 대부분의 학부모들이 반드시 좋은 대학을 진학하는 것이 능사가 아니라는 것을 인정하기 시작했다. 전체 학생 가운데 좋은 대학을 나와서 좋은 직장을 얻을 확률은 대략 2% 쯤에 불과할 뿐 아니라 그 직장이라는 것도 그저 10년쯤만 보장되는 현실을 목격하였기 때문일 것이다. 그러나 부모의 입장에서 자녀의 학습에 소홀할 수도 없고 그렇다고 다른 대안도 없으니 뒤떨어지지 않기 위해서는 어쩔 수 없이 학원 등에 보낼 수밖에 없다. 그래서 인식이 바뀌었어도 사교육에 대한 투자는 줄이기 어렵다.

학생들이 학습의 진도를 따라가지 못하고 그래서 학습에 흥미를 잃게 되는 건 크게 두 가지 이유 때문일 것이다. 하나는 앞서 말한 것처럼 진도가 너무 빠르고 학습해야 할 분량은 많아서 부하가 많이 걸리고 한번 낙오되면 회복하기 어렵기 때문이다. 그런데 이해라는 문제의 핵심은 언어의 부족과 밀접하게 관련돼 있다. 우리의 일상 언어의 대부분은 순우리말인데 감각언어는 풍부한 반면 개념이나 관념어는 한자말을 뿌리로 두고 있기 때문에 거기에 익숙해지지 않으면 이해하는 데에 어려움을 겪는다. 결국 개념을 이해하지 못하면 학습과정 전체가 어려울 수밖에 없는 구조다. 또 다른 하나의 이유는 단원의 습득이라는 게 이해와 암기 그리고 반복학습을 통한 능력의 향상 위주이기 때문에 질문하는 능력이 쇠퇴하고 학습에 능동적으로 참여할 수 없으며 학습 내용을 다양한 방식으로 접근하고 확장하는 즐거움이 원천적으로 불가능하기 때문일 것이다.

사람마다 인지·이해의 능력과 속도가 다르다. 어떤 사람은 하나의 단원을 이해하는 데에 30분이면 족하지만 어떤 사람은 적어도 2시간을 투자해야 가능하다. 따라서 그러한 속도를 감안하여 교육해야 한다. 특히 초등교육의 경우는 더더욱 그렇다. 그렇다고 교실에서 각 개인의 그것들을 감안하여 개별적으로 습득하게 하는 건 현실적으로 어렵다. 그런 점에서 '거꾸로 교실' 혹은 '거꾸로 학습'은 매력적이다. 그리고 무엇보다 이런 방식이 의미와 가치가 있는 것은 미래의 지식생태계는 '집단지성'으로 진화하지 않으면 도태된다는 점에서다. 이전에는 개인이 학습하여 소유함으로써 그 대가를 지불받고 더 나아가 탁월한 능력을 발휘하면 그로 인해 많은 부가가치가 향상되는 구조였다. 교육도 그런 방식을 따랐다. 교육이란 시대와 사회가 요구하는 노동력을 제공하는 방식을 따르기 때문이다. 수월성 교육 운운하는 것도 그런 때문이었다.

하지만 '알파고 대국'이 보여준 것처럼 이미 그런 식의 기능적 지식 혹은 개인적 지성은 그 기능이 크게 위축되고 있다. '거꾸로 교실' 혹은 '거꾸로 학습'은 그런 점에서 각 개인이 자신의 능력에 따라 미리 학습함으로써 교과 내용에서 도태되는 것을 막을 수 있을 뿐 아니라 (그리고 점차 이해능력이 증강하게 되면 이해속도가 빨라져서 소요 시간을 줄일 수 있다. 그런 기회를 주는 것은 필수적이다) 학교에서는 그 지식들을 토대로 문제를 풀면서 문제점을 인식하거나 주제를 함께 다루면서 토론과 응용의 과정을 경험하게 하고, 그럼으로써 단순히 이해하는 것에 그치지 않고 자신의 지식을 확장하고 다른 사람들의 방식을 이해하고 교환함으로써 다양한 인식 영역으로 진화할 수 있다. 그것은 가장 기초적인 집단지성의 과정이다.

지금 학교교육은 입시제도의 노예가 되어 배운 지식조차 살아가면서 써먹지 못하고 폐기하는 현실을 되풀이하고 있다. 그러나 21세기 학교에서 배우는 지식은 단순히 입시를 위해서가 아니라 평생을 살아가면서 활용할 수 있는 방식에 대처할 수 있어야 한다. 따라서 문제의 답을 '찍는 능력'이 중요한 게 아니라 각 과목과 단락의 중요한 개념과 용어를 충분하게 이해해서 그것들을 끊임없이 사고하고 응용할 수 있는 기초를 마련해야 한다. 그런 점에서 '거꾸로 교실' 혹은 '거꾸로 학습'은 무엇보다 그러한 목적에 충실할 수 있다는 점에서도 매력적이다.

자, 그렇다면 어느 정도 이러한 방식에 대한 논점도 잡혔고 공감도 확보했다 할 수 있을 것이다. 그런데 현실적으로 교사들이 교과 내용을 전부 녹화하여 유튜브 같은 매체 등에 올려서 학생들에게 전달하는 것은 쉽지 않다. 가뜩이나 온갖 업무에 시달려 정작 수업에 쏟을 시간과 에너지조차 온전하게 확보하지 못하는 현실에서 교사들에게 그러한 과제까지 부과하는 건 어렵다. 그러면 도대체 어떻게 이 문제를 해결할 수 있을 것인가?

바로 학원을 이용하는 방법이다. 공교육의 반대 개념이 사교육인데 그것이 가능할까? 대형학원이나 특정한 지역의 학원들을 제외하고는 앞으로 갈수록 학원 사업도 어려울 전망이다. 학령인구도 줄고 학부모들이 지금 같은 무한경쟁체제의 무모한 입시에 올인하지 않을 확률이 커지기 때문에 그럴 수밖에 없다. 그렇다고 무작정 학원의 퇴출이나 도태를 추구할 수도 없다. 그리고 수많은 고급인력들이 일자리를 얻고 있다는 면에서 고용의 문제도 고려해야 한다. 게다가 교사가 인터넷 등을 통해 학습 내용을 녹화해서 올리는 것도 현실적으로 버거운 상태에서 집에서 학부모가 자녀의 교육을 돕는다는 것도 어렵다. 그래서 학원을 이용하는 방법이 어쩌면 가장 현실적인 대안이 될지도 모른다.

이 교육방식에서 우리가 착각하면 안 되는 것이, 결코 지금과 같은, 남들보다 한 걸음 더 앞에서 달려야 한다는 강박이 빚어낸 '선행학습'이 아니라는 것이다. 나는 교육당국(일단 교육부 차원에서는 힘들 것이니 각 교육지원청을 중심으로)들이 그 지역의 학원들 가운데 뜻을 함께하는 곳들과 연합하여 각 개인에 맞는 진도 학습을 돕도록 하는 방안을 모색하기를 제안한다.

각 학원이 다양한 과목과 단계로 분류 분담하여 강의를 개설하면 학생들이 필요한 과목과 그 진도와 난이도에 따라 학원 교사와 함께 학습할 수 있을 것이다. 그러면 한 학원에만 드나들지 않고 자신의 학습 진도와 내용에 따라 여러 학원을 옮기며 학습할 수 있다. 학원들과 학교가 시간표와 진도에 대한 로드맵을 공유하면 그러한 목적을 더 효율적으로 수행할 수 있을 것이다. 학교와 학원이 서로의 존재를 인정하면서도 상호 무시하는 지금까지의 일반적 태도에서 벗어나 서로의 존재에 대해 고마워하고 보완하는 방식 자체가 획기적인 협치의 방식이다. 상상도 하지 않았던 일이 현실로 나타나는 것을 보는 것 자체가 놀라운 교육혁명이고 미래에 대한 희망의 등불이기도 할 것이다.

지자체도 적극적으로 참여할 수 있다. 그것은 단순히 입시를 위한 것이 아니라 교육혁명을 위한 것이고 미래가치를 도모하는 것이며 궁극적으로 시민의 삶을 제고하는 것이기 때문에 지자체에서도 마땅히 적극적으로 협력할 수 있다고 본다. 이렇게 교육당국과 지자체가 그 비용의 1/3씩 부담하여 지원하고 학습자 가정이 1/3을 부담하면 충분히 가능할 수 있다. 그렇게 해서 교육당국과 지자체가 여러 지원 학원들과 협의하여 운영하면 기존 사교육시장의 구조를 획기적으로 바꿀 수 있을 뿐 아니라 미래 동력인 학생들의 학습능력이 증강하고 더 나아가 집단지성으로 진화함으로써 미래가치 창출의 든든한 바탕이 마련될 수 있을 것이다. 그것을 위해서는 일단 시민들이 참여하는 공청회도 열고 샘플링도 하며 다양한 논의를 통해 보다 나은 합의를 도출하고 이해와 지지를 도출해야 할 것이다.

나는 이것이 비현실적이거나 지나치게 이상적이거나 황당하다고 여기지 않는다. 예전이라면 모를까 지금 우리가 직면한 교육의 문제에서 이만한 혁명적 전환이 또 있을 것 같지는 않다. 무엇보다 미래가치를 위해 지역공동체 전체가 협의와 공감으로 이 문제를 해결한다면 그 외에도 새로운 패러다임과 의제 창출에 성공할 수 있는 중요한 계기가 될 것이라고 믿는다. 그러니 이 문제에 공감하거나 비전을 확신한다면 지자체 한 곳에서라도 적극적으로 나서서 시도해보기를 간절히 바란다. 그리고 그게 성공해서 점차 확산될 수 있다면 그보다 좋은 일은 없을 것이다.

누구나 소수자가 될 수 있다

한 교실에서 어디로 수학여행을 가고 싶은지 토론하고 있다고 상상해보자. 40명 가운데 15명은 제주도를, 10명은 설악산을, 8명은 해외 여행지를, 그리고 나머지 7명은 서로 마음에 맞는 친구들끼리 조를 짜서 각 주제별로 여행지를 선정해서 떠나는 것을 제안했다. 과연 이들은 최종적으로 어디로 어떻게 가는 것을 선택할까? 조를 짜서 각자 떠나는 것을 제외하고는 어떤 선택도 만족스럽지 못할 것이다. 하지만 개별 여행은 학교 수학여행의 취지에 맞지 않는다는 반론에 따라 그 제안은 취소되었다. 그러니까 거기에 찬성했던 7명의 학생이 어떤 선택을 할 것인가가 열쇠가 되는 셈이다.

만약 6명 이상이 제주도를 선택하면 그 안이 과반수를 넘게 된다. 하지만 이 학생들이 각각 3, 3, 2명으로 나뉘었다 치자. 어떤 안도 과반을 넘기지 못한다. 그럼 다수를 차지하는 두 안을 놓고 다시 경합을 벌이게 할까? 대부분은 그렇게 할 것이다. 두 안만 남게 되어 다시 투표를 하게 된다면 분명 과반은 나올 확률이 높다. 하지만 과연 과반을 넘기면 그것이 최선이 될까?

우리가 집단에서 어떤 의사결정을 할 때 가장 일반적으로 선택하는 방법이 바로 다수결원리(the principle of majority)이다. 시민 주권의 원리, 자치의 원리, 권력 분립의 원리와 함께 민주주의의 가장 대표적이고 기본적인 원리로 여겨진다. 그러나 이때 반드시 생각해봐야 할 문제가 있다. 다수결원리가 유일한 또는 유력한 대안일 경우 그것을 피할 수는 없지만 구성원들은 자유의사를 완전하게 토론할 수 있어야 하며 모든 정보는 공개되어야 한다. 또한 모든 개인의 의견은 평등하다는 전제가 확고해야 한다. 모든 개인은 동등한 인격과 가치를 지니고 있기 때문에 모든 개인의 의견은 여전히 동등한 권리를 갖는다는 사실을 인식해야 한다. 구성원의 자율성은 자유의사에 따른 토론과 결정의 참여를 보장한다. 만약 정보가 차단되거나 왜곡되고 강압과 차별을 용인한다면 그것은 무효다. 선거에서 정보의 조작이나 왜곡, 다수의 판단에 따르는 것이 합리적일 수 있기 위해서는 반드시 이 점이 고려되어야 한다.

다수결원리에는 물론 패자가 승복하는 원칙이 필요하다. 그 의연함이 민주주의를 가능하게 한다. 그러나 다수자가 소수자를 설득하는 노력까지 무시되는 것은 폭력이다. 그렇게 되면 다수결원칙은 다수의 횡포로 전락할 우려가 있다. 따라서 보다 많은 사람이 승복할 수 있는 합리적 절차가 필요하다. 무엇보다 다수결의 원칙이 양심의 억압을 정당화하는 것은 반드시 피해야 한다. 다수결에 따르지 않는 유일한 것은 인간의 양심이다. 간디는 "양심에서 다수결의 원칙은 설 자리가 없다."고 갈파했다. 다수결의 원칙은 각 의견의 상대성을 전제로 한다는 점을 기억해야 한다. 어떤 가치에 대한 한 개인 혹은 다수를 차지하는 집단의 판단이 절대적으로 옳을 수는 없다. 다수결은 모든 사람들의 의견을 존중하여야 한다는 상대주의에 입각하고 있다는 점은 명심할 일이다.

다수결의 원칙에 의한 선택과 결정에서 궁극적으로 고려해야 할 점은 결정 이후 그 결정에서 배제된, 혹은 그 결정을 선택하지 않은 소수에 대해 지속적으로 자신들의 결정을 강요할 것이 아니라 그 결정의 합리성을 지속적으로 설득하고 그들을 자신의 선택으로 수렴시켜 보다 합리적 방식을 모색해야 한다는 점이다. 다수결에 따른 선택 이후 소수 의견을 존중하고 소수와 동등한 입장에서 대화와 타협의 과정을 거치는 것이 바람직하다.

다수결의 원리에 따라 선택된 결정이 모든 것을 장악하고 다른 선택의 내용이나 지지자를 무시하는 것은 어리석은 짓이다. 그럼에도 불구하고 대부분 다수결에 따른 선택 이후에 그런 유혹에 빠진다. 예를 들어 51%의 득표로 집권한 세력이 모든 권력을 독점하며 자신들의 선택과 결정이 대중의 지지 속에서 이루어진 것이니 당연한 것이라 여기면서 49%의 지지자를 무시하거나 억압하며 자신들의 결정만을 강요하는 경우다. 그 순간 다수의 횡포가 발생한다. 그것은 올바른 소수를 배제하고 다수의 결정은 언제나 옳다고 단정한다. 그들에게 반대의 의견이나 비판은 합리성에 대한 의심으로 여겨질 뿐이고 무조건적인 반대 혹은 반대를 위한 반대로만 느껴진다. 다수가 소수의 의견을 존중하고, 다수의 의견에 반대하는 소수의 주장이 자유로이 표명될 수 없다면 차라리 다수결의 원칙을 포기하는 것이 낫다.

민주주의의 역사가 짧은 곳에서는 다수결원칙의 가치가 왜곡되는 경우가 많다. 또한 단일민족국가 이데올로기가 강한 곳에서는 더더욱 그러하다. 한국 사회의 경우 이 두 가지 모두에 해당된다고 할 수 있다. 반공지상주의가 그렇고 배달민족이니 백의민족이니 하는 이념이 그렇다. 그래서 21세기가 되었음에도 불구하고 새로운 매카시즘이 난무한다. 단일민족에 대한 왜곡된 환상은 획일적 수용을 강요하기 쉽다.

법철학자 로널드 드워킨(Ronald Myles Dworkin)은 진정한 민주주의가 실현되기 위해서는 무엇을 해야 하는지에 대한 국민의 합의가 필수적이라고 강조한다. 그러기 위해서는 건강한 토론 문화가 정립되어야 한다. 그리고 그 토론의 과정에서 모든 정보는 공개되고 어떠한 왜곡이나 거짓의 시도도 무산되어야 한다. 그런 과정을 거치지 않은 민주주의는 깊고 쓰린 분열만 일으킬 뿐이다. 현재 한국 사회에서 자행되는 신매카시즘을 경계해야 하는 것은 그것이 시대착오적일 뿐 아니라 진정한 토론과 비판마저 압살하는 다수의 횡포의 극치이기 때문이고 그것은 결국 건강한 민주주의를 살해하는 것이기 때문이다. 과도한 정치적 양극화 상황에서 건전한 공적 토론은 없고 파당적 경쟁만 지배하는 상황은 결코 바람직하지 않다.

그러면 누가 소수자인가? 일반적으로 우리가 소수자라고 부를 때 그것은 단순히 수의 많고 적음에 따라 정의하는 것만은 아니다. 신체상 그리고 문화적 다름 때문에 다른 이들 특히 다수와 구별되고 그것 때문에 차별을 받는 집단적 차별의 대상이 되는 사람들을 우리가 소수집단이라고 부르는 건 바로 그런 이유 때문이다. 소수와 다수의 개념 자체가 상대적이다. 따라서 소수자 집단이 있다는 건 보다 높은 사회적 지위와 힘을 누리는 우세한 무리가 있다는 뜻이기도 하다. 소수자 집단을 단순히 수로만 파악하는 것은 좁은 생각이다. 예를 들어 겨우 몇 백만의 인구를 가진 유럽의 작은 나라 네덜란드가 그보다 몇 십 배 인구를 가진 동남아시아의 인도네시아를 식민통치했을 때 소수자는 네덜란드 사람들이 아니고 인도네시아 사람들이다.

따라서 한자어 그대로 '수가 적은 사람(少數者)'이라고 생각하는 건 그릇된 것이다. '소수'는 단순히 많고 적음의 양의 개념으로만 이해해서는 안 된다. 소수자란 다수가 갖는 지배적인 위치가 아닌 소수가 갖는 약자의 위치에 있는 사람을 말하기 때문이다.

한 사회를 평가하는 중요한 기준 가운데 하나는 그 사회가 소수자와 권익에 대해 어떠한 기준을 마련하고 있는가 하는 점이다. 한 국가 또는 사회 내에서 소수의 집단에 해당되는 사람들은 억압의 대상이 아니라 보호의 대상이어야 한다. 인종, 종교, 언어 등에서 다수와 구별될 뿐 아니라 불편을 겪는 사람들을 차별하고 억압하는 것은 반인간적인 일이다. 그래서 국제인권조약 B규약 27에는 '시민적 및 정치적 권리에 관한 조약'이 포함되고 소수자의 문화, 종교, 언어에 대한 권리를 규정하고 있다.

경제에서의 소수자는 노동자들이다. 자본주의는 자본가와 노동자의 협력에 의해서 이루어지는 경제체제임에도 불구하고 '자본주의'라고 불리는 것은 자본의 힘에 의해 좌우되고 결정되는 방식이기 때문일 것이다. 주식회사에서 권한은 '사람의 수'가 아니라 '주식의 수'에 의해 결정된다. 기업가의 수보다 노동자의 수가 훨씬 많음에도 불구하고 노동자가 소수인 것은 그들에게 의사결정권이나 경영의 참여가 봉쇄되었기 때문이다. 노동자뿐 아니라 농민이나 어민들도 소수자이다. 최근 양산되는 비정규직 노동자들 또한 대표적인 소수자들이다. 자본주의에서 노동자는 기본적으로 다수자인 자본가와 대비되어 소수자이며 노동운동은 그러한 소수자운동에서 시작되었다지만, 노동자 조직이 제도적으로 안정된 위치에 도달하게 되면 이미 다수자가 되어버린 노동자와 노동운동은 비정규직 노동자, 여성 노동자, 외국인 노동자 등 새로운 소수자의 집합을 만들어낸다. 기업에서 노동조합을 만들고 농어민을 위해 농협과 수협 등이 만들어지는 건 소수자들의 권리를 법적으로 보장하고 신장하기 위해 노력한 결과이다. 하지만 여전히 소수자를 위한 제도나 정책은 미흡하다.

누구나 소수자가 될 수 있다. 소수자는 그 사회의 정치·경제·사회·문화적 상황에 따라 달라질 수 있다. 누가 지배적인 힘을 가지냐에 따라 사회적 약자, 즉 소수자가 된다. 소수자가 사회에서 겪는 불편과 차별을 걷어내는 것은 언제든 나도 소수자가 될 수 있다는 연대에서 가능해진다. '여성할당제'나 '장애인 고용할당제' 등은 바로 그러한 점을 법적으로 보장해서 차별과 억압을 최소화시키기 위한 사회적 합의에 의해 만들어진 것이다.

물론 소수자가 자신들의 이익을 극대화하기 위해 극단적인 방법을 선택함으로써 사회적 비용을 과다하게 만드는 경우도 없지 않다. 노조의 지나친 요구와 대결도 그런 경우에 해당될 수 있다. 그러나 그런 경우에도 그들이 받았던 차별과 억압, 그리고 불이익의 역사성을 고려하면서 어느 정도 관용적일 필요도 있다.

다수가 늘 옳고 정당하다는 생각 자체를 버려야 한다. 현대는 이미 다원화된 사회이다. 다원적 사회체계 하에서 지배세력 혹은 다수자는 소수 집단의 존재를 허용한다. 또한 그 소수자 집단의 사회적 역할에 대해 개방적인 열린사회가 만들어져야 한다.

소수자에 대한 관심과 배려가 제거되면 언제든 파시즘적 파괴로 이어질 수 있다는 점을 명심해야 한다. 흔히 '국가와 국민을 위해' 운운하는 국가주의는 애국심을 빙자한 파시즘적 태도를 감출 소지가 다분하다. 소수자에 대한 관심과 배려 그리고 관용을 통한 공존은 21세기 다원화사회에서 필수적인 것이 되었다. 미래는 소수자의 입장에서 세상을 읽어낼 수 있는 능력이 경쟁력을 갖게 될 것이다.

"우리의 시대는 소수자의 시대가 되고 있다."

프랑스의 현대철학자 들뢰즈(Gilles Deleuze)의 말은 많은 의미를 담고 있다. 다수가 소수를 존중하고 소수가 다수를 수긍할 수 있을 때 비로소 '자유로운 개인'이라는 가치는 실현될 수 있을 것이다. 그것은 다원성의 가치를 실현할 수 있는 토대이기도 하다. 미래는 다양성과 다원성이 끊임없이 교환하고 소통하면서 새로운 가치를 만들어내는 사회여야 한다. 그런 가치를 견고하게 가르칠 수 있어야 사회가 건강해질 수 있다.

교육은 학교만의 문제가 아니다

우리는 흔히 교육이라고 하면 대뜸 학교부터 떠올린다. 교육을 전담하는 곳이 학교니 자연스러운 일이다. 그러나 내가 이 장에서 말하려고 하는 것은 기업의 교육이다. 대한민국에서 가장 많은 교육을 하는 곳은 엉뚱하게도 기업일 것이다. 기업은 끊임없이 교육한다. 인력에 대한 투자를 많이 하는 건 좋은 일이다. 하드웨어나 소프트웨어보다 휴먼웨어에 대해 더 많은 투자를 할 때 그 조직의 생산성이 높아지기 때문이다. 대기업치고 연수원이나 인력개발원 없는 곳 없다. 건물도 잘 지었다. 정부와 대부분의 지자체들도 인력개발원이나 인재개발원 운영한다. 엄청난 돈 들인 건물들이다. 건축상 받은 것들도 있다. 멋지다. 그러나 과연 그 건물에 걸맞은 교육이 실제로 이루어지고 있는지는 더 두고 볼 일이다.

놀라운 건 건물도 훌륭하고 프로그램도 충실하며 지불하는 비용도 만만치 않지만 정작 그것을 운용하는 '교육 인력'에 대한 이해는 여전히 낡거나 저효율적이라는 점이다. 교육 프로그램을 운영하는 당사자들에게는 미안한 말이지만 수많은 연수원이나 인재개발원에서 강의해 본 경험에 비춰, 적어도 내가 보기에는 그렇다. 왜 효율이 낮다고 말하느냐 하면 진짜 투자해야 할 곳에는 투자하지 않기 때문에 그렇다.

대개의 조직에서 교육을 담당하는 부서는 그리 파워(?)가 센 곳이 아니거나, 세지 않다고 여기는 경우가 많다. 한직은 아니지만 그렇다고 핵심부서도 아니라고 여기는 듯하다. 그렇지 않고서야 정작 교육 담당부서를 운영하는 인력에 대해서는 그토록 무관심할 수 있는가. 그러니 담당자는 잠깐 배치되는 곳쯤으로만 여긴다. 수백억 때로는 그 이상들인 건물과 그에 버금가는 비용을 치르는 프로그램을 운영하면서 교육 담당자에 대한 투자는 하지 않는다는 건 정말 어리석고 한심한 일이다. 심지어 한 해에 주무담당자가 3번 바뀌는 곳도 경험했다. 아무리 좋은 아이디어를 말해줘도 그 사람이 금세 다른 부서로 이동하고 다시 새로운 담당자가 배치되면 헛일이다. 그 사람에게 다시 말해줘도 또 금세 바뀐다. 그러면 아무리 좋은 아이디어가 있어도 다음에는 말해줄 마음이 사라진다. 교육 담당자가 최고의 전문가가 되지 않고서는 아무리 좋은 시설과 프로그램이 있어도 헛일이다. 그 사람은 그저 그 기관이 돌아가게 보조하는 사람이 아니다. 그 사람이 바로 핵심 요원이다. 그래야 한다.

나는 교육부서 담당자가 굳이 날마다 사무실에 있어야 하는 까닭을 모르겠다. 그 사람을 키워야 한다. 부지런히 강연과 강의를 들으러 다녀야 하고 공연과 전시회를 다녀야 한다. 그래야 자기네 조직에서 필요한 콘텐츠를 제공할 수 있는 강사가 누구인지 알 수 있고, 다양한 문화 프로그램을 통해 자신들에게 적절한 잠재적 콘텐츠의 영감을 얻을 수 있다. 그리고 그 과정을 통해 지식과 정보의 흐름이 어떻게 진행되고 있는지 파악할 수 있다. 기업들은 자신들이 가장 첨단의 지식과 정보를 다루기 때문에 최첨단일 거라고 여기는 경향이 있다. 그러나 그건 착각이다. 다양한 연구기관들과 학술단체에서 쏟아지는 현재의 지식과 정보의 흐름을 파악하고 그것을 자기네 인력 개발과 연결할 수 있는 능력이 있어야 한다. 그러려면 일주일에 적어도 이틀은 사무실에 출근하지 않고 '자신의 현장'으로 가야 한다. 그런데 우리는 아직도 사무실에 '붙어 있어야' 일하는 거라고 여긴다. 그러니 이러한 최소한의 투자도 허용하지 않는다.

돈 많은 기업들은 근사한 건물과 시설에서 유명한 강사를 불러다가 직원들에게 제공하면 되는 것이라고 착각한다. 정작 자신들이 리서치하고 판단한 인물들이라기보다 여러 매체를 통해 유명세를 얻은 사람들을 섭외한다. 강사들 입장에서도 전부 그런 건 아니지만 대부분 높은 강연료를 주니 마다하지 않는다. 게다가 좋은 인맥을 형성할 수 있으니 매력적이다. 유명하거나 추천받은 강사들에게 전화해서 강의 의뢰하는 게 교육 담당 부서 요원이 하는 일에서 큰 몫을 차지한다. 물론 이들이 의전(도대체 그게 뭐 그리 중요한지 모르겠지만) 등도 담당하고 전체 프로그램의 운용에 대해 포괄적 이해를 지니고 있지만 결코 전문가 수준은 아니다.

직원들은 '유명한' 사람을 TV 등의 매체를 통해서가 아니라 '직접' 보니 자기가 속한 조직에 대한 신뢰와 자부심을 갖게 될지는 모르겠지만 그게 자신의 일에 대한 영감을 얻을 지식과 정보를 갖게 되는 건지는 모르겠다. 언젠가 한 대기업에 갔더니 담당자가 걱정하며 말했다. "어제는 유명한 체육인이 왔었고 오전에는 예전에 잘나가던 코미디언이 와서 강연했습니다. 하필 딱 그런 시기에 모셔서 죄송합니다." 재미있는 강사가 인기가 있는 모양이다. 아무래도 내가 전하려는 게 딱딱하고 졸릴 거라 생각해서 그렇게 말했을 것이다. 나는 그런 것에는 전혀 개의치 않지만 적어도 이 사람들이 어떤 식으로, 무슨 생각으로 교육 프로그램을 구성하는지 짐작할 수는 있었다.

언젠가 한 대기업에서 대표이사와 중역들이 참석한 아침 모임에서 강연을 한 적이 있는데 강연 말미에 제안했다. "이 프로그램을 담당한 직원이 과장이던데, 대기업 과장이면 낮은 직급은 아닙니다. 그만큼 이 회사가 교육을 중요하게 여기는 것이라 생각합니다. 그런데 정작 이 사람들에 대한 투자가 이뤄지고 있는지는 의문입니다." 그 담당 과장은 뒷자리에서 좌불안석이었다. "이런 프로그램이 정말 생산적이기를 바란다면 바로 그 사람에게 과감하게 투자하십시오. 큰 비용이 드는 것도 아닙니다. 가능한 한 많은 시간을 교육 콘텐츠가 생산 유통되는 곳에 찾아다닐 수 있게 허용하십시오. 자잘한 영수증 따위는 요구하지 마십시오. 물론 회계처리 등 여러 이유로 기업에서 증빙서류가 중요하겠지만 적어도 그 사람에게는 그런 거 따지지 마세요. 외국에 가야 한다면 어디든 보내세요. 그렇게 해도 기껏 많아야 몇 천만 원 미만일 겁니다. 그러나 그 사람이 만들어낼 프로그램과 그 효과는 몇 십억 이상이 될 수 있습니다. 그런 투자를 왜 꺼리십니까? 그러면서 교육을 통해 미래 가치 창출이 가능하다고 생각하십니까?" 내 도발적 질문이 불편하기는 했을 것이다. 그래도 다행히 대표이사가 그러겠노라 약속했다. 그러나 그해 말 그 담당자는 다른 부서로 배치된 것을 알았다. 공염불이다.

책임 담당자를 과장급으로 설정했다고 되는 게 아니다. 그를 전문가로 만들어야 한다. 정작 키워놨더니 독립해서 에이전시를 만들었다고 불평하거나 두려워할 것 없다. 그 사람이 독립해서 전문영역을 만들면 그 첫 번째 혜택은 분명 그 기업이나 조직이다. 그리고 그런 선례가 만들어져야 경쟁적으로 교육 담당 부서에 배치되고 싶어 한다. 적어도 그런 선망의 대상이 되어야 교육이 제대로 될 수 있다. 당사자도 한직으로 배치되었다고 풀 죽거나 빡빡한 업무에서 잠시 해방되어 고상한 업무에 잠깐 배치되었다고 안도하는 그런 조직은 미래가 없다. 적어도 교육 담당자는 최소한 3년 이상 보장해서 전문가의 수준까지 올려놓아야 한다. 그런 축적이 반복되면 그 조직의 교육 내용은 튼실할 수밖에 없으며 다양한 미래가치를 만들어낼 계기를 제공할 수 있다. 직원 교육으로 능력과 가치를 향상시키려면 먼저 그 일을 담당하는 직원을 키워야 한다. 간섭은 최소한으로 줄이고 자유는 최대한 보장하며 지원해야 한다. 그게 가장 '값싼' 투자다.

이러한 인식은 인사(personnel management)의 분야로 확장할 수 있다. 기업이건 관공서건 인사 파트에 배속되면 그리 탐탁하게 받아들이지 않는다. 물론 그 자리에 있을 때는 인사를 좌지우지하는 막강한 권한을 행사하는 느낌이 들기는 하겠지만 그게 전문가의 영역도 아니며 그래서 만약 퇴직하거나 이직하게 되면 딱히 갈 데가 없기 때문일 것이다. 경영이나 회계 혹은 기술 전문가는 어디든 재취업이 가능하고 때로는 더 좋은 조건으로 이직하고 창업할 수도 있지만 인사 전문가는 그런 기회가 별로 주어지지 않는다. 그래서 그 일을 맡고 있을 때는 전문가라고 착각하지만 거기에서 손을 떼면 나 말고 누구라도 할 수 있는 일이었음을 깨닫는다.

내 좁은 소견 탓이겠지만, 나는 우리나라 조직에서 가장 취약한 부분이 교육과 더불어 인사 분야라고 여긴다. 어떤 조직이건 최상의 인력을 수급해서 최상의 능력을 발휘할 수 있도록 해야 보다 좋은 가치를 얻을 수 있다. 그러기 위해서 인사 분야의 전문가는 지원자의 능력과 잠재력을 가장 정확히 파악할 수 있어야 한다. 심지어 지원자 자신조차 모르는 그의 잠재능력과 목표를 날카롭게 인식하고 그것들을 현실화할 수 있는 조직으로 만들어갈 수 있어야 한다. 그러나 대부분의 채용과 인사는 성적, 스펙, 조건 따위를 중심으로 결정된다. 그리고 당장 써먹을 능력만 따진다. 그러나 일본 라쿠텐에 취업한 한 한국 청년의 말에 따르면 그 회사는 지원자의 잠재적 능력을 최우선으로 파악하여 채용하더란다. 그러나 우리는 그런 능력 부족하고 그런 능력 배양에 투자하지 않으니 당장 써먹을 능력만 따진다. 그래서 취업준비생들은 그러한 것들을 완비하기 위해 엄청난 시간과 비용을 치른다. 그러나 정작 그렇게 마련한 능력들이 조직에 들어가서 제대로 극대화되는지, 특히 비용 대비 효과가 정말 탁월한지에 대해서는 관심이 별로 없다.

성적, 스펙, 조건 따위로 채용을 판단하는 것은 가장 하수의 인사 능력이다. 물론 그것들이 일종의 객관적 평가의 구조를 갖고 있기 때문에 수월할 수 있고, 실제로 그런 능력을 갖춘 사람들이 아무래도 좋은 결과를 산출할 가능성이 높은 건 사실이다. 그러나 그러한 능력이라는 게 고작해야 20세기에 통하던 가치들일 뿐이다. 그런 방식에서 벗어나지 못하는 건 그 조직의 인사관리능력이 떨어진다는 걸 스스로 고백하는 것일 뿐이다.

최고의 인사 검증과정을 갖추고 있다고 하는 S그룹은 심지어 인성검사와 잠재력평가까지 철저하게 계량화한 방식을 도입했다. 취업준비생들은 또 거기에 맞춰 학원에서 학습하는 일까지 벌어진다. 그게 뭐 대단한 방식인 듯 착각하는 것 같다. 하지만 그건 인사 담당자들의 능력과 판단력이 아직도 제고되지 않고 편의적 방식에만 매달려 있다는 뜻이다. 그리고 그것은 기업의 철학이 정립되지 않았다는 의미이기도 하다. 자신들의 철학이 정립되어 있어야 지원자의 소신과 능력의 부합 여부를 가리고 따질 수 있다. 그런데 우리 기업들이나 기관들은 그런 철학과 가치를 제대로 설정하지 않는다. 그저 매출과 이익 그리고 외적 평가에만 매달리기 때문이다.

인사 담당자는 고도의 전문가여야 한다. 그러므로 그는 경영철학과 능력, 그리고 인간에 대한 이해와 해석, 미래가치에 대한 정확한 통찰과 조직화 능력을 갖춰야 한다. 그런 능력은 하루아침에 이루어지는 게 아니다. 인사고과마저 계량적 방식을 따르고 단기성과 위주로만 이루어지니 장기적 안목으로 평가하고 배치하는 것이 불가능하다. 그런 조직은 겉은 멀쩡해도 속은 다 문드러지기 쉽다. 객관적인 것에만 매달리는 건 조직 자체의 잠재능력을 떨어뜨리는 짓이다. 적어도 인사 담당자라면 끝없이 소통하고 객관적 틀을 넘어 그 이상의 가치를 실현할 수 있는 시스템에 대해 고민해야 한다. 그러한 체제는 반드시 개방적이고 수평적이어야 한다. 폐쇄적이고 비민주적 조직에는 희망이 없다.

따라서 어느 조직이건 성공하기 위해서는 그러한 인사시스템을 제대로 갖춰야 한다. 거듭 S기업의 사례를 드는 것이 조금 불편할 수 있겠지만, 우리가 최고라고 자타 공인하는 터라 대표적 사례로 드는 것이니 왜곡해서 받아들이지 않기를 바란다. 특별한 분야를 제외하고 그 기업에서 성장하여 독립해서 성공하는 경우가 그다지 많지 않다는 게 세평이다. 나도 몇 해 전 중국에서 강연하면서 그런 생각이 들었다. 거기에서 만난 여러 사람들 중 S기업 주재원 출신 가운데 독립한 기업인 딱 한 사람 봤다. 그것도 아직은 중국에는 생소하되 필요한 기업보험이 그의 상품이기에 가능한 일이라 여겼다. 왜 그럴까? 여러 이유가 있겠지만, 나는 그 기업의 구조에 기인하는 것이 아닌가 생각한다. 그 기업은 최고의 엘리트를 최고의 선발과정을 통해 뽑는다. 그 기업은 최고의 시스템을 가동한다는 평가를 받는다. 그 시스템은 최고의 인력이 투입되어 작동된다. 그리고 그 시스템에 의해 인력이 평가되고 운용된다. 그러니까 최고의 인력이 자신들이 만든 최고의 시스템(진정 그게 최고인지는 모르겠으나)의 지원을 받아 최상의 결과를 산출하는 방식이다. 그러한 방식이 몸에 익은 사람들은 자신이 뛰어난 사람이라고 여기지만 퇴사 후 그런 시스템의 지원이 없으면 그 능력이 발현되지 않는 걸 발견하게 된다. 그런 구조의 문제가 그 기업 출신 독립 기업가가 상대적으로 적을 수밖에 없는 것 아닌가 생각된다.

교육과 인사는 결코 가벼운 게 아니다. 조직 전체의 명암과 운명을 결정하는 열쇠다. 그런데도 우리의 의식 속에는 아직도 그것들을 극대화하는 방안에 대한 사고의 전환이 이루어지지 않고 있다. '예전에 비해' 월등히 나은 교육과 체계적인 인사시스템을 갖추고 있다고 여길지 모르지만 '미래에 대해' 탁월한 방식으로 전환하지 않으면 위험하다는 절박감이 필요하다. 당장 먹기에는 곶감일지 모르지만 여러 해 농사를 짓기 위해서는 토양부터 풍요롭게 바꾸고 투자해야 한다. 그러려면 사람도 많이 뽑고 기르며 그 인재들을 통해 기업의 생산과 이익을 증대할 수 있는 혁명적 사고의 전환이 필요하다. 그 생각으로의 전환이 21세기를 맞는 우리 사회와 조직의 첫 걸음이다. 지금까지의 교육의 낡은 틀부터 깨야 한다.

교육 담당자들 혹은 그런 부서의 과장이나 대리에게 자율성을 온전하게 부여하라. 되풀이 말하거니와 굳이 매일 회사에 얼굴 보여야 한다는 관습적 태도를 버려라. 최소한 이틀은 현장을 돌아다니며 꾸준하게 탐색하고 공부해야 한다. 그 속에서 거대한 트렌드도 읽을 수 있고 미래가치의 가능성도 모색할 수 있다. 적어도 그런 토대 위에서 교육의 콘텐츠를 마련하도록 하기만 해도 교육의 질과 내용이 달라진다. 그들에게 고작 몇 천 몇 백만 원만 투자해도 수십 억 원의 가치를 얻어낼 수 있다. 대한민국의 대기업들, 이제는 그쯤은 할 수 있어야 하지 않는가? 교육은 학교에서만 중요한 게 아니다.

7

문화는 삶의 역동성이고
창조의 바탕이다

문화소비자 주권을 회복하자

'악화가 양화를 구축한다(bad money will drive good money out of
circulation)'는 그레셤의 법칙이 있다. '쫓아낸다'는 뜻의 구축'이라는 말
이 아마 일본식 한자어일 것 같은데 그야말로 낡아빠진 말이다. 16세
기 영국의 금융가였던 토머스 그레셤(Thomas Gresham)이 시장에 좋은
품질의 화폐와 나쁜 품질의 화폐가 동시에 존재하게 되면 품질이 떨어
지는 화폐만 남고 좋은 화폐는 사라진다는 의미로 했던 말이다. 금본
위제도가 시행되던 때의 말이니 이제는 무의미한 말이다. 하지만 화폐
대신 다른 개념을 넣으면 여전히 유효하다. 그래서 통제가 이루어지지
않으면 품질 좋은 상품이 시장에서 사라지고 오히려 품질 낮은 상품만
남게 된다는 의미로 통용된다. 그건 사람으로 적용해도 그대로 유효할
것이다.

　아마도 이 낡은 법칙이 여전히, 아니 갈수록 더 나쁜 의미로 작동되
는 분야를 꼽는다면 문화계일 것이다. 최근 TV를 틀면 크게 3가지로

구성되는 듯하다.

첫째, 이른바 '먹방 쿡방'이다. 앞서 말한 것처럼 오죽하면 하루 종일 먹는 프로그램을 바라보면서 정작 굶고 살고 있다고 할까. 이제는 거의 누구나 인식하고 있지만, 이런 프로그램이 '대세'가 된 건 우리가 실현할 수 있는 욕망이 고작 먹는 것뿐이라는 방증이다. 슬프디슬픈 일인데 무람하게 그런 프로그램을 열심히 소비하고 있다. 이제는 당당하게 거부해야 한다. 오해하지 말기 바란다. 요리 프로그램을 없애자는 뜻이 아니다. 그러나 프로그램 소비를 줄이면 자연스럽게 축소된다. 문화소비자 주권을 회복해야 한다.

둘째, '온갖 노래방' 프로그램들이다. 비슷비슷한 포맷의 '노래방 프로그램'이 난무한다. 물론 우리 일상에서 음악이 주는 역할은 결코 가볍지 않다. 게다가 워낙 노래를 좋아하는 민족이 아닌가. 그러나 그런 프로그램들의 속살을 살피면 먹방 쿡방과 크게 다르지 않다. 우리가 실현할 수 있는 욕망 가운데 노래보다 쉽고(?) 돈 안 드는 것도 찾기 어렵다. 그만큼 우리의 삶이 힘들고 어렵다는 뜻이다. 노래가 좋다지만 그 속살의 의미를 살피면 참 슬픈 일이다. 그러니 그러한 구조를 양산하는 사회적 모순에 대해 생각하는 계기로 삼으면 좋겠다.

셋째, '드라마 왕국'에서 쏟아지는 '막장' 드라마들이다. 모두 혀를 차는 내용들이다. 아침부터 그런 드라마들이 판친다. 그런데도 소비한다. 욕하면서 보니까 그런 드라마들이 살아난다. 작가들은 더 자극적이고 황당한 내용을 다루는 데에 경쟁적일 수밖에 없다. 욕을 하건 말건 소비되기 때문이다. 그러면 광고가 붙으니 방송사도 마다하지 않고 심지어 부추긴다. TV 드라마라는 게 'soap opera'라는 용어의 의미처럼 그저 시간 소비하는 것이지 특별한 의미를 찾을 게 있냐고 하는 이들도 있다. 하지만 그런 소비를 멈추고 더 나아가 그런 프로그램에 광고하는 제품도 불매하는 등의 적극적 대응이 필요하다. 지금 우리에게 필요한 건 문화소비자 주권의 회복이다.

그런 드라마 줄이고 좋은 다큐나 기획물을 기꺼이 찾아서 소비하면 좋을 것이다. 다큐에 종사하는 방송인들은 자부심을 가지면서도 다큐 프로그램을 대표적 '3D 업종'의 하나라고 자조한다. 더 큰 문제는 그렇게 어렵게 만들어도 몇 작품을 제외하고는 시장에서 외면된다. 소비하지 않기 때문이다. 당연히 광고주도 관심을 갖지 않는다. 그래서 좋은 다큐를 만들기 위한 제작비 지원도 옹색하고 심지어 퇴출시켜버린다. 악순환이다. 그러나 좋은 TV의 다큐 하나가 양서에 버금가는 내용과 가치를 갖고 있는 경우가 많다. 적극적으로 소비해서 선순환 구조로 전환시켜야 할 것이다.

사람마다 성향과 가치관이 다르기 때문에 표준화한다는 것은 무리겠지만 전파미디어 소비에서 공정한 보도 프로그램 하나, 완성도 높은 드라마 한두 개, 무리 없는 예능 프로그램 하나, 아이디어 뛰어난 코미디 프로그램 하나, 그리고 좋은 다큐와 기획 프로그램 한두 개쯤 정해서 소비하는 패턴을 만들어보는 것도 일상에서 변화와 혁신을 꾀할 수 있는 방법이 될 것이다. 가족들이 함께 머리 맞대고 고민하고 토론해서 정하는 방식이 최선일 것이다.

드라마 줄이는 방법의 팁 하나를 소개한다면, 드라마 '첫 회'를 의식적으로 피하는 것이다. 대부분의 드라마라는 게 첫 회를 일단 소비하면 계속해서 소비할 수밖에 없는 구조를 지녔다. 따라서 첫 회 방송 때 일부러 외출하거나 다른 일로 건너뛰는 것도 제법 좋은 대안이 될 것이다.

이미 경제학에서 일찌감치 퇴출된 그레셤의 법칙이 문화계에서 여전히 유효하다는 것은 반성할 일이다. 나쁜 프로그램이 좋은 프로그램을 쫓아내고 소비자를 우롱하며 바보로 만드는 데에 순치당할 게 아니라 현명하고 합리적인 소비로 좋은 프로그램들은 살리고 나쁜 프로그램은 쫓아내도록 해야 한다. 문화소비자 주권의 회복은 양질의 제품을 생산하도록 촉발한다는 점에서 중요하다. 더 나아가 그것은 균형 잡힌 인식과 지성 체계를 마련함으로써 사회적 문제에 대한 성찰과 연대의 방식으로 진화하는 데에 중요한 토대를 만들어낼 수 있다는 점에서 보다 적극적으로 대응해야 할 문제라고 생각한다.

출판을 살려야 민주주의와 콘텐츠가 산다

앞서 만화의 예를 들면서 잠깐 설명했지만 책 읽는 일은 만만하지 않다. 의외로 많은 에너지와 공력이 필요하다. 예전에는 책이 거의 유일한 정보지식의 매개였기 때문에 독보적인 지위를 누렸지만 다양한 시청각 미디어가 쏟아지는 현대에 책을 읽는 일은 고루하고 따분하게 여길 수 있다. 그래서 어떤 사람들은 오래지 않아 종이책은 소멸할 것이라고 예측하기도 했다. 그러나 그의 진단과는 달리 종이책은 사라지지 않았다. 그리고 앞으로도 그럴 것이다. 그렇다고 해서 종이책의 융성이 예측되는 건 아니다.

『종이책 읽기를 권함』에서 저자 김무곤 교수는 책은 "등록금과 등하교, 조회와 훈화가 일절 없는 즐거운 학교"라고 정의한다. 그는 책은 충전시키지 않아도 되고, 콘센트에 꽂지 않아도 볼 수 있는 영원한 배터리를 품고 있다고 평가한다. 하지만 그건 컴퓨터와 스마트폰으로 세상과 소통하는 현대인들에게 그리 설득력 있어 보이지는 않는다.

그렇다면 책 읽기의 장점은 무엇인가? 빠르게 돌아가는 세상 속에서 종이책을 읽는 일은 '느린 걸음'이다. 그래서 외면된다. 하지만 그게 매력이다. 무조건 빠르고 간결하며 간편한 게 능사가 아니다. 오히려 지나친 속도의 시대에 호흡을 고르고 완급을 조절할 수 있는 통로가 필요하다. 그런 점에서 '느린' 독서는 필수적이다. 게다가 종이책은 인간의 감각을 다양하게 자극하는 매체이기도 하다. 또한 책은 방송이나 신문 잡지와는 달리 지면과 시간의 제약을 받지 않는다. 이것은 책만이 갖는 특권이고 장점이기도 하다. 책 읽는 행위는 '적극적 의지'가 수반되어야 한다. 그냥 보고(see) 듣고(hear) 만지는(touch) 단순행위가 아니라 스스로 생각하고 행동하는 '주체적인' 행위다. 더 나아가 스스로 생각하고 가슴으로 받아들여야 한다.

김무곤 교수는 이렇게 말한다. "책을 읽을 때 우리는 앞 페이지의 내용을 기억하고 그 기억을 지탱해야만 뒤에 나오는 내용을 이해할 수 있습니다. 그러므로 책을 읽을 때 사람은 정신의 팽팽한 탄력을 늦출 수가 없습니다. 정신의 팽팽한 탄력을 밀고 가는 힘, 이 '지탱력'이야말로 사람이 오직 책 읽기를 통해서만 얻을 수 있는 소중한 자산입니다. 이것의 다른 이름이 바로 지성이 아닐까요?"

그러나 이러한 유혹에도 불구하고 종이책의 매력은 많은 사람들에게 크게 어필하지 않는다. 책보다 재미있는 게 더 많기 때문이다. 순전히 재미만은 아니다. 책이 표현할 수 없는 훨씬 뛰어난 지식과 정보를 담은 매체들이 얼마나 많은가. 그러니 갈수록 출판의 위기는 심화될 것이다. 해마다 그 불안을 호소하는 출판사들이 늘어가는 건 그 방증이다. 오죽하면 박근혜 정부에서 문화와 체육의 분야에서 잡식성 공룡처럼 혹은 하이에나처럼 닥치는 대로 입대고 손댄 최순실의 촉수가 출판계에는 손톱만큼도 미치지 않았다는 건 그만큼 거기에는 먹을 게 없기 때문이라는 자조가 나오겠는가.

하지만 책의 위축은 결국 콘텐츠의 위축으로 이어진다는 점을 명심해야 한다. 수많은 지식과 정보뿐 아니라 영감과 아이디어도 책에서 비롯되기 때문이다. 물론 책이 그 근원 전부도 전체도 아니다. 그러나 그 뿌리가 책이라는 점은 부인할 수 없다. 따라서 책의 융성이 문화의 융성이다. 지금 우리의 문화 관심은 K-팝이나 드라마 등에만 초점을 맞추고 있지만 그것은 독특한 개성과 표현의 기발함 그리고 새로움에 대한 동경 등이 복잡하게 얽혀 작동된 것이다. 자국에서 그러한 내용이 생산 공급되거나 더 이상 우리의 콘텐츠가 독자적인 매력을 갖지 못하게 되면 한순간에 물거품이 될 수 있다. 결국 끝없는 콘텐츠의 개발이 핵심이다. 그리고 그 콘텐츠의 샘은 바로 책이다. 최소한 이러한 인식의 토대를 마련해야 한다. 그래야 멀리 오래간다. 지금 우리가 그러고 있는가?

시대에 뒤떨어진 꼰대 같은 소리라고 할지 모르겠지만 책을 읽어야 하는 가장 좋은 이유 가운데 하나는 고독의 저력과 조용한 의연함이다. 고독은 피해야 할 고통이 아니다. '자유로운 개인'이라는 민주주의의 바탕은 고독의 유연한 향유에서 성장한다. 책을 읽지 않는 건 '자율적 고립'인 고독을 감당하는 법을 상실한 때문이다. 핏대를 세우고 고래고래 소리 지르며 자신의 말만 하는 건 폭력이고 파쇼다. 자신의 도덕적 논리적 힘을 상실한 사람은 상대의 말을 들으려 하지 않는다. 상대를 설득할 최소한의 능력조차 없을 때 걸핏하면 '종북좌파' 운운하는 폭력을 행사하는 건 홍위병의 짓이다. '자유로운 개인'으로서 고독을 기꺼이 선택하며 자신을 성찰하고 세상을 해석할 수 있는 능력을 길러야 성숙한 민주주의가 가능해진다.

잘나가던 메이저 로펌의 변호사 자리를 스스로 포기하고 새로운 길로 나선 수전 케인(Susan Cain)은 『콰이어트』에서 세상을 바꾸는 진정한 힘은 '조용하고 의연한 사람들'에게서 나온다고 말한다. 그런 사람들이 많아져야 사회가 건강해진다. 집단의 구호에 자신을 함몰시키고 그 구호에 숨어 자신을 바라보지 못하는 사람들은 겉으로는 당당하고 능동적인 것처럼 보이지만 그 열정은 진정한 자신을 상실하고 집단의 최면에 자신을 맡기는 것으로 대체한다. 조용하고 의연한 사람, 그러면서도 끝없이 창조적인 것을 생산해낼 수 있는 사람은 긴 호흡으로 자신과 세상을 연결하는 법을 찾아낸다. 그 중요한 매개가 책이다.

우리가 책을 읽어야 하는 또 다른 중요한 이유는 어휘와 문장 때문이다. 한 사람이 이해하고 사용하는 낱말의 수는 그의 삶의 다양성과 창조성을 현실화시키는 고갱이다. 달리 말하면 그의 언어의 영토가 그의 삶의 영토에 비례한다. 어휘는 단순하게 지식을 담고 있는 것에 그치지 않고 그 언어를 사용하는 사람에게 체화되고 현실로 나타나게 하는 힘을 갖는다. 따라서 책은 '어휘의 창고'라는 점에서 중요하고, 따라서 책의 융성은 그 사회가 생산해낼 수 있는 창조의 바탕이다. 또한 한 사람이 구사하는 문장의 길이는 그의 사고의 호흡과 비례하는데, 입말(구어)보다 글말(문어)의 길이가 훨씬 더 길고, 따라서 긴 문장을 소화할 수 있는 능력을 키우는 것은 사고의 호흡이 길어진다는 걸 의미한다. 그런 긴 호흡에서 창조의 능력이 자라난다. 박근혜 씨의 사고체계가 장애를 일으키는 이유 가운데 하나는 바로 제대로 된 문장 하나 구사하지 못하였기 때문이다. 오죽하면 '번역기'가 출현하겠는가. 문장을 제대로 구사하지 못하는 사람은 올바른 판단을 내릴 수 없다. 대면보고를 기피한 것도 결국은 언어 이해도가 떨어지기 때문일 것이다. 그러니 모든 판단을 다른 이에게 의존하고 분별력과 책임감은 없이 권력만 행사하려던 것에서 모든 비극이 비롯되었다.

어떤 이는 사람들이 커피 값은 아까워하지 않으면서 고작 커피 석 잔 값에 불과한 책을 사지 않는 것은 책 한 권이 커피 한 잔이 주는 감동과 즐거움조차 주지 못하기 때문이라고 말한다. 그렇기도 할 것이다. 하지만 커피는 당장 혀의 감동과 짧은 시간의 위안과 휴식을 주는 반면 책은 머리와 가슴을 함께 움직이게 하고 긴 호흡으로 삶과 세상을 바라보는 힘을 제공해준다. 이것은 내가 글을 쓰고 책을 짓는 사람이어서 하는 말이 아니다. 문장의 힘을 잃게 될 때 삶의 주체성을 잃고 사회는 생산성을 상실하게 된다는 엄연한 사실 때문에 하는 말이다.

그러므로 책은 민주주의를 성숙시키는 힘이며 창조와 영감의 못자리인 보물창고다. 그리고 파생될 매우 다양하고 무한한 가치의 힘을 길러내는 학교다. 책은 모든 콘텐츠의 뿌리다. 그 너른 마당이 바로 출판이다. 따라서 출판이 살아야 민주주의와 미래가치가 살아난다. 책을 가까이하는 것이 중요하다. 그걸 깨달아야 멀리 간다. 출판이 살아야 하는 까닭이다.

기꺼이 고독을 선택하며 긴 호흡으로 책을 읽으면 '자유로운 개인'으로 자립하며 다양한 콘텐츠를 생산해서 사회를 더 나은 방향으로 나아가게 하며 미래가치를 더욱 많이 생산할 수 있다. 책은 시대에 뒤떨어진, 곧 사라질 매체가 아니라 강한 생명력을 갖고 살아남고 성장할 것이다. 그건 단순한 희망사항이 아니라 필수적 선택이며 미래의제다.

이런 축제는 어떤가

평창대관령음악제(대관령국제음악회가 2016년부터 명칭이 바뀌었다)는 가장 성공한 음악회로 평가된다. 2004년 초대 예술감독으로 줄리아드(지금은 예일대 교수이기도 하다)의 강효 교수가 취임하여 2009년까지 성공적으로 안착시키고 2010년부터는 정명화 정경화 자매가 예술감독으로 축제를 성대하게 성장시켰다. 이 음악제는 우리 음악계의 중요한 자산으로 자리매김했다는 평가를 받는다. 기쁜 일이다. 발표회와 집중적 레슨이 결합된 것으로 미국의 아스펜음악제/음악학교를 중심으로 한 아스펜페스티벌에 버금가는 성장을 거뒀다는 것은 그만큼 우리 음악계의 저변이 넓어졌다는 방증이기도 하다.

비슷한 시기에 시작된 자연스러운 또 하나의 축제가 있다. 바로 자라섬 재즈페스티벌이다. 재즈 뮤지션들의 놀이터로 시작하여 자연스럽게 축제가 된 이 행사는 국제적 명성을 얻었고 그 인기에 힘입어 겨울에도 '자라섬 씽씽축제'라는 이름의 행사가 개최된다. 이런 축제들이 성공하는 것은 고무적인 일이다. 그만큼 우리 삶의 문화적 토양이 다양하고 건실해졌다는 의미다. 여러 분야에서 이러한 축제의 성공에 힘입어 다양하게 시도하고 있지만 이 두 축제의 성가(聲價)를 넘는 경우는 찾기 쉽지 않다.

이런 말 하면 욕먹기 딱 좋다는 건 알지만, 그리고 특수한 혹은 소수의 천재성을 가졌거나 본인의 뜨거운 열정으로 모든 난관을 극복한 경우도 있지만, 대부분 클래식음악 전공자들은 어렸을 때부터 좋은 환경에서 충분한 지원으로 음악을 공부하고 수련하며 대학에 진학하고 유학을 다녀오는 경우가 많다. 요즘 클래식음악 전공하겠다고 하면 풍각쟁이 운운하는 시대착오적인 사람은 없다. 동경은 하되 경제적으로는 힘들 뿐이어서 언감생심일 뿐. 자녀 가운데 그런 선택을 하면(음악적 재능은 있고 몇몇 콩쿠르에서 상도 받았다면 더더욱 그럴 텐데) 솔직히 어지간한 가정에서는 가슴 철렁 내려앉는 게 현실이다. 악기도 그렇지만 적지 않은 레슨비와 등록금이 결코 만만치 않다. 그렇다고 명문 음대 졸업했다고 장래가 보장되는 것도 아니다. 명문대 출신 학원 강사거나 대학 강사고, 유학 다녀오면 '유학생 출신 학원 강사나 대학 강사'일 확률이 크다. 그래도 여전히 이 시장(?)에 지원이 몰리는 것은 경제적으로 여유 있는 출신들이 다수여서 크게 경제문제로 고통 받지 않기 때문인 점도 분명히 있을 것이다.

요즘은 악기의 선호나 기호도 다양해서 피아노나 현악기뿐 아니라 목관악기들까지 두루 망라된다. 세계적인 연주자들이 배출되고 국위를 선양하는(이런 촌스러운 표현이라니!) 경우도 많다. 기쁘고 고마운 일이다. 우리도 이만큼 문화적으로 성장한 것이다.

그러나 아직도 상당수의 금관악기 연주자들은 졸업 후 막막한 경우가 많다. 금관악기 레슨 받는 사람들도 별로 없어서(그래도 요즘은 색소폰 레슨 받는 이들이 많다. 물론 색소폰은 금관악기가 아니라 목관악기지만) 생계가 막막한 연주자들이 많다. 그만큼 투자하고도 사회가 소화하거나 소비하지 못하는 기형적 구조다. 전부는 아니지만 상당수의 금관악기 전공자 혹은 연주자들은 전업연주자의 길을 따르기 어렵다. 몇몇 윈드앙상블을 제외하고는 연주할 기회도 얻기 어렵다. 속된 말로 이제는 카바레도 쇠락해서 아르바이트 삼아 일할 곳도 없다. 그러니 금관악기 전공자들이 군악대로 몰린다. 심지어 제대 후 다시 재입대하는 경우까지 생겼다.

재목을 기르고 가르치는 데에 들인 비용은 적지 않은데 그것을 막상 키우고 활성화하는 데에 실패한다면 병목이 생기고 결국 바람직한 발전이 어렵다. 우리나라 상당수의 교향악단의 현악 파트는 세계적 수준이지만 목관악기 파트는 아직은 조금 아쉬운 상태고 금관악기는 불만이라고 말하는 건 바로 그러한 구조적 기형체제의 산물이기도 하다.

우리가 관심을 가져야 할 이유 가운데 하나는 금관악기 전공자들이 음악계에서 상대적으로 약자들이라는 점 때문이다. 사회는 약자의 불이익을 최소화하고 분배를 공정하게 함으로써 누구나 살아갈 가치가 있음을 누리고 살 수 있어야 한다. 나는 개인적으로 그 가능성을 확인한 경우가 있었는데 기획력과 실력을 쌓으면 시장을 개척할 여지가 있음을 알았다. 그리고 그 혜택을 받게 해준 학생들이 있었다.

먼저 장소부터 말하려 한다. 내가 생각한 장소는 충남 서산시의 해미읍성이다. 우선 너른 장소와 성곽으로 둘러싸인 조건이 좋다. 흔히 '보울(bowl)'이라 부르는 구릉지대에서 음악 축제하는 건 음향의 효과와 더불어 포근함이라는 정서가 한몫을 하기 때문이다. 그런 점에서 해미읍성은 거대한 '대야(basin)'와 같아서 개방성과 포근함을 함께 갖추고 있어 매력적이다. 읍성 마당뿐 아니라 동헌 뒤의 솔밭과 그 사잇길 또한 멋진 공연의 장소다. 또한 서해안고속도로에서 해미 나들목으로 진출하면 500m에 불과할 만큼 접근성도 좋다. 그리고 인근에 다양한 역사적 유적지들과 휴양지들이 있어서 복합 목적을 만족시키기 좋다.

내가 제안하는 방식은 이렇다. 8월 초쯤 3일간 해미읍성에서 '여름 관악축제(Summer Brass Festival)'를 개최한다. 브라스밴드도 좋고 앙상블도 좋고 콰르텟도 좋다. 달빛 아래 너른 풀밭에서 이들의 연주를 마음껏 즐긴다. 여기까지는 일반적 음악축제와 크게 다르지 않다. 그러나 핵심은 다르다. 나는 이 음악축제가 '경매(auction)' 방식으로 진행되기를 바란다. 음악제에서 경매라니 생소할 것이다.

이 축제를 위해서는 먼저 기업이나 공공기관 등의 복지, 교육, 후생 담당자와 임원을 초청해서 축제 중 연주를 듣고 마음에 드는 연주집단과 계약하여 자신들의 기업이나 기관에서 일정한 기간 초청하여 연주하게 하는 것이다. 기업은 무조건 노동자들을 일만 하게 하는 곳은 아니다. 특히 공장에서 일하는 사람들의 경우 연주회에 가는 것은 현실적으로 어렵다. 하지만 그런 연주회가 반드시 도회에서만 제공되고 소비되어야 할 까닭은 없다. 예를 들어 공장에 가서 출근할 때나 점심시간에 금관악기 연주회를 연다. 꼭 공장이 아니어도 좋다. 본사 로비에서 점심시간을 이용해서 개방적 연주를 하는 것도 좋다. 일반인에게 개방하여 함께 누리면 더더욱 좋을 것이다. 기업 이미지 제고에도 좋다. 직원들도 뿌듯하고 자부심이 생길 것이다. 무조건 열심히 일만 하라고 할 것도 아니고 돈으로 지불하는 것만이 능사가 아니다. 누구나 삶을 즐겁게 누려야 한다. 그리고 그러한 기회가 주어지고 누리게 되면 작업의 능률도 높아지며 회사에 대한 소속감과 신뢰도 커진다. 그렇게 보면 최소의 투자로 극대의 이익을 꾀할 수 있는 매력적인 상품이 아닌가.

예를 들어 기업은 일정한 기간(3개월이나 6개월 식으로)을 정하고 그 기간 동안 연주자들이 일주일에 한 번 혹은 두 번 작업장(특히 작업장의 경우 금관악기 연주는 다른 악기에 비해 최적이다)에 가서 연주를 하게 하는 식이다. 꼭 회사에서만 가능한 건 아니다. 지방에 있는, 특히 시내에서 떨어져 따로 있는 작업장인 경우에는 회사 강당을 제공하여 직원 가족을 위한 음악회를 열어도 좋을 것이다. 대기업 그룹이라면 여러 연주집단을 초청할 수도 있을 것이다. 그리고 그 기간 동안 직원들이나 직원가족들이 교습을 원하면 악기를 배울 수도 있다(물론 별도의 레슨비를 지불하고). 공장이라고 무조건 딱딱하고 문화생활과 동떨어져 있을 게 아니다. 또한 시내에 있는 기업에서도 일주일에 한 번쯤 경쾌한 음악을 들을 수 있다면 작업 능률도 오른다. 생각보다 많은 비용이 들지 않는다. 사원들에게 혜택을 주면 그 이상으로 거두게 된다. 그러니 기업으로서도 매력적이다.

연주자들에게는 매우 좋은 기회가 될 것이다. 연주 기회를 얻고 수익을 확보할 수 있으면 전업연주단체로 성장할 수 있다. 그러면 그들은 생계에 대한 두려움을 덜고 연주 연습에 몰두할 수 있고 실력은 더욱 향상될 것이다. 이들에게 기회를 주는 것 자체만으로도 중요한 사회적 역할을 수행하는 것이다. 그야말로 상생의 모델이다.

각 기업이나 단체는 자신들의 예산 범위 내에서 각 연주단체에 대해 경매한다. 물론 이 과정은 음악계의 전문가들과 경영전문가들의 자문과 협조를 얻어 최적화된 방식과 과정으로 수행하도록 한다. 독특한 음악시장이 형성되는 것이다! 우리가 언제 이런 방식으로 음악축제를 즐기고 지속적 시장으로 이어주는 시도를 한 적 있는가? 이런 축제가 성공하면 그것은 단순히 하나의 축제 성공으로 그치지 않고 여러 축제에 대한 현실적이고 생산적인 축제의 가능성과 자극을 제공하기에 충분할 것이다.

만약에 해미읍성에서 그런 축제가 개최된다면 문화체육부, 충청남도, 충청남도교육청, 서산시청 등과 긴밀한 협의와 지원을 얻어낼 수 있을 것인데 그런 방식이 새로운 협치 모델로 제시될 수 있을 것이다. 국방부와 경찰청이 참가할 수도 있다. 국방부 산하 3군 군악대와 경찰청 소속 악대가 있으니 매일 한 악단씩 참가하여 오프닝과 클로징 연주, 그리고 중간 특별공연 등을 수행하면 규모나 내용이 훨씬 충실해질 수 있을 것이다. 기존의 단순 후원 방식이 아니라 축제와 시장이라는 두 마리 토끼를 잡기 위해 서로 긴밀하게 협조해야 하고 음악시장을 소비해줄 기업 등을 초빙하기 위해 다양한 아이디어를 공유하며 실질적 지원을 모색할 수 있기 때문이다. 그냥 지원비 얼마 주고 '주최나 주관'의 타이틀만 쓸 게 아니라 삶의 방식을 혁명적으로 바꿀 수 있다는 공감으로 협력하면 가능할 수 있을 것이다. 일자리 창출은 물론 가장 중요하다. 그리고 이런 방식이 이미 하나의 일자리 창출의 방식이다. 그러나 삶의 질을 향상하는 문화적 투자에도 인색하지 말아야 한다. 거창하고 그럴듯하지만 정작 공약(空約)에 그치는 정치인에게 표를 던지지 말고 이런 투자에 적극적이고 성과를 거둔 정치인을 선택할 수 있을 때 우리의 사회는 살 만한 멋진 세상이 될 것이다. 상상만 해도 멋지지 않은가.

한국판 엘 시스테마를 꿈꾸자

나는 위에서 제안한 '경매형 음악축제'가 다른 부가가치를 만들어낼 수 있다고 본다. 그것은 한국판 엘 시스테마의 구상이다.

엘 시스테마(El Sistema)는 이미 많은 사람들이 알고 있겠지만, 그래도 간략한 설명이 필요하겠다. 1975년 베네수엘라의 수도 카라카스에서 경제학자이자 아마추어 연주가인 호세 안토니오 아브레우(Jose Antonio Abreu) 박사가 시작한 단체로, 마약과 범죄의 위험에 무방비로 노출된 빈민 아이들을 보고 안타까워하다가 아이들에게 음악을 가르쳐서 범죄를 예방하고 더불어 미래에 대한 꿈을 갖게 해주기 위해 조직한 것이 바로 엘 시스테마의 시작이다. 시작은 카라카스의 빈민가 차고에서 빈민층 청소년 11명의 단원을 모은 것이었다. 그 활동의 소식이 퍼지면서 오케스트라의 취지에 공감한 베네수엘라 정부와 세계 각국의 음악인, 민간기업의 후원으로 엘 시스테마는 미취학아동과 청소년을 대상으로 한 음악교육 시스템으로 정착하였다. 엘 시스테마는 종전의 음악교육과는 달리 사회적 변화를 추구한다. 아브레우 교수는 이 활동을 통해 아이들이 협동·이해·질서·소속감·책임감 등의 가치를 이해하고 실천할 수 있도록 했다. 이것은 뛰어난 성과를 얻었고 음악교육의 가장 세계적인 모범 사례로 꼽힌다.

엘 시스테마는 102개의 청년 오케스트라와 55개의 유소년 오케스트라로 구성된 네트워크로 확장되었는데 그 인원이 약 10만 명에 이른다. 단순히 아마추어 수준에 머물지 않고 뛰어난 음악적 성과를 발휘했으며 LA필하모닉의 상임지휘자인 구스타보 두다멜, 베를린필하모닉 역대 최연소 오케스트라 더블베이시스트 단원이 된 에릭슨 루이스 외에도 호엔 바스케스, L 미겔 로하스, 에드워드 풀가르, 나탈리아 루이스 바사 등 뛰어난 단원을 배출했다. 그 대표적 악단인 시몬 볼리바르 청소년 관현악단은 2007년 미국 카네기 홀에서 두다멜의 지휘로 데뷔 연주를 해서 뜨거운 반응을 얻었으며 지금은 전 세계로 연주 여행을 다니고 있고, 카라카스 유스 오케스트라도 프로페셔널 수준으로 성장하여 해외공연을 다니고 있다. 놀라운 기적이다.

엘 시스테마의 성공은 2007년에 아메리카 개발은행으로부터 1억5천만 달러의 융자를 이끌어내기도 했는데 그 목적은 2005년까지 50만 명의 어린이를 지원하는 것이었다. 베네수엘라의 빈민층 아이들을 위한 오케스트라 시스템에서 출발하여 음악교육을 통한 사회적 변화를 추구한 엘 시스테마는 단순히 시스템이라는 의미의 '엘 시스테마'가 아니라 '베네수엘라 빈민층 아이들을 위한 무상 음악교육 프로그램'을 의미하는 고유명사가 되었고 전 세계가 벤치마킹하는 대상이 되었다. 엘 시스테마의 성공을 다룬 영화까지 제작되어 전 세계에 감동을 주기도 했다.

한국에서도 엘 시스테마의 성공에 고무되어 비슷한 시도를 해왔다. 최근 여러 지자체에서 다양한 방식으로 접근하고 있는데 멋지게 성공하면 좋은 사례가 될 것이다. 그러나 지금까지 이 방식을 시도한 몇 곳에서 성과는 예상만큼 멋지지 않았다. 물론 최선을 다하고 있고 나름대로 성과를 이루기도 했다. 한국 문화예술 교육진흥원의 '예술 꽃 씨앗학교', '함께 걷는 아이들'이 시행하고 있는 '올키즈스트라', 한국교육진흥원의 '해피뮤직스쿨', 마리아 수녀회가 보살피고 있는 '알로이시오' 등이 그 대표적인 사례고, 최근에는 부산과 전주 등에서도 시도하고 있다. 그리고 이 외에도 많은 프로그램들이 있다. 관심을 갖고 지켜보고 아낌없이 지원해야 할 것이다.

이 운동의 핵심은 음악이라는 예술적 기쁨을 지각하는 능력을 키워주고 그것을 바탕으로 빈부격차와 계급을 뛰어넘는 평등과 화합의 정신을 실천하며 자아실현의 계기를 마련해주는 것이다. 그러나 오케스트라를 구성하고 전체적으로 지도할 전문 교육자의 확보(임기와 보수의 안정성과 더불어)가 미비하고 철저한 준비보다 '따라 하기'에 급급해서 성급한 결실을 요구한 것이 지지부진의 원인이 되고 있다. 좋은 취지와 목표만 갖고 되는 게 아니다. 내실 있는 교육의 체계가 마련되고 재정적 지원이 지속되어야 한다.

이렇게 아직은 만족스러운 단계까지 이르지 못했지만 청소년들이 음악을 배우고 즐김으로써 감성과 행복을 충족하고 상상력과 연대감을 배양하여 사회적으로 성장할 수 있는 방향으로 진화하면 우리 모두 보다 더 행복해질 수 있을 것이다.

이런 바탕 위에서 나는 위에서 말한 경매형 '여름관악축제'를 한국식 엘 시스테마와 연동하는 방식을 제안하고자 한다. 우선 오케스트라를 구성하는 것 자체가 우리 형편에서는 버겁다. 악기도 부족하고 가르칠 전공자 수급을 만족시키기도 어렵다. 그에 비해 금관악기 위주의 편성은 인원의 수나 악기 편성 수의 단순성 등에 비춰 현실성이 훨씬 뛰어나다.

각 연주자 집단이 경매에서 기업이나 기관에 응찰되면 계약된 기간의 1/10의 시간을 그 지역에서 청소년들에게 금관악기(반드시 금관악기로만 배타적으로 제한할 것은 아니다. 콰르텟이나 퀸텟 등에 클라리넷이나 플루트 같은 목관악기를 포함하는 연주가 가능할 것이니. 그리고 목관악기지만 금관악기로 흔히 생각하며 요즘 많은 이들이 배우고 있는 색소폰도 포함될 것이다)를 가르치되 개인 교습이 아니라 4중주, 5중주, 6중주, 8중주나 작은 앙상블 혹은 밴드 등 다양하게 집단화하여 배우고 자연스럽게 악단을 구성하게 한다. 가능하면 그 연주자 집단을 초청한 기업들에서 교습비 일부를 지원하고 악기의 구입도 해당 기업이 1/3(각 기업의 사회공헌기금을 활용할 수 있을 것이다), 지자체나 지방교육단체 혹은 상공인단체나 청년회의소 등에서 1/3을 지원하고 당사자들은 매월 1만 원씩 부담하게 하여 나머지 1/3을 충당하면 악기를 소유할 수 있어서 빈곤한 가정의 청소년들도 큰 부담 없이 악기를 배울 수 있을 것이다. 그렇게 어느 정도의 실력이 갖춰지면 본격적으로 상황에 맞춰 합주단을 만들면 될 것이다.

어른들도 관심이 있으면 각자 악기를 자비로 구입하고 레슨비를 부담하여(혹은 각 지자체의 평생교육원과 연계하여 지원할 수도 있다) 배우고 합주단을 만들면 청소년들과 따로 혹은 함께 음악활동을 할 수 있을 것이며 그렇게 되면 연대감이나 소통이 자연스럽게 이뤄질 것이고 청소년들은 어른들에 대한 든든한 신뢰와 유대를 얻게 될 것이다. 그리고 이러한 방식이 확산되면 관악기 전공자들이 전업연주자로 살아가는 기회뿐 아니라 강사로서의 기회도 만들어지니 새로운 양식의 일자리가 만들어져서 음악만으로 살아갈 방편을 마련할 수 있을 것이고, 그만큼 우리 사회의 음악적 토양도 비옥해지는 바람직한 선순환 구조를 마련할 수 있을 것이다.

요즘은 사물놀이를 배워서 동네 축제마다 자생한 사물놀이나 농악패가 흥을 돋우며 행사를 즐겁게 하고 마을사람들의 유대감을 높이는 경우가 많다. 좋은 일이다. 그러나 꼭 농악만이 전부는 아니다. 금관악기를 배우고 합주단을 만들어서 실력을 키우면 동네 행사나 잔치에서 함께 어울려 흥을 키우고 나눌 수 있을 것이다. 우리가 예전 서양 영화를 보면서 동네잔치나 행사 때 동네 악단들이 나와 연주하는 것을 보고 부러워한 적이 있는데 우리라고 못 할 게 없지 않은가. 이러한 음악 활동이 삶을 윤택하게 해줄 뿐 아니라 공동체적 유대감을 크게 증진하는 것이니 경매형 '여름관악축제'와 연동해서 확장하면 괜찮은 방안이 되지 않을까 싶다.

행복하게 사는 게 꼭 돈이 많고 지위가 높아야만 되는 게 아니다. 그러나 먹고 마시고 적당히 편리함을 누리는 것으로 행복을 얻을 수 있는 것 또한 아니다. 우리는 모두 인간다운 삶, 보다 행복하고 품격 있는 삶을 원한다. 그리고 그러한 삶을 추구하고 누릴 권리가 있다. 더 나아가 그러한 것을 수행할 사회적 의무도 있다. 물질적 풍요만 추구할 게 아니라고 말만 할 게 아니라 최대한 멋지고 즐겁게 행복하게 살 수 있는, 그리고 나 혼자가 아니라 함께 그런 삶을 누리고 나누면 좋을 것이다.

내 일상을 드라마처럼, 내가 주인공처럼

수평사회의 가장 기본적 가치는 누구나 인간으로서 그리고 인격적으로 동등하며 한 사람의 능력보다 여러 사람의 능력이 집단화하되 수평적으로 교류 교환할 수 있다는 철학이다. 그런 점에서 우리는 누구나 주체적이고 자존적이어야 한다. 자존감은 누가 주는 것이 아니고 내가 정립해야 하는 것이다. 그래서 주체적이지 않은 사람은 자존감을 가질 수 없다. 이런 사람들은 집단에 편입하면 스스로 주인이 되고 책임지는 자아를 희석하고 그 판단을 전체주의적 구조에 떠넘기게 된다. 그리하여 책임을 회피하는 피동적이고 비주체적 자아로 불안정한 생활을 영위하게 된다.

우리는 이런 문제를 언제나 정치적 혹은 사회적 주제로만 접근한다. 그러나 그런 방식 일변도의 접근태도는 경직되기 마련이어서, 서로의 입장을 이해하고 상호 수용하는 태도와 훈련이 갖춰지지 않으면 충돌과 갈등을 야기하기 쉽다. 그런 점에서 나는 이 책에서 정치나 사회를 기본 틀로 하는 거대담론보다는 다양한 방식으로 주체성을 확립하고 창의성을 도출할 수 있는, 그래서 미래가치를 이끌어낼 수 있는 여러 대안들을 다루고자 한다.

영화나 드라마를 보면서 우리는 주인공에 몰입한다. 주인공의 감정에 이입되고 공감하며 함께 웃고 더불어 슬퍼한다. 그러나 주인공이 꼭 영웅일 필요는 없다. 예를 들어 홍상수 감독의 영화 주인공들은 평범한 필부필부가 아닌가. 아서 밀러(Arthur Asher Miller)의 〈세일즈맨의 죽음〉 같은 경우 주인공 윌리 로먼은 실패한 루저요 찌질남이다. 사실 특별한 영화나 드라마를 제외하고는 거의 모든 사람들이 우리와 똑같은 사람들이다. 그런데 일단 주인공으로 정해지면 모든 관심의 초점이 되고 모든 해석의 중심이 되며 그것을 위해 다양한 장치가 동원된다. 등장하는 장면의 길이뿐 아니라 미장센의 모든 것들도 주인공을 중심으로 배열된다. 장면의 속도도 그에게 최대한 맞춘다. 거기에 효과음, 조명, 배경음악 등 다양한 지원이 딸린다.

그런 다양하고 복합적인 지원이 없다면 주인공도 시들해진다. 공포영화에서 효과음을 제거해버리면 밋밋해지고 공포심도 사라진다. 효과음은 공포심을 준비하고 있으라는 예비신호와 같다. 그것은 모든 장르의 영화나 드라마에서 똑같이 작동한다. 어떤 장면에서건 주인공에게 그런 장치가 제거되면 감정의 몰입이 확 줄어든다. 그저 남의 삶을 먼 발치에서 바라보는 느낌이다. 하지만 배경음악과 효과음이 개입되면 몰입도는 확 달라진다.

그렇다면 내 일상의 삶에서 효과음은 없더라도 배경음악이라도 삽입한다면 어떻게 될까? 굳이 음악이 아니어도 좋다. 좋은 시를 내레이션으로 삼아도 좋을 것이다. 일상이나 업무의 과정에서 그런 배경음악을 가질 수는 없다. 그 일에 몰입해야 하니까. 그렇다면 산책할 때 시도해보면 어떨까. 일단 내 마음에 드는 음악을 고른다. 편집하면 더 효과적일 것이다. 그런 뒤에 이어폰을 꽂고 산책을 나선다. 천천히 걸으면서 그 음악이 지금 내가 단순히 감상으로 듣는 것이 아니라 그 시간과 공간의 주인공으로서 나의 배경음악이라고 상상한다. 모든 것이 나를 중심으로 배열된다. 내가 바로 주인공이다. 하루에 2, 30분쯤이라도 이런 시간을 누리면 나에 대한 생각이 달라질 것이다. 나의 움직임 하나하나에 적절한 배경음악이 깔리는, 나는 주인공이다.

남들의 눈에는 우스워 보일지 모른다. 혼자 허깨비 타령하는 것이라 타박할 수도 있다. 하지만 그런 시도 자체가 나에 대한 자존감을 키우는 데에 의외로 크게 작용할 수 있다. 선언이나 관념으로 저절로 습득

되고 체화되는 게 아니다. 자존심과 자존감은 다르다. 내가 주인공이라는 건 내 삶의 주인이 바로 나 자신이라는 인식이다. 그러면 상대가 아무리 나보다 지위가 높고 돈이 많으며 배운 게 많거나 출신성분이 좋다 하더라도 내가 꿀릴 게 없다. 그런 자존감이 바로 수평사회에서 각 개인에게 필요한 덕목이다. 처음에는 스스로 낯설고 남 보기 민망할지 모르지만 은연중 그러한 힘이 길러질 것이다. 수평사회는 그런 작은 힘에서 마련되는 것인지 모른다. 거창한 구호에만 휘둘리지 말고 내가 주인공이 되어보자. 배경음악 하나만 마련해도 누릴 수 있는 특권이다.

세대 간 협업의 방식으로서의 웹소설 공모전

2016년 여름을 달궜던 드라마 가운데 〈더블유(W)〉라는 작품이 있었다. 현실과 가상을 오가는 절묘한 포맷의 드라마였다. 초보 의사 여주인공이 현실세계에서 우연히 인기 절정의 웹툰에 빨려 들어가 남자주인공을 만나 사랑이 싹트고 다양한 사건이 일어나는, 기존에 없었던 독특한 드라마였다. 주인공이 현실과 웹툰을 오가는, 즉 두 개의 세계가 공존하는 기발한 아이디어가 돋보였다. 어떤 이는 이것을 로맨틱 서스펜스 멜로드라마라고 명명하기도 하던데, 나는 특히 그 웹툰 'W'에 주목한다(사실 나는 이것 때문에 웹툰 원작이 있는 거라 여겼는데 방송작가의 오리지널 대본이라고 한다).

이 작품의 원작은 웹툰이 아니지만 이미 많은 영화나 드라마가 웹툰이나 웹소설을 원작으로 각색하고 성공한 경우가 많다. 그게 최근 추세의 하나이기도 하다. 빠른 전개, 기발한 발상, 간결한 구성 등이 현대인의 호흡에 부합하기 때문일 것이다. 윤태호의 〈미생〉이나 최규석의 〈송곳〉은 웹툰과 드라마 모두 성공한 대표적 사례의 하나이다.

많은 젊은 작가들이 웹이라는 새로운 매체를 이용하여 다양한 작품을 쓰고 있다. 아직은 그 미디어에 익숙한 독자들에게만 어필하고 있지만 점차 확대될 것은 분명해 보인다. 기존의 엄격하되 이너서클화된 문단 구조의 폐쇄성을 벗어나 누구나 자유롭고 다양하게 새로운 양식의 작품을 생산하는 것은 바람직한 일이다. 그 작품성 문제를 따지는 사람들도 있는데 그건 독자들이 판단하고 자연스럽게 걸러질 것이다. 아무리 단선적 사고에 익숙해서 길고 진중한 글에는 넌더리내는 독자들이 늘고 있다고는 하지만 그것은 기존의 방식에 익숙해졌기 때문이기도 하다. 등단 제도라는 것 자체가 시대착오적이다. 누구나 작가가 될 수 있고 저자가 될 수 있는 세상이다.

젊은 작가들 가운데 특히 청소년 작가들에 주목할 필요가 있다. 아직은 구성력이나 표현력이 떨어져 문학적 작품성은 다소 미흡한 경우가 대부분이다. 그러나 그 작품성이라는 게 객관적일 수도 없지만 아직은 어리고 덜 여물어서 구성력이 다소 떨어지는 것이지 그 안에 담긴 예리한 시선이나 사고는 신선하고 때론 충격적이기까지 하다. 청소년 작가들이 문예창작과 등에 진학해서 더 여문 작품을 숙성시키고 생산할 수 있는 '전통적인' 방식도 있지만 그 틀을 깨뜨릴 수 있는 또 다른 문도 필요하다. 꼭 문학이나 문예를 전공하지 않아도 깊은 성찰과 예리한 시선으로 삶과 세상을 읽어내고 표현할 수 있는 건 무한하다. 세계의 뛰어난 작가들 가운데 비문학전공자들이 얼마나 많은가. 이제 그 좁은 울타리를 깰 때가 됐다. 이미 늦은 감은 있지만.

그러나 청소년 작가들이 혼자 글을 쓰고 좋은 작품을 완성하며 훌륭한 작가로 성장하기는 어렵다. 그것을 위해서는 그 성장의 기회를 제공해야 할 것이다. 그렇게 하는 좋은 방법 중의 하나가 바로 '공모전'인데 기존의 공모전과는 성격을 달리해야 할 것이다.

물론 대형 출판사들에서 이미 그런 공모전을 작게나마 시행하고 있고 어느 정도의 성과를 거두고 있기는 하다. 그러나 여전히 미비하며 그 작품의 완성도 때문에 외면받고 있는 것도 현실이다. 중소형 출판사에서는 단독으로 할 여력이 안 되니 포기한다. 그렇다면 중소형 출판사들이 여럿 모여 하나의 조합을 만들고 거기에서 공모전을 하면 어떨까. 십시일반이면 큰 부담도 없을 것이다. 상금은 크게 책정하지 않아도 될 것이다. 상징적으로 100만 원 정도 책정하면 각 출판사가 딱 그만큼 부담하면 되니 투자 위험도 크지 않다. 대신 다른 조건을 붙여주면 된다.

여기서 생각을 전환해봐야 한다. 그냥 뽑아서는 무의미하다. 공모에 응한 작품을 가운데 선정해도 솔직히 작품의 완성도가 떨어질 것이다. 그러나 아이디어와 통찰은 뛰어난 작품들이 있다. 그럼 어떻게 할까. 기성 작가들이 동참하여 공동작업을 할 수 있게 하면 될 것이다. 예를 들어 선정된 청소년 작가 10명에 기성 작가 10명을 1:1로 붙여 지도하고 그리고 동시에 이들이 함께 교수진이 되어 공동수업 등을 통해 역량을 증강시킨다. 기성의 작가들에게도 좋은 자극이 될 것이고 어린 영혼의 영감과 아이디어를 통해 자신의 작품세계를 확장시킬 수 있을 것이다. 그런 뒤에 추첨으로 선정 작가들을 뽑아 기성 작가들과 함께 공동작업을 하게 한다. 저작권은 출판사에, 인세는 두 저자가 공동으로 받아 똑같이 분배하면 된다.

이런 식으로 기성 작가도 청소년 작가도 공동의 이익을 얻을 뿐 아니라 세대 간 창조의 협업을 통해 교류하고 소통할 수 있는 멋진 사례를 만들 수 있다. 청소년 작가들은 그냥 뽑아 상 한 번 주고 나 몰라라 놔둔 채 그 스스로가 알아서 성장해야 할 대상이 아니다. 그들이 굳이 대학에 진학하지 않더라도 뛰어난 집중적 수업과 수련 그리고 작가와의 협업을 통해 성장의 도움을 얻도록 하면 된다. 작가들뿐 아니라 이 청소년들을 위해 재능 기부할 학자나 예술가들이 1년짜리 교육프로그램을 만들어 제공하면 다양한 지적 성장을 촉진할 수 있다. 그러면 탄탄한 경쟁력을 갖추게 된다. 굳이 대학 졸업하지 않아도 더 실력이 뛰어나면 되는 세상이다. 우리나라 프로야구 초창기에는 고등학교를 졸업하고 곧바로 프로리그에 뛰어드는 경우는 매우 드물었고 성공하는 사례도 별로 없었다. 그러나 점차 프로리그가 성장하자 고교선수들도 목표를 일찍 프로에 뛰어드는 것으로 정하고 거기에 맞춰 자신을 개발함으로써 졸업 후 바로 프로리그에 진입하고 성공하는 경우가 점점 대세로 자리 잡지 않았던가.

조금 더 나아가보자. 어차피 조합을 만들었으니 다양한 방면의 에이전시와 연결해서 영화나 게임 등 다양한 분야의 콘텐츠 공유와 응용으로 시장을 넓히고 그게 성공하면 '원 소스 멀티 유스(one source multi-use)'의 방식으로 확장하여 훨씬 더 많은 부가가치를 만들어낼 수 있다. 만약, 물론 희망사항이지만, 이러한 방식으로 상당한 부가가치를 창출하게 되면 그 이익의 일정 부분을 재능 기부했던 학자들과 예술가들에게 합리적으로 분배해주면 이런 식의 프로그램이 지속적으로 그리고 더 체계적으로 성장할 수 있을 것이다.

전통적인 독서에서 자꾸만 멀어지고 종이책이 죽어간다고만 하소연할 게 아니라 시대정신을 파악하고 미래의제를 이끌어낼 수 있는 적극적인 대안을 시행해야 한다. 그래야 전통적 독서시장도 함께 활성화된다. 끊임없이 생각하고 아이디어를 교환하면서 행동할 수 있는 준비를 마련해서 미래가치를 만들어낼 수 있다면 이 또한 멋진 일이 아닌가. 그런 세상이 곧 실현될 수 있다면 그 또한 멋진 일이 아니겠는가.

신문은 너른 사유의 종합선물세트

신문 읽으라 하면 '꼰대' 취급할지 모르지만 그래도 그 말은 여전히 해야겠다. 나도 틈틈이 스마트폰이나 인터넷으로 뉴스를 접한다. 실시간 공급되는 다양한 보도가 제공되니 외면하기 어렵다. 그에 비해 신문은 '어제' 일어난 일을 '다음 날' 전해준다. 그만큼 속도 면에서 경쟁할 수 없다. 그리고 신문은 하나의 언론사 것을 읽을 수밖에 없지만 인터넷 뉴스는 거의 모든 언론사의 정보들을 다 찾아볼 수 있다. 매력적이다. 그러니 갈수록 종이신문은 퇴락하고 인터넷언론은 성장한다. 오죽하면 종이신문에 주력하던 주류 보수(심하게 수구적인 곳들도 많지만) 언론사들이 위기감에 방송으로 새로운 핏줄을 마련하려 온갖 로비 끝에 종편방송들을 만들었을까.

내가 사는 아파트에서도 아침에 계단으로 내려가다 보면 신문이 현관 앞에 놓은 집이 고작 여섯 곳뿐이다. 신문 안 보는 집이 몇 배나 더 많은 걸 알 수 있다. 휴대전화가 일상이 되니 아예 집전화가 없는 집들도 많다. 우리 집도 어쩌다 보니 아예 집전화가 없다. 그러나 전혀 불편하지 않다. 집전화가 공식적인 통로인 것도 아니고. 그렇게 세상은 변한다. 그 변화 익숙하지 않다고 저항하는 건 어리석다. 그러나 이러한 사례가 신문이 더 이상 필요하지 않다는 논리가 되는 건 아니다.

인터넷이나 스마트폰으로 틈틈이 뉴스를 접하면 매우 신속하게 정보를 얻는 것 같지만 대부분은 자신이 관심이 있는 분야를 먼저 클릭하게 된다. 신문과 달리 이러한 매체들은 같은 문제에 대한 다른 보도 매체들의 뉴스와 연결할 수 있기 때문에 자신의 관심사에 대해 더 많이 알고 싶은 욕망에 그것들을 클릭하게 된다. 그러나 내용은 대동소이다. 그런데도 그 분야에 대해 많은 정보를 획득했다는 포만감을 갖게 된다. 1시간쯤 금세 지난다. 그러나 다른 분야에 대한 정보를 얻는 것이 별로 없다. 그저 한두 개의 주제에 대해서만 계속해서 클릭하며 탐색했을 뿐이다.

그에 반해 신문은 그냥 내가 읽고 싶은 부분만 따로 떼어 읽지 않는다. 적어도 그 부분을 찾으려면 각 페이지들을 넘기게 된다. 그러면서 적어도 제목이나 사진을 보게 된다. 물론 그걸 자세히 읽을 수도 있지만 설령 그렇지 않더라도 각 분야에서 어떤 일이 일어나고 있는지 대강은 훑어볼 수 있다. 이게 만만한 게 아니다. 큰 흐름을 파악할 수 있다는 건 인터넷이나 스마트폰으로 탐색하는 정보 습득 행동에서는 쉽지 않다.

무엇보다 인터넷이나 스마트폰을 통한 뉴스는 그야말로 사건의 보도에 국한되지만 신문에는 사설을 비롯해서 많은 기고문과 칼럼들이 있다. 전문가들이 바라보는 해석과 관점을 접할 수 있다. 그것들을 통해 사건의 심층적 이해와 분석이 가능해진다. 그러한 것들이 쌓이고 그것을 내가 소화할 때 세상을 바라보는 시선의 너비와 깊이는 훨씬 더 넓어지고 깊어진다. 이러한 것들이 바로 종이신문이 주는 미덕이다. 물론 관심이 있으면 인터넷과 스마트폰을 통해서도 그러한 기사들을 찾아 읽을 수는 있지만 실제로 그렇게 하는 사람은 그리 많지 않다.

신문은 또한 '종이' 매체에 대한 친근감을 준다는 점에서 '종이책'에 대한 접근성을 높여준다. 지금은 지식과 정보가 빠르게 변화하고 전달되고 있는 시대지만 어떤 문제에 대한 단단하고 안정된 지식체계를 구축하고 있는 것은 책이다. 책은 어떤 분야의 전문가가 오랫동안 연구한 것들을 가장 객관적이며 논리적으로 그리고 체계적으로 서술한다는 점에서 오히려 더욱더 필요한 중요한 지식 습득 수단이다. 그러나 한 권의 책을 읽기에는 시간이 없다거나 혹은 지루하고 딱딱해서 기피하는 경향이 강해지는데 그 원인의 하나는 바로 전자매체를 통한 '단편적인' 지식과 정보에 익숙해졌기 때문일 수도 있다.

신문은 다양한 이용을 통해 나의 지식체계를 강화할 수 있다. 예를 들어 오늘 보도된 것은 어제 사건의 미래일 수 있다. 어제 읽었던 보도 가운데 특정한 것을 찍어서 내일은 어떻게 될지를 '추론'한다. 오늘 신문은 그 추론의 결과가 어떠한지 알아보는 수단이 된다. 그런 식으로 일주일 신문으로 몇몇 분야(신문에서는 각 분야의 지면)의 흐름을 파악할 수 있고 이러한 힘이 누적되면 분석과 추론의 능력이 크게 향상된다.

그리고 신문은 가능하면 서로 다른 성향의 것 두 개를 구독하는 것이 좋다. 어떤 신문이건 각사의 성향이나 태도를 견지한다. 물론 신문은 '보도'가 가장 중요한 사명이지만 사설이나 칼럼 등을 통해 다른 해석과 방향의 제시를 한다. 그것은 각사의 언론관 때문이기도 하고 자사의 언론 생태, 즉 광고 등을 염두에 둔 소비자에 대한 계산 때문이기도 하다. 같은 문제를 보도하고 해석하는 데에도 정반대의 태도를 견지하는 것은 그러한 이유 때문이다. 우리는 그러한 서로 다른 태도를 통해 하나의 태도나 성향으로 일방적으로 기울 수 있는 편향성을 스스로 제어하고 균형 있는 사고체계를 갖춰야 하는데 그러기 위해서는 서로 다른 진영을 대변하는 두 개의 신문을 읽는 것이 도움이 될 것이다. 그러면 내가 선호하는 방식에 대해 논리적 토대를 형성할 수 있고 꺼리는 방식에 대해서도 무조건 혐오하는 것이 아니라 그것들 나름의 주장(물론 신문은 주장이 아니라 객관적 보도를 토대로 하지만 실제로는 교묘하게 자신들의 해석과 목적이 담겨 있는 경우가 많다. 특히 보수적 성향의 신문일수록 그런 경향이 강하다)의 타당성도 이해할 수 있고 문제점도 명확하게 파악할 수 있다. 민주주의와 수평사회는 어느 한쪽의 일방적 주장에 대한 동조와 반감에 의한 갈등과 대립이 아니라 다양한 사고와 방법 그리고 태도를 서로 이해하고 설득하는 과정을 통해 형성된다.

종이신문이 갈수록 퇴화한다. 언론이 다양한 매체를 통해 자신들의 입장을 전달하고 광고로 수익을 올리는 것은 당연한 일이다. 그러나 갈수록 줄어드는 신문 구독자에 대한 위기감으로 종편 등의 대체 수단에만 몰두하는 것은 어리석은 일이다. 실제로 그런 신문들이 '왜 종이신문을 읽는 것이 도움이 되는지'에 대해 스스로 혹은 연합해서 입장을 표명하거나 근거를 제시한 적이 있는지 되물었어야 한다. 예를 들어 5년쯤 기간을 정해 신문을 읽은 사람과 그렇지 않은 사람이 어떻게 달라지는지를 표본조사했다면 사람들의 인식이 많이 달라졌을 것이다. 신문을 읽은 대학생, 주부, 초년 직장인, 중견 사원 등과 그렇지 않은 사람들을 매년 조사하여 어떠한 차이가 있는지, 어느 쪽이 더 발전하고 성장했는지 등을 분석했다면 아마도 신문을 읽어온 사람들이 훨씬 더 나은 결과를 보였을 것이다. 그러면 강요하거나 구걸하지 않더라도 사람들은 자신의 성장을 위해 신문 읽기를 외면하지 않았을 것이다. 지금이라도 늦지 않다.

지금은 지식과 정보가 넘치는 사회다. 폴 케네디나 앨 고어 같은 사람들은 'exformation'의 능력이 필요한 시대라고 말한다. 'information'이 밖에서 '안으로' 들어와 나의 인식과 판단체계를 형성하는 지식과 정보의 방식이다. 지금은 온갖 '쓰레기 같은' 지식과 정보가 유입되고 있다. 따라서 그것들이 좋은 것인지 나쁜 것인지를 구별하는 능력이 필요하다. 그러한 것들을 분리해서 버리는(ex) 것이 제대로 된 나의 인식과 판단을 형성한다는 게 바로 'exformation'이라는 조어(造語)가 지칭하는 뜻이다. 신문에 담긴 내용들은 대부분 정제된 'information'들이다. 그러한 것들을 섭취해야 쓰레기 같은 정보와 지식의 홍수에서 자신을 건져

낼 수 있다. 그러니 신문이 주는 힘은 결코 가볍지 않다.

미국 대통령 선거에서 보았듯이 신문보다 SNS 등을 통한 빠르고 직설적인 선전이 효과적이라는 건 주지의 일이다. 그러나 객관적으로 걸러낼 장치가 없어서 온갖 거짓 보도(fake news)로 도배하고 그게 의사결정에 중요하게 작용했다. 얼핏 생각하면 그래서 앞으로는 SNS 등에 더의존해야 한다고 여길지 모르지만 그 폐해가 심각하다는 걸 인지하게되면 건강하고 객관적인 보도를 추구하게 될 것이다. 그러기 위해서는제대로 된 종이신문의 역할이 더더욱 증가해야 한다. 종이신문의 퇴화를 어쩔 수 없는 시대적 요청이라고 단언할 일이 아니다. 오히려 더 필요한 매체라는 게 이 시대를 살아가는 사람들이 갖춰야 할 인식이다. 그런데도 신문을 외면하고 투자를 꺼리며 기업도 광고에 투자를 줄이는 방식의 악순환을 수수방관하는 것은 어리석고 안타까운 일이다. 신문을 읽는 이들이 그저 낡은 방식에 익숙해져서 새로운 매체를 외면하는 사람들이라는 어설픈 판단은 오히려 갈수록 파편화되는 방식에 익숙해짐으로써 전체적이고 종합적 사고를 약화시키고 '여론'의 흐름을읽어내지 못하는 지식과 정보의 코쿤(cocoon)으로 퇴화한다는 점을 명심해야 할 것이다. 특히 젊은이들이 다시 신문을 읽어야 한다. 그래야거짓 선전에 휘둘리지 않고 세상을 제대로 그리고 넓고 균형 있게 이해할 수 있으며 그게 곧 중요한 경쟁력이 될 것이기 때문이다.

'한 도시 한 책' 운동의 재정립

2016년에 내 책들 가운데 한 권이 세 도시에서 동시에 '한 도시 한 책' 의 도서로 선정되었다. 거의 드문 일이란다. 이전에도 한 광역시의 구 (區)에서 다른 책으로 뽑혔으니 저자로서 지극히 영광스러운 일이다. 그러나 나는 2016년에 선정된 도시에 가서 강연하면서 "선정해주셔서 개인적으로는 영광스럽지만 애석하게도 별로 고맙지는 않습니다."라고 말했다. 그 말에 시장을 비롯한 이들이 뜨악한 표정을 짓는 것을 보고 나도 마음은 편치 않았다. 그 말이 괘씸했을 것이다. 그러나 진심이었 다. 그렇다고 그 행사를 폄하하려는 뜻은 결코 없었다. 내가 잘났다는 의도도 결코 아니었다. 물론 마음 상하는 일도 있었다. 대놓고 재능 기 부 강연을 해달라고 요구하는 곳도 있었다. 그것도 다름 아닌 도서관 관장이 요구하는 말을 들었을 때 참담했다. 그게 우리의 수준인가 싶 어서 서글퍼져 분노할 에너지도 솟지 않았다.

내가 그렇게 무례하게 말한 까닭은 다른 이유 때문이었다. 전부 그 런 것은 아니지만 대부분의 도시에서 이 운동은 도서관을 중심으로 전개된다. 책을 주제로 하는 것이니 당연한 일이다. 그러나 상당수는 각 도서관의 여러 독서동아리들을 중심으로 추천을 받아서 그 가운데 몇 권을 뽑아 선정단이 고르는 방식이다. 순천시의 경우는 도서관운영 과가 따로 있고(대부분의 도시는 도서관을 관장하고 지원하는 부서가 평생교 육과 등이다. 도서관과 혹은 도서관운영과가 있는 도시는 이미 도서관에 대한 사고가 열려 있다고 봐도 무방하다. 심지어 군포시는 '책읽는정책과'가 있다.) 전문가 집단과 시민들로 구성된 선정위원회가 다양한 방식으로 치밀하 게 검토하는 방식이어서 가장 바람직한 방향으로 가고 있지만, 대부분 의 도시는 책 좋아하는 이들이 추천한 책들과 도서관에서 추천한 책들 가운데 선정하는 게 일반적인 듯하다.

우리나라에서 이 운동이 시작된 건 2003년부터였다. 충청남도 서산시에서 가장 먼저 시작했다. 점차 이 운동이 확산되어 지금은 여러 도시들에서 시행하고 있다. 그 뿌리는 미국의 시애틀공공도서관 사서 낸시 펄(Nancy Pearl)의 제안이었다. 1988년에 낸시의 제안으로 '만약 시애틀의 모든 사람이 같은 책을 읽는다면(If All of Seattle Read the Same Book)' 캠페인에서 시작되었다. 반응이 좋았고 미국의 여러 도시에서 벤치마킹했다. 결정적인 계기는 시카고에서였다. 2001년 시카고공공도서관은 시민 모두가 함께 읽을 책으로 하퍼 리(Harper Lee)의 『앵무새 죽이기(To Kill A Mocking Bird)』를 선정하고 시장이 시민들의 참여를 호소하면서 문화운동으로 자리를 잡은 것이다. 이 운동의 성공으로 전 세계로 빠르게 확산되어 거대한 집단지성의 공동체가 가능하다는 것을 보여주었다. 서산시가 2003년에 도입해서 시작했으니 매우 발 빠른 수용이었다. 그리고 이 멋진 프로젝트는 매력을 느낀 여러 도시들로 퍼졌다.

두 가지를 봐야 한다. 낸시 펄의 제안은 '모든 시민이 같은 책을 읽는 것'이었다. 그래서 함께 그 책에 대해 이야기를 나누고 토론하면서 자연스럽게 대화하고 소통하는 것이 집단지성뿐 아니라 시민민주주의 발전에 도움이 될 수 있다는 것이다. 그럼 우리는 '모든 시민'이 같은 책을 읽는 방식인가? 물론 책 읽지 않는 시민들이 많으니 쉽지는 않겠지만 어쩌면 그래서 더 필요한 것이다. 그것을 계기로 책을 읽을 수 있는 동기를 부여하고 책과 가까워지도록 유도할 수 있다. 그러나 많은 도시들은 200권쯤 책을 일괄구매해서(그래서 정작 지역의 서점에는 별 도움이 되지 않을 뿐 아니라 그 책을 받거나 빌릴 수 있으니 오히려 책을 더 안 사는 경우가 많다) 도서관에서 대여하고 '릴레이 독서'를 하는 방식을 취하고 있다. 물론 전혀 읽지 않는 것보다는 좋지만 과연 그 방식으로 얼마나 많은 시민이 그 책을 읽을 수 있을 것이며, 읽는 시민들이 소수라면 무슨 대화와 토론을 할 수 있겠는가. 그저 행사를 위한 행사가 되기 쉽다. 실제로 우리나라에서 가장 먼저 이것을 도입한 서산시의 경우만 보더라도 지속적으로 개최하는 것은 가상한 일이지만 별다른 '진화'나 '진보'가 뚜렷하게 보이지는 않는다. 그것은 시의 적극적인 지원과 시민운동으로의 확산 과정이 부족한 까닭이기도 하겠지만, 그 핵심은 '행사를 위한 행사'라는 관념에서 벗어나지 못하고 그 기본사상을 공유하지 못하고 있기 때문일 것이다. 책을 읽어서 시민의 삶이 어떻게 변화하고 발전하는지를 살피는 적극적 대응이 필요하다.

주목해야 할 또 다른 점은 바로 시카고의 경우다. 시카고는 당시 인종갈등 문제로 골머리를 앓고 있었다. 그런 상황에서 시카고공공도서관은 시애틀에서 시작된 이 운동을 도입하기로 했고 시카고 시도 적극적으로 호응했다. 하퍼 리의 『앵무새 죽이기』는 이미 잘 아는 바처럼 흑백인종갈등 문제를 어린이의 순수한 눈으로 바라보는 작품이다. 시카고는 영어뿐 아니라 스페인어와 폴란드어 등으로 쓰인 이 작품을 2천 부씩 구입해서 79개 도서관에 배포했고 '시카고 도서주간' 독서토론에 참여하도록 장려했다. 결과는 놀라웠다. 시민들은 흑백 차별 문제에 대해 진지하게 성찰하고 토론하면서 의식의 변화를 이끌었다. 그리고 실제로 그다음 해 인종갈등 문제가 훨씬 누그러진 것이 입증되었다. 이것은 한 도시가 직면한 문제를 인식하고 전 시민이 함께 고민하며 의제로 이끌어낼 수 있었다는 점에서 특별한 의미를 갖는다.

이제 '한 도시 한 책' 운동은 단순히 도서관 행사나 시의 연례행사로 그칠 게 아니라 그것을 통해 성숙한 시민의식을 이끌어냄으로써 도시와 시민의 정책과 삶에 구체적으로 의제화할 수 있는 방식으로 진화해야 한다. 그것은 바로 시민민주주의로 발전하는 데에 매우 중요한 역할을 할 수 있기 때문이다. 즉, 어떤 책을 고르느냐가 중요한 게 아니라, 그 도시가 어떤 의제를 도출하고 실천할 수 있는가에 대한 논의가 우선이어야 한다. 시 당국과 도서관은 시민들이 함께 참여한 '의제 토론'을 통해 다음 해의 의제를 선정한다. 그리고 그 의제 가운데 구체적으로 실천할 수 있는 주제를 선정하고 그 주제에 대한 토론을 심화한다. 그러면 도시 전체가 다음 해에 어떤 방향으로 나아가야 할지, 시민은 어떻게 적극적으로 참여하고 의제를 실천할 수 있을지에 대해 훨씬 큰 힘을 얻게 될 것이다. 이러한 식으로 진행되면 지금과는 달리 매우 사회적으로나 철학적으로 성숙해지고 정치의식도 발전하게 될 것이다. 그것은 시민민주주의를 정초하는 데에 가장 핵심적인 바탕이 될 것이다. 그 자체가 도시의 수준을 성장시키는 방식이다.

한 도시의 시민 전체가 한 권의 책을 읽으면 시민들이 만날 때마다 다양한 토론이 이루어질 것이고, 가령 카페에서 전혀 모르는 사람이 그 책을 읽고 있다면 자연스럽게 말을 걸고 그 책에 대해 의견을 교환하면서 시민들이 소통하고 연대감을 키울 수 있다는 점에서도 매력적이다. 그리고 책은 다양한 장르로 확산하면서 그 자체가 문화운동으로 발전하면서 시민문화를 형성하고 그 자체가 일종의 교육복지의 역할까지 담당하게 될 것이다. 그러면 자연스럽게 지금처럼 열악한 도서관 환경도 혁신적으로 바뀔 것이다.

이러한 변화를 통해 우리 사회의 큰 문제 가운데 하나인 독서인구의 감소는 증가로 전환할 것이며, 독서를 일상화할 수 있는 안정적이고 지속적인 독서운동이 전개되면 도서관도 지금보다 훨씬 많이 건립하게 될 것이다. 그러면 도서관은 지역사회의 문화 중심 역할을 하게 될 것이고, 더 다양하고 깊이 있는 프로그램을 개발하고 공유하기 위해서는 인적자원 즉 전문가 집단인 사서의 증원도 자연스럽게 이어질 것이다. 또한 멀티미디어 시대에 걸맞게 다양한 형태의 문화적 이해와 실천이 도서관을 중심으로 전개될 것이다. 그게 한 도시의 중요한 미래가치의 바탕이 된다. 그런 큰 그림 속에서 이 운동을 성찰해야 한다. 단순한 독서운동으로 그쳐서는 안 된다는 뜻이다. 시민들이 공동의 관심사를 공유함으로써 공동체의식과 공감대를 형성해나가는 혁신으로 진화시켜야 한다. 행사 여부가 중요한 게 아니다. 어떻게 운용하느냐를 고민해야 한다.

북칭스 코리아

억세게 책을 읽지 않는다. 일본에 비해 1/9 수준이란다. 우리가 일본보다 잘살면 모를까 아홉 배를 읽어도 모자랄 판에 안타까운 일이다. 그러나 백약이 무효다. 책을 읽는 사람들만 읽는다. 그렇다고 무조건 책을 읽으라고 강요할 일도 아니다. 외국 여행을 하다 보면 많은 외국인들이 자투리 시간만 생기면 책을 꺼내 읽는 모습을 보고 부러운 때가 많다. 휴양지에서도 느긋하게 선탠베드에 누워서 혹은 노천카페에 앉아서 책 읽는 모습이 낯설지 않다. 참 보기 좋다. 그건 우리도 할 수 있는 일이다.

휴가 때 책 한 권 들고 가자. 몇 가지 조건(?)을 단다. 첫째, 너무 무겁지도 너무 가볍지도 않은 책을 골라서 들고 간다. 너무 무거운 내용은 휴가와 좀 어울리지 않는다. 너무 가벼운 건 싱겁다. 일상에 쫓기는 것도 아닌데 휴가 때만큼이라도 조금은 생각할 거리를 마련해 가는 것도 나쁘지 않을 것이다. 둘째, 책을 딱 절반만 읽는다. 아무리 재미있어도 한 권을 다 읽지 않는다. 딱 중간에 멈추고 덮으면 다음 이야기가 궁금하다. 휴가는 느긋하게 즐기고 쉬는 시간이다. 그 궁금함을 느긋하게 즐겨볼 기회도 별로 없다. 그러니 딱 반만 읽고 나머지는 궁금하게 보내보는 것도 은근히 즐겁다. 그뿐 아니라 일상적 공간에서 읽는 책과 비일상적 공간에서 읽는 책의 느낌과 맛이 다르다는 점도 매력적이다. 같은 책을 다른 느낌으로 읽고 그 차이를 느껴보는 것도 재미있을 뿐 아니라 의외로 많은 영감을 얻을 수 있다. 셋째, 딱 반나절만 할애한다. 그렇지 않아도 우리 휴가 별로 길지 않다. 그런데 기껏 휴가 가서 하루 종일 책만 읽는 건 휴가에 대한 예의(?)가 아니다. 그러니 반나절만 읽자. 넷째, 반드시(!) '남 보는 데서' 읽도록 한다. 바닷가 비치파라솔 아래에서, 계곡에 발 담그고 읽자, 거기 있는 사람들이 그 모습을 보면서 눈살을 찌푸리지 않을 것이다. 아니, 속으로 보기 좋다고 느낄 것이고 다음 휴가에는 자신도 책 한 권 들고 와서 저렇게 책을 읽어야겠다는 마음을 먹을 것이다. 그러니 펜션이나 호텔에서도 아무도 지켜보지 않는 방에서 혼자 읽는 건 반칙(?)이다. 호텔 로비에서 혹은 펜션의 식당이나 테라스 혹은 정원에 앉아 책을 읽자. 누군가에게 '보여줘야' 한다. 관광지나 휴양지에서 누군가 책 읽고 있는 모습 보면서 혀를 차거나 찡그리지 않을 것이다. 오히려 보기 좋고 부럽기도 할 것이다. 그런 자극도 훌륭한 연대의 방식이다. 그런 모습 몇 해만 반복하면 휴가 때마다 사람들이 책부터 챙길 것이다. 그러면 책 읽는 습관도 생기고 독서 근육도 생긴다.

관광 혹은 휴양도시라면 캠페인을 벌여보는 것도 좋을 것이다. 예를 들어 강릉시가 단독으로 혹은 강원도청이나 강원도교육청 등과 함께 "올 여름 강릉에 휴가 오실 때 책 한 권 들고 오세요. 커피 한 잔 선물하겠습니다."라고 제안한다. 혹은 공영주차장 하루 무료나 50% 할인 같은 당근도 좋을 것이다. 강릉으로 휴가 가는 사람들이라면 그 제안에 호응할 것이다. 꼭 무료 커피 한 잔이나 공영주차장 할인의 혜택 때문만은 아닐 것이다. 그런 제안이 신선하고 즐거워서 공감하며 동참하고 싶을 것이다. 강릉으로 휴가 떠나는 이들마다 한 손에 책을 들고 가는 모습을 떠올려보라. 얼마나 유쾌한 상상인가!

찾아올 관광객들에게는 책을 읽으라고 하면서 강릉시민들이 책을 읽지 않는다면 그 모습도 꼴사납다. 그 캠페인에 강릉시민들이 먼저 호응할 것이다. 관광지의 시민들이 책을 읽고 있는 모습도 멋지지 않은가. 관광객들이 그런 모습을 보면 강릉시민들에 대한 호의와 존경심이 저절로 생길 것이고 그 도시에 대한 호감이 두고두고 남을 것이다. 시민들과 관광객이 함께 책을 읽는 도시. 굳이 '책 읽는 도시' 운운하고 선전할 것도 없다. 그런 캠페인 3년만 이어지면 저절로 그 도시를 생각하면 책을 떠올릴 것이다. 저절로 '책의 수도'가 된다. 2015년 인천이 '세계 책의 수도'로 선정되었지만 정작 시장과 시 당국이 책에 대한 근본적 이해는 부족한 채 행사에만 급급했던 걸 돌아보라. 지금 누가 그걸 기억하는가. 그러나 방문자도 지역주민도 모두 책을 읽게 되는 문화가 조성되면 그게 그 도시 전체를 문화적으로 성숙시키는 지름길이 된다.

책을 읽어 다양한 지식과 정보를 얻게 되면 도시의 여러 의제들에 대한 고민도 할 것이고 다양한 의견을 수렴하면서 미래의제도 자연스럽게 도출하고 수행할 수 있는 실천의지를 모을 수 있을 것이다. 책은 사람이 만들지만 책이 사람을 바꿀 뿐 아니라 도시도 바꿀 수 있다. 생각만 섹시하게 해도 해낼 수 있는 멋진 일들이 많다. 생각이 바뀌면 도시를 바꿀 수 있다. 생각이 바뀌면 휴가문화를 바꿀 수 있다. 생각이 바뀌면 계절도 사회도 바꿀 수 있다. 북캉스 한번 멋지게 해보면 어떨까. 그런 도시가 늘어나면 삶이 윤택해질 것은 분명하다.

출판인들도 시민들이 책 안 산다고 안 읽는다고 푸념만 할 게 아니다. 갈수록 출판 불황이라고 몸만 움츠리는 게 능사가 아니다. '가을은 독서의 계절'이라는 말을 일본의 출판계가 만들어낸 말이라는 걸 기억하자. 가을은 '여행'의 계절이다. 모든 사회나 문화가 그렇지만 특히 농업사회의 경우 봄에서 여름까지 농번기에 여행은 꿈도 꾸지 못한다. 가을걷이가 끝나면 노동에서 벗어날 수 있고 경제적으로나 시간적으로 여유가 생겨서 여행을 떠날 수 있다. 가을은 여행하기에도 날씨가 최적이다. 그러니 많은 이들이 여행을 떠난다. 그래서 책을 읽지 않는다. 가을에 책이 팔리지 않는 현상을 고민하던 출판계가 고심 끝에 역발상으로 만든 캠페인성 모토가 바로 '가을은 독서의 계절'이었고 놀랍게도 그 말의 힘이 가을 출판 판매 위축을 벗어나 오히려 출판의 호황 시기로 회복시켰다. 그러니 출판계도 그런 멋진 '발상의 전환'을 시도해야 한다. 그런 '돈 안 들면서 효과적인' 아이디어는 생산하지 못하고 베스트셀러나 꿈꾸면서 출판의 혁명은 외면하는 발상부터 버려야 한다.

일단, 휴가 때 책 한 권 들고 가자!

리허설 티켓 판매를 허하라

고등학교 1학년 시절, 그러니까 1970년대 중반 나는 신선한 문화충격을 받았다. 당시 음악 선생님은 음악 성적(그게 시험이었는지, 합창대회였는지는 정확히 기억나지 않지만)이 좋으면 멋진 선물을 하겠다고 약속하셨다. 그리고 그 약속을 지켰다. 어떤 대학교 음악대학의 오페라 공연에 초대하신 거였다. 아마도 그 음악대학 공연에 객석 빌 것이니 우리가 자리를 채워주는 의미도 있었을 것이다. 어쨌거나 우리는 그 초대에 신났다. 당시 2년 전 개관한, 남산에 있는 국립극장은 그 건물과 시설 자체만으로도 어린 우리에게는 신선한 충격이었다. 그리고 드디어 공연이 시작되었다. 베르디의 오페라 〈라 트라비아타〉였다. 그런데 오페라 공연이 시작되기도 전에 우리는 황홀경(?)에 빠졌다. 오케스트라가 '애국가'를 연주하는데 그 느낌이 평소의 그것과 너무나 달랐다. 애국가부터 홀딱 빠진 우리는 완전히 촌놈 그 자체였다. 다행히 오페라는 낯선 작품이 아니고 '축배의 노래' '아! 그대인가' 그리고 '프로벤자 내 고향으로' 등 유명하고 익숙한 곡들이 많아서 몰입하기 좋았다. 음악대학의 발표회니 그리 높은 수준은 아니었을 것이다. 그러나 우리는 촌놈들처럼 감탄을 연발했고 공연이 끝난 뒤에도 흥분을 감추지 못했다. 공연 후 국립극장에서 장충동으로 내려가면서도 여운이 남았다.

용돈도 넉넉하지 않은 고등학생 신분으로 비싼 공연장에 가는 것은 현실적으로 부담스러웠다. 그런데 당시 국립극장에서는 연회원권을 발행했는데 장르별로 나눠서 판매했다. 예를 들어 교향악, 오페라, 독주회 등으로 분할한 것도 있고 전체를 다 관람할 수 있는 티켓도 있었다. 특히 학생용 티켓이 따로 있었는데 학생들을 배려해서 매우 저렴했다. 몇 달 저축해서 나는 교향악 티켓을 샀다. D석으로 공연장 맨 꼭대기 자리였지만 만석인 경우는 거의 없어서 늘 아래층으로 내려와서 즐길 수 있었다. 당시는 그런 건 막지 않았고 자리 듬성듬성 보기 싫은 걸 채우려는 의도였는지 오히려 장려했다. 자세히는 기억나지 않지만 정기권 소지자들에게는 그랬던 것 같다. 그래서 거의 좋은 자리에서 감상했다. 한 달에 한 번 국립극장에 갈 때마다 그 길이 언제나 설렜던 것 같다.

가끔 연회원들에게는 리허설 초대의 특권도 주어졌다. 네댓 번 리허설 공연을 갔던 것 같다. 특별한 경험이었다. 리허설 공연에 가면 같은 소절을 왜 그리 반복하는지 알 수 없지만 지휘자는 계속해서 뭔가 주문했고 신기하게도 연주의 내용이 다르게 느껴졌다. 리허설 공연에는 학생들이 꽤 많았는데 예원학교와 예고 학생들이 대부분이었고 음대 대학생들도 있었다. 당시 기억으로 정재동 지휘자와 김만복 지휘자의 리허설 공연이 특별히 기억난다. 두 사람은 연주 색채가 달랐다. 아마 그냥 들었으면 잘 몰랐을 텐데 두 분의 리허설 공연을 보면서 그 차이를 알 수 있었다. 매우 특별한 경험이었다. 무엇보다 큰 공부가 되었다. 정재동 선생은 가끔 객석을 향해 왜 어떤 대목을 반복하고 특히 어떤 부분 때문에 그러는지 자상하게 설명하기도 했다. 예고 학생들이나 음대생들은 악보를 들고 와서 연필로 체크하기도 했고 그 모습이 인상적이었다. 아마 그들에게는 단순한 감상자인 나보다 훨씬 더 특별했고 좋은 공부가 되었을 것이다. 당시 나는 개인적으로 김만복 선생은 약간 뻣뻣한 느낌이어서 거만하다는 인상을 가졌었는데 숙명여자대학교에서 그다음 달 음대생들 연주회가 있다며 초대했다. 그 초대에 이전의 인상이 싹 바뀌는 즐거운 경험도 있었다. 지금도 그 1년의 국립극장 나들이와 특히 리허설 연주의 감상을 잊을 수 없다.

그 뒤로는 리허설 공연에 가본 적이 없다. 일부러 찾아도 그런 기회는 거의 없었다. 그러다 2008년도 사이먼 래틀 경(Sir Simon D. Rattle)이 이끄는 세계적인 베를린필하모닉 오케스트라 내한공연 때 '오픈 리허설' 보도를 접했다. 오전 10시에 예술의전당 콘서트홀에서 리허설을 하면서 청소년 400명을 무료로 초청했다. 특히 소외계층 청소년들과 부산의 수녀원에서 운영하는 고아원생들로 구성된 '부산 소년의집' 오케스트라 단원 38명이 초대되었고 장애청소년들도 포함되었다. 그리고 나머지는 아동청소년 오케스트라 단원들이었다. 래틀 경은 "클래식이라는 것이 몇몇 부유한 사람들의 전유물이 아니라 모든 사람들에게 영향을 미치는 것이 우리의 바람이다."라며 "청소년과 노년층, 장애인, 수감자 등 사회 전반의 약자들에게 음악이 전달될 수 있도록, 그들의 삶을 바꿀 수 있도록 하는 것이 우리가 원하는 것이고 그들도 열렬한 반응을 보이고 있다."고 말했다. 그런 철학이 감동 그 자체였다. 보도에 따르면 청소년들은 끝까지 진지함을 한순간도 늦추지 않았다고 한다.

"베를린 필을 찾아온 여러분을 만나 행복합니다. 리허설에서는 브람스 교향곡 1번과 2번 전체가 연주되지 않는다는 점을 양해해주세요. 즐겁게 감상해주세요."라는 따뜻하고 애교 섞인 래틀 경의 말에 아이들이 얼마나 감동했을까. 세계적인 교향악단이 국내 공연에서 리허설을 개방한 것은 처음이었다. 브람스 교향곡 1번을 연주하면서 학생들은 베를린 필의 강렬하고 웅장한 사운드에 빠져들었고 래틀 경은 독일어와 영어로 악장 등 단원들과 의견을 조율하면서 리허설을 진행했다고 한다. 래틀 경은 빠른 악장은 중간에 연주를 끊어가며 지시를 내렸지만, 느린 악장의 경우 중단 없이 연주해 늦가을 정취에 어울리는 브람스 곡의 따뜻한 현악 앙상블의 진수를 들려줬단다. 이날 학생들은 2시간 반 동안 진행된 리허설 공연에서 중간에 자리를 뜨지 않고 진지하게 경청했단다. 베를린 필의 오보에 수석인 마이어는 "어린 학생들인데도 조용히 앉아 음악을 깊이 이해하고 듣는 관람 태도를 보여 놀랐다."며 "학생들에게는 평생 단 한 번밖에 없는 환상적인 추억이 됐을 것"이라고 말했다는 보도도 감동적이었다.

이날 오픈 리허설에 피아니스트 백건우 씨와 서울시향 악장 데니스 김 씨도 참석했는데, 김 씨는 "베를린 필의 속살을 들여다볼 수 있는 기회였다."며 "공연을 앞두고 집중해야 할 시간인데도 리허설을 개방한 배려에 경의를 표한다."고 말했다는 보도를 읽으며 많은 것을 떠올렸다. 내 고등학교 시절 국립극장에서 제공했던 리허설 공연 기억이 새록새록 떠올랐다.

요즘은 연극, 뮤지컬 등에서 리허설 티켓을 판매하는 경우도 종종 있다. 심지어 아이돌 스타 그룹의 공연에도 리허설 티켓을 판매한다. 그것 자체가 마케팅의 중요한 일부가 되었다. 그러나 클래식 공연에서는 아직 익숙하지 않다. 내 과문의 탓인지는 몰라도.

클래식 음악회는 비싸다고 여긴다. 그럴 수도 있는 게 외국의 유명한 연주자나 악단의 경우 50만 원 정도의 티켓을 보며 절망하는 이들도 많다. 하지만 그건 우리 음악시장의 시스템 문제 때문이기도 하다. 서울에서 한 번 연주에 그치지 않고 지방 여러 곳에서 연주할 수 있는 여건과 소비시장이 형성되면 현재 지나치게 높은 가격은 크게 내릴 수 있을 것이다. 사실 그리 비싸지 않은 음악회도 많다. 그리고 뮤지컬이나 일반 대중음악 콘서트도 비싼 거 많다. 정보 탐색을 잘 하면 저렴한 가격에 훌륭한 클래식 연주를 들을 기회는 많다. 물론 이것은 아직 서울 등에만 해당되는 것이지만, 지방에서도 서울 오는 김에 그런 연주회 즐길 마음만 있으면 충분히 가능하다.

나는 클래식 음악계에서도 리허설 티켓 판매를 활성화하기를 제안한다. 그것에는 몇 가지 장점이 있다. 첫째, 관객-음악인-극장 모두에게 도움이 된다. 관객은 상대적으로 싼 가격에 특별한 공연을 즐길 수 있다. 연주자들은 정식의 공연은 아니지만 최종 연습을 하면서 가상(?)의 관객을 앞에 두고 적당한 긴장과 공연 시뮬레이션을 할 수 있다. 극장은 리허설 때 대관료를 받지만 별도의 수익을 얻으니 마다할 게 아니다. 그 수익을 해당 음악인들과 반으로 분배하면 양자 모두 도움이 될 것이다.

리허설 티켓의 가장 큰 혜택은 소통과 교육적 효과다. 관객에게 무대는 별도 공간이고 공경의 대상이다. 그런데 리허설은 복장부터 자유롭고 설명하고 수정하고 반복하며 최고의 완성도로 압축적으로 진입하고 확인하는 과정이다. 이 과정을 통해 관객은 연주의 과정과 연주자들의 노력, 그리고 해석과 표현의 방식 등에 대해 훨씬 밀도 있게 이해할 수 있는 기회를 갖는다. 악보를 가지고 가서 연주를 들으며 확인하는 등의 학습효과도 뛰어나다. 리허설 공연도 보고 본공연도 보면 어떻게 다른지, 실제 공연에서의 밀도는 어떻게 차이가 나는지 등을 비교하며 새롭게 음악을 체감할 수 있다. 무엇보다 음악을 전공하는 학생들에게는 매우 좋은 교육적 기회가 될 것이다.

물론 부담 요소도 있다. 최종 연습과 확인의 과정에서 관객들 때문에 산만해지거나 그들의 시선을 의식해서 정직한 표현을 불편하게 여길 수도 있다. 그러나 그러한 것도 지휘자나 연출자의 독선과 지나친 권위의식을 희석시키는 일종의 탈색 과정이 된다면 굳이 그게 위험 요소가 될 것도 없다. 비판과 지적은 그것을 내놓는 사람의 권력과 권위 때문에 정당화되거나 권력화되는 것이 아니라 그의 실력과 신뢰와 존경에서 비롯되는 것이다. 필요 이상의, 혹은 논리적이지도 않고 좌충우돌의 권위를 휘두른다면 관객들로부터 비난받을 것이다. 따라서 이것은 교류와 소통, 민주주의적 질서와 사고 등의 측면에서 봐도 매우 도움이 될 것이다.

이제 열린 마음으로 오픈 리허설을 최대한 늘리고 리허설 티켓을 판매하여 경제적으로, 교육적으로, 사회적으로, 더 나아가 민주주의 훈련이라는 측면에서 정치적으로 다양한 효과를 얻을 수 있도록 하면 어떨까. 처음에는 어색하고 불편할지 모르지만 금세 그런 건 사라질 것이다. 권위주의나 편의주의 혹은 폐쇄화를 버리고 개방주의와 책임주의의 과정을 획득하자. 1970년대에도 하던 걸 21세기에 못 할 게 있는가. 인프라가 필요한 것도 아니고 제도와 법률을 바꿔야 하는 번거로운 것도 아니다. 생각만 바꿔도 누릴 수 있는 사회적 혜택이다.

도서관이 중요한 대안이다

"한 도시의 과거를 보려면 박물관에 가고, 현재를 보려면 시장에 가며, 미래를 보려면 도서관에 가라."는 말이 있다. 도서관은 한 도시의 지적 문화적 수준의 가늠자다. 따라서 그 도시가 어떤 도서관을 가지고 있느냐는 매우 중요한 지표이다.

최근 도서관은 이전에 비해 환골탈태의 모습으로 변하고 있다. 적극적인 도서 안내와 더불어 다양한 강좌, 그리고 활발한 독서동아리 모임 등은 그런 도서관의 뜨거운 모습들이다. 이전의 도서관이 책의 수장과 열람 등의 기초적인 업무에 주력했던 것에 비해 대시민서비스의 활동이 증가하고 있다. 그리고 이러한 활동에 대한 시민들의 반응도 고무적이다.

그러나 아쉬움이 없는 것은 아니다. 첫째, 대부분의 강좌들이 백화점 식으로 나열되어, 마치 '우리는 이런 다양한 프로그램을 제공하고 있습니다.'라는 것을 알리기 위한 느낌도 든다. 물론 몇몇 도서관에서는 일정한 주제를 정해서 한 사람의 전문가 혹은 소수의 집단이 여러 주를 이어가는 경우도 늘고 있지만 아직도 대부분은 나열식 프로그램이라는 점에 주목해야 한다. 둘째, 인문 강좌들의 후속 프로그램이 자발적으로 만들어지지 않고 있다는 점이다. 단강으로 이루어지는 경우 연대감이나 결속력이 떨어질 수밖에 없기 때문일 것이다. 셋째, 어쩌면 이것이 가장 본질적인 것일 수도 있는데, 왜 인문학을 하고 있는지에 대한 인식이 따르지 않고 있다는 점이다. 그저 적당한 교양 프로그램을 제공하고 시민들은 그것을 소비하는 방식으로 진행되는 현상이 많다. 이제는 앎이 삶으로 이어지는 연계성에 대해 진지하게 성찰해야 할 시점이다.

또 한 가지 도서관이 현실에서 수행할 중요한 덕목은 민주주의와 시민의식을 개화시키는 것이라 할 수 있다. 단순히 정보의 탐색이 아니라 다양한 강좌를 통해 그 가치를 인식하고 그 발휘를 위해 연대할 수 있는 시민의 장소가 되어야 한다. 그러기 위해서는 다양한 강좌는 일회성 단강이 아니라 가능하면 4~8회 정도의 연속 강좌로 이루어질 필요가 있다. 1) 인트로 과정을 통해 전체적인 조망을 짚어보고, 2) 심화 학습을 통해 지식을 재구성하고 3) 토론을 통해 수강 시민 스스로 주제를 도출하며 대안을 모색함으로써 자연스럽게 실천 방안을 마련하는 연대로 이어져야 할 것이다. 도서관은 단순히 책을 읽고 공부하는 곳에 그치지 않고 시민의 혈맥이 되어야 한다. 그랬을 때 도서관을 통해 미래를 바라볼 수 있을 것이다.

과연 지금 우리의 도서관들이 "미래를 보려면 도서관에 가라."는 말에 대해 자신 있게 '그렇다'라고 말할 수 있을까? 거두절미하고, 대한민국의 도서관 전체의 문제는 사서의 절대적 부족이고, 사서에 대한 인식의 부족이다. 사서는 책에 관한 전문가인데, 정작 사서는 도서관에서 골방에 처박혀 주어진 일만 수행하는 존재로 인식하고 있다. 이것은 인력의 수급에 대한 정부와 지자체 혹은 교육청의 인식 자체가 잘못되었기 때문이다. 하드웨어는 돈만 있으면 가능하다. 그래서 최근 짓는 도서관들은 예전에 비해 세련되고 아름답다. 가시적 성과로는 그만이니

지자체 수장들이 열심히 짓는 건 다행이다. 그러나 거기까지다. 그게 비극이다. 소프트웨어는 어느 정도의 기술이 축적되면 가능하고 정 안 되면 돈으로 사면 된다. 문제는 바로 휴먼웨어다. 사람에 대한 투자는 시간과 돈이 많이 든다. 그리고 당장 눈앞에 보이는 성과도 없다. 그러니 정작 가장 핵심적인 휴먼웨어에 대한 투자에는 인색하다. 걸핏하면 공무원 정원 규정 운운하며 뒷전이다. 이래서야 어찌 도서관이 전문화될 수 있으며 시민들에게 보다 나은 서비스를 제공할 수 있는지 그들에게 되묻고 싶다.

세계 유수의 대학은 도서관이 중심이다. 도서관이 그 대학의 자랑이다. 그러나 대한민국의 대학도서관은 어떤가? 장소가 캠퍼스의 복판에 있다고 중심이 아니다. 도서관은 다양한 정보를 제공하고 필요한 자료를 종합해주는 등의 연구의 핵심 탱크이다. 예를 들어 리에종 서비스는 대학도서관에서 필수적인 서비스이다. 리에종 서비스란 학과별로 리에종 사서를 지정하여 정보자원과 이용자(학부생/대학원생/교수)의 정보 요구를 연결하여 적극적으로 도움을 주는 서비스다. 현재 숭실대학교에서 영어영문학과를 비롯한 교내 6개 학과에만 서비스를 제공하고 있다. 이용자들과 연구자들의 연구에 필요한 자료 입수, 정보 활용, 논문 작성 및 연구조사에 필요한 정보를 이용자 요구에 맞춰 서비스하는 이러한 리에종 서비스는 대학의 질적 성장을 위해 필수적이다. 그러나 대한민국의 거의 모든 도서관은 이러한 서비스가 없고 개념조차 없다.

이러한 서비스를 제공하기 위해서는 각 분야의 전문 사서를 배양하고 적절히 배치하며 학교의 모든 연구기관과 연구원들과의 네트워크 형성 등 지속적인 관계를 유지해야 한다. 과감하게 사서들을 육성하고 대학원 등에 진학시켜 특정 분야의 도서 전문가로 양성해야 한다. 그건 결코 과도한 인력 투자가 아니다. 오히려 최소의 투자로 최대의 결과를 이끌어내는 방식이다. 각 도서관마다 리에종 서비스를 마련하기는 단기간에 어렵다. 그러면 일단 각 분야의 리에종 자격의 사서를 배치하고 그 영역이 필요한 시민들은 그쪽 도서관과 사서와 연결하면 된다.

사서가 전문가라는 점을 잊는 순간 도서관은 책의 저장소에 불과할 뿐이다. 그렇다면 대학도서관의 관장은 누가 맡아야 하는가? 당연히 사서가 맡아야 한다. 하지만 도서관장은 교수들의 보직의 하나로 여겨질 뿐이다. 대한민국에서 사서 출신 도서관장이 있는 대학이 과연 몇 개가 있는지 찾아보면 우리 도서관의 현실을 금세 알 수 있을 것이다. 이러한 현실은 각 지자체의 공공도서관도 예외가 아니다. 행정직 직원들이 돌아가며 관장을 차지하는 방식으로 운영되는 곳이 비일비재하다. 사서에 대한 투자 없이 도서관의 발전을 꾀한다거나 시민들에게 양질의 문화서비스를 제공하겠다는 건 다 긁어모아봐야 공염불에 그칠 뿐이다.

사서를 키우지 못하고, 필요한 사서를 충원하며 배치하지 못하는 도서관은 건물과 책만 있을 뿐 혈액은 없는 비물질에 불과하다. 도서관을 이용하는 시민들은 사서의 중요성을 별로 실감하지 못한다. 그것은 사서에 대한 과거의 낡고 좁은 인식에서 벗어나지 못했기 때문이고 사서들로부터 양질의 서비스를 제대로 받은 경험이 별로 없기 때문에 그 가치를 제대로 체감하지 못했기 때문이기도 하다. 사서의 문제는 사서와 도서관 관계자들의 요구와 힘만으로는 해결하기 어려운 현실이다. 그렇다면 시민들이 사서의 가치를 올바르게 알고 충분한 사서의 충원을 요구하며 정당한 서비스를 제공받도록 노력해야 한다(덧붙이자면, 도서관의 안내데스크는 고참 사서 혹은 도서관장이 앉아 있어야 한다. 책과 도서관에 대한 다양하고 충분한 정보를 제공할 수 있는 사람이 시민들의 다양한 욕구를 충족시켜줄 수 있어야 한다. 단순히 장소를 안내하는 등의 서비스를 제공하는 자리로 만들어서는 안 된다. 시민의 입장에서는 사서가 보이지 않기 때문에 누구에게 책에 대한 정보를 물어야 할지 모른다. '소비자'의 입장에서 도서관을 바라볼 수 있어야 한다. 송파구청에서 국장으로 퇴직한 뒤 도서관에 갔더니 그런 점이 비로소 보이더라는 서찬수 전 국장의 지적이기도 하다).

세상이 바뀌었다. 불확실성의 시대에 필요한 것은 지속적인 지식과 정보의 균형 잡힌 수급이다. 인류의 가장 큰 유산 가운데 하나는 바로 책을 만들고 책을 읽는다는 것이다. 책은 인간의 지성과 감성 그리고 영성이 고루 담긴 지적 자산이다. 그것을 통해 삶을 살찌우고 보다 나은 삶을 설계할 수 있다. 그러니 책만큼 좋은 물질을 찾기 어렵다. 우리가 도서관에 주목해야 하는 이유는 그것이 사회적 교육 시스템의 중요한 대안이라는 점 때문이다. 예전에는 평생 한 가지 직업으로 살았다. 이른바 'one-term life'였다. 그래서 죽자 사자 좋은 직업을 얻기 위해 공부했다. 그러나 이제는 더 이상 그러한 방식은 통하지 않는다. 기성세대까지는 그렇게 살았을지 모르지만 다음 세대들은 결코 그렇게 살 수 없다. 그런데도 첫 시작의 좋은 지점을 차지하기 위해 청소년기를 몽땅 속도와 효율의 공부에만 매달린다. 그러나 다음 세대의 삶은 'multi-term life'로 변한다. 그러므로 교육은 그저 지식과 정보만 주입하는 게 아니라 다양한 삶의 단계를 설계하고 구상하는 기본 바탕을 마련하는 데에서 새롭게 출발해야 한다. 또한 각자는 그러한 방식으로 공부하고 준비해야 한다.

적어도 지금의 현실은 모두에게 차갑고 시리다. 젊은 청년들은 직업을 얻지 못하고 설령 직업을 가졌다 해도 그것이 일생을 보장하지도 못한다. 따라서 다음 삶을 어떻게 마련하고 준비해야 할지 인식의 대전환이 필요하다. 그러나 불행히도 우리 사회는 여전히 사회적 교육 시스템이 부재한 상태다. 다음 단계의 삶을 모색하고 준비해야 한다. 그것을 지원할 사회적 교육 시스템이 있어야 삶을 재설계하고 재구성할 수 있다. 하지만 여전히 그게 우리에게는 없다. 그렇다면 어떻게 그것에 대비해야 할까?

그게 바로 책이다. 책은 그 분야 지식의 전문가가 여러 해 혹은 일생을 바쳐 완성한 지적 결정체다. 그러므로 내가 다음의 삶을 구상하고 탐색할 때 그 분야의 책을 10권쯤 묶어 꾸러미로 집중 독서를 해야 한다. 처음에는 낯선 분야라서 용어도 개념도 익숙하지 않지만 서너 권 읽으면 대략 윤곽이 보이고 10권을 다 읽고 나면 그 분야 전문가 지식의 70%쯤 도달한다. 물론 이것은 완성이 아니다. 그리고 책은 미래가 아니라 과거의 것이다. 지금 생산되는 지식과 정보는 그 분야의 전문 저널에 담겨 있다. 따라서 내가 책을 집중적으로 읽는 것은 바로 그 저널을 제대로 이해하고 판단하기 위해서다. 그 상태가 되면 무지나 백지의 상태로 뛰어드는 것이 아니라 상당한 지적 능력과 판단력을 갖고 들어가는 셈이다. 지금으로서는 그것이 우리가 선택할 수 있는 차선책이다.

지금 우리가 책을 읽는, 읽어야 하는 시대적 당위는 바로 이런 것이다. 마음만 먹으면 적은 돈으로 짧은 시간에 가장 효과적으로 미래를 대비할 수 있는 것이 바로 책이다. 그렇게 해야 다음의 삶이 그저 무작위의 삶이 아니라 'up & better'의 삶이 될 수 있다. 책은 단순한 '마음의 양식'이 아니다. 책을 읽는 것은 많은 에너지를 요구한다. 그렇다면 그 에너지에 상응하는 결실을 얻어야 한다. 무작정 책만 읽으라고 할 게 아니다. 왜 읽어야 하는지를 제대로 판단해야 한다. 지금으로서는 차선책이나마 책을 통해 내 삶을 체계적으로 그리고 단계에 맞게 설계할 수 있다. 그러니 책을 읽는 사람과 읽지 않는 사람의 삶은 갈수록 달라질 것이다. 더 늦기 전에 도서관에 과감하게 투자해야 한다. 그래야 미래가 산다.

책을 읽어야 하는 중요한 이유들 가운데 하나는 '어휘의 증강'이다. 한 사람의 사고의 영토는 그가 사용하는 어휘의 양과 질에 비례한다. 사고의 호흡의 길이는 문장의 호흡의 길이에 비례한다. 사고는 어휘를 통해 형성되고 사고는 판단과 행동을 낳는다. 대부분 언어는 구어와 문어로 나뉜다. 구어는 '날숨'에서만 가능하기 때문에 문장이 짧을 수밖에 없다. 게다가 대개의 구어는 일상적이고 반복적인 어휘들이 주로 사용된다. 반면 문어는 날숨의 한계에 적용되지 않는다. 무한히 길 수도 있고 압축적으로 짧으면서도 강한 메시지를 전할 수도 있다. 특히 우리의 언어는 감각적 언어에 뛰어나고, 다양한 우리말과 개념과 관념을 다루는 한자말로 구성된다. '노랗다'의 비슷한 말은 엄청나게 많지만 '생각하다'의 비슷한 말은 거의 한자말이다. 구어에서는 거의 우리말이다. 따라서 구어에만 익숙해지면 개념을 만들어내는 능력이 부족해진다. 사고의 판단과 행동의 양식은 그러한 언어 습관과 무관하지 않다. 따라서 책은 사고의 깊이와 판단의 신중함 그리고 행동의 절도에 직결된다. 민주주의 사회를 제대로 구동시키려면 언어의 영역을 확장해야 한다. 우리의 민주주의가 퇴행하는 이유 가운데 하나가 책을 읽지 않고 공부하지 않기 때문이라는 지적을 가볍게 넘겨서는 안 된다.

많은 이들이 말한다. 책을 많이 읽는 편인데 도무지 지식이 느는 것 같지도 않고 세상을 읽어내지도 못한다는 푸념이다. 이럴 때는 한 주제에 집중해서 읽는 훈련이 필요하다. 예를 들어 전반기 한 달을 정해서 내가 좋아하는 분야, 예를 들어 역사라고 하면 그 분야의 책을 열 권쯤 모아 집중적으로 읽는다. 그러면 어느 정도 안목이 생긴다. 그런 안목은 비단 그 분야에만 국한되는 것이 아니라 다른 분야에도 동시에 문리가 트이게 하는 효과를 준다. 그리고 하반기에는 평소에 내가 외면했던 분야, 예를 들어 과학이라고 하면 그 분야의 책을 열 권 꾸러미로 묶어 집중적으로 읽는다. 그러면 어렵다 여겼거나 흥미 없다고 생각했던 분야가 새삼스럽게 재미있고 유익하다는 것을 깨닫는다. 새로운 안목도 생기고 자신감도 생긴다. 이것은 새로운 삶에 대한 도전의식과도 이어진다. 이런 식으로 책을 읽는 습관을 익히면 내 다음 단계의 삶을 설계할 때 크게 도움이 된다. 즉 내가 고려하는 다음 단계의 삶의 분야에 대한 지식과 정보를 체계적이고 효과적으로 구축할 수 있고 그것을 토대로 새로운 삶을 보다 튼실하게 선택하고 전환할 수 있을 것이다.

도서관은 시민들로 하여금 관심 있는 분야를 먼저 고르게 하고 그 분야에 관한 책을 10권씩 묶어준다. 각 레벨별로 다섯 묶음 정도면 될 것이다. 재교육 시스템이 부재한 상황에서 책은 좋은 가이드가 된다. 저자가 수년 동안 연구한 것을 적은 비용으로 짧은 시간에 습득함으로써 그 분야에 관해 전문가에 준하는 지적 수준에 도달할 수 있다. 그러면 자신의 향후의 결정에 큰 도움이 될 것이다. 그러므로 도서관과 사서는 사회재교육의 최전선에 서게 될 뿐 아니라 미래의 대한민국 사회를 정상화시킬 중요한 교두보가 될 것이다. 도서관이 당장 충분한 사서와 전문가를 확보하지 못해도 각계의 전문가들에게 의뢰하여 각 분야의 레퍼런스로 삼을 책을 추천받아 일종의 아이템풀의 방식으로 관리하는 것도 임시적 방법이 될 것이다. 또한 이러한 방식은 지식 전문가들과의 지속적이고 유기적인 관계망을 형성할 수 있다는 점에서도 고려할 가치가 충분하다.

책을 읽는 것은 유익하다. 그러나 그렇다고 무작정 읽으라고 강요할 일도 아니고 강요해서도 안 된다. 책을 읽는 것도 훈련이다. 그리고 습관이다. 그 훈련과 습관이 내 다음 삶의 질을 결정한다. 그러니 독서는 결코 가벼운 것이 아니다. 평생의 공부와 독서가 내 삶 내내 올바른 판단과 준비의 핵심이 된다. 그러므로 우리가 주체적으로 그리고 성공적으로 여러 단계의 삶을, 그것도 보다 진화할 수 있는 삶을 살기 위해서는 독서와 도서관의 진화는 필수다. 선택이 아니다. 따라서 일찍부터 그 습관을 길러야 한다. 미래의 삶을 결정하는 가장 중요한 요인이 바로 '독서력'이다. 세상이 바뀌었다. 독서의 방식도 바뀐다. 물론 여전히 변하지 않는 고전의 독서도 필요하다. 그러나 이제는 독서의 전략도 방식도 습관도 새롭게 짜야 한다. 21세기다. 그냥 막연하게 책 읽을 일이 아니다. 내 삶의 주인이기 위해서는 독서의 당위와 목적이 재정립되어야 할 때다.

이러한 목적을 수행하기 위해 시민들, 특히 도서관을 이용하는 시민들이 적극적으로 도서관의 가치와 사서의 역할에 대해 청원하고 인식을 전환함으로써 도서관이 우리의 현재와 미래의 토대를 제공하는 핵심 공간이 되도록 함께 발전시켜야 할 것이다. 지금까지의 수동적인 태도를 벗어나 시민의 힘을 적극적으로 유도해야 할 것이다. 지금 우리 사회의 가장 심각한 문제의 하나는 삶을 재설계하고 재교육할 수 있는 사회적 교육 시스템이 전무하다는 점이다. 그러므로 당면한 미래의제 가운데 중요한 것이 바로 이러한 역할을 수행할 중심을 마련하는 것이다. 수명은 늘고 일하는 시간은 늘지 않으니 전체 삶에 비하면 거의 모두 조기은퇴자들이다. 그런데도 아무런 대비도 하지 않았다는 것은 정부와 지자체의 직무유기다.

도서관은 미래의 삶을 결정하고 시민의 삶을 연대할 수 있는 최적의 거점이다. 퍼스트무빙 프레임의 미래 사회에서 창조, 혁신, 융합의 패러다임을 가장 먼저 생산하고 소비하는 시끌시끌한 시장이 바로 도서관이어야 한다. 그래야 미래의 삶을 엿볼 수 있는 곳이 바로 도서관이라는 말이 진정성을 갖게 된다. 도서관이야말로 자신이 낸 세금을 환급받는 최고의 대상일 뿐 아니라 '옆집 사람이 낸 세금'까지 누리는 최고의 대 시민서비스 공간의 중심이다. 그 점을 인식하여 시민들이 도서관에 몰려들도록 해야 한다. 거기에 우리의 미래가 있다는 것을 증명해야 할 때다.

도서관이 시민사회의 공동체적 삶의 중심지이며 미래의 대안을 모색하는 거점이 될 때 그 사회는 희망을 갖게 된다. 고루하게 책 타령하는 게 아니다. 책을 통해 성찰하고 새로운 정보와 지식을 얻으며 세상과 호흡할 수 있는 토대가 마련되는 것이 미래의 경쟁력이며 우리가 건강한 사회를 만들어갈 수 있는 바탕이다. 현재 서울 사람들 가운데 1년에 단 한 권의 책도 읽지 않는 이들이 무려 1/3쯤 된다고 한다. 일본의 도쿄 사람들이 9권을 읽는 것과 비교해보면 우리가 얼마나 무심하고 무지하게 살고 있는지 확연하게 알 수 있다. 서울의 모든 동 가운데 동네 서점이 없는 곳이 무려 30%를 넘는다는 조사도 나왔다. 지방행정 전문가인 공무원 김남일이 펴낸 『마을, 예술을 이야기하다』를 보면 경상북도의 23개 시와 군 가운데 6곳에는 아예 서점이 없단다. 소비가 없으니 시장이 몰락한다. 수수방관이다. 그런 곳에는 지자체가 공공서점을 운영하는 것도 대안이 될 것이다. 일본의 어떤 지자체에서 실제로 그렇게 하고 있는데 우리라고 못 할 게 없다. 그게 안 되면 도서관과 연계하는 방안도 구상할 수 있다. 책이 죽고 서점이 사라지며 도서관이 뒷방으로 물러나면 희망이 없다. 그러나 도서관을 살려내면 지역이 살고 문화가 성장하며 민주주의와 지역공동체 정신이 자라난다.

이제라도 제발 건물로서의 도서관이 아니라, 책을 열람 대출하고 좋은 강연 몇 개 마련하는 곳이 아니라, 시민의 삶과 미래가 거기에서 발아되는 중심으로 바꿔야 한다. 도서관을 보면 그 도시의 미래가 보인다는 말, 결코 빈말이 아니다.

보편적 복지가 경력 단절과 인구절벽을 막는다

인구가 빠른 속도로 감소하고 있다. 예전에는 빠른 인구증가가 국가경쟁력의 장애요소였지만 이제는 인구감소에 의한 노동력의 절대 부족으로 심각한 위기에 직면하고 있다. 정부는 '당근 같지도 않은 당근'으로 유인하지만 그 미끼를 덥석 물 멍청한 물고기가 아니다, 우리는. 1%를 제외하고는 이 나라에서 아이 하나 키우고 가르치는 게 얼마나 어려운지 안다. 게다가 그렇게 키워봤자 그 아이의 삶이 장밋빛도 아닌 듯하니 아이 낳는 게 모험에 가깝다. 그런데도 정부는 자다 봉창 두드리듯 아이 더 낳으라고 푼돈 몇 푼 얹어주겠다고 꾄다. 참 같잖은 짓이다. 거기에 그치지 않고 '출산지도'를 만든다. 의도의 순수성이 있다고 백번 인정하더라도 참 한심스러운 행정의 구태가 아닐 수 없다. 국민을 '출산이나' 해야 하는 '개, 돼지'로 여기는 것도 아니고 비싼 세금 들여 하는 짓들이라고는. 그렇다고 조롱이나 비판만 하고 있을 일은 아니다.

이미 앞에서 한 차례 언급한 조영태 교수의 『정해진 미래』에 크게 주목할 대목이 있다. 인구학적으로 보면 2030년 대한민국은 2015년의 일본보다 암울하다고 진단한다. 이대로 가다가는 일본처럼 되기는 고사하고 일본만큼도 될 수 없다고 단언한다. 그에 따르면 1972년 신생아가 100만 명이 넘었지만 그들이 자라서 부모가 된 2000년대 초반 신생아 수는 50만 명을 넘은 적이 없다. 불과 한 세대 만에 출생인구가 반

토막 났다. 전쟁을 겪은 것도 아닌데. 경제대국도 아닌데 2030년이면 고령자가 전체 인구의 1/4을 넘어설 것이란다. 어떻게 감당할 것인가. 사회, 기업, 개인을 가릴 것 없이 우리의 삶에 가장 위협적인 요소가 될 초저출산 현상에 대해 뒤늦게 호들갑을 떨고 있다.

그러나 정작 대책다운 대책이 없다. 땜질 식 대증요법뿐이다. 당장 자기네들이 권력과 재력을 움켜쥔 상태에서는 닥칠 문제가 아니니 나 몰라라 외면하며 '언 발에 오줌 누기'로만 대응한다. 이것은 이 시대를 살아가는 사람들로서 직무유기다. 더 늦기 전에 문제의 심각성을 당면한 문제로 인식하여 적극적으로 해결책을 모색해야 한다. 제발 '미래를 기준으로' 사고해야 한다. 한심하게 '출산지도'니 '가임여성지도' 따위를 만들면서 예산 낭비하는 일들은 발상조차 하지 말았어야 한다.

기업은 인재를 모아 업무를 수행하게 함으로써 이익을 얻는다. 그러나 갈수록 전문화된 노동력과 경쟁력 있는 인력이 필요하기 때문에 신입사원 때부터 막대한 비용을 들여 투자하고 교육한다. 대기업에서 1년에 신입사원에 투자하는 비용은 연봉의 수준을 넘는다고 한다. 결코 작은 비용의 투자가 아니다. 그렇게 하지 않으면 기껏 좋은 인력 들여놓고 능력을 확장시키고 더 나은 생산을 기대할 수 없기 때문에 그렇게 큰 비용 아끼지 않고 투자하는 것이다. 요즘은 남녀 구분 없이 입사하기 때문에 당연히 여직원들도 그런 투자와 교육을 받는다. 그러니까 기업의 입장에서는 여직원들이 예전처럼 허드렛일이나 하는, 그래서 업무가 고작 '커피 앤 카피'에 그쳐서 '커리어(career)우먼'이 아니라 말 그대로 '캐리어(carrier)우먼'이 되는 시절이 아니라 각자가 고급인력이다. 그리고 이미 다양한 분야에서 탁월한 성과를 많은 여성들이 이루고 있다. 그런데 그 투자비용을 회수할 정도의 시간과 커리어가 쌓이면 심각한 고민에 부딪힌다. 결혼을 한 뒤 요즘은 경제적 이유와 자기실현의 욕구 때문에 직장을 다닌다 해도 막상 출산의 문제에 직면한다.

아이를 낳게 되면 방법은 크게 세 가지다. 하나는 직장은 포기하고 엄마로만 사는 것이고, 다른 하나는 운 좋게 친정이나 시부모님이 가까이 살면 아이를 맡기는 것이며, 또 다른 하나는 어린이집에 맡기는 것이다. 어떤 선택도 마뜩찮다. 도대체 뻔히 예측되는 이 문제에 대해 지난 기간 동안 무엇을 했는지 묻고 싶다. 나 몰라라 내빼고 있다가 심각한 문제가 구체화되니 호들갑이다. 이제라도 늦지 않다. 방법을 모색해야 한다. 그런데 방법이 있을까? 개인은 개인대로 기업은 기업대로 사회는 사회대로 고민하지만 뾰족한 답이 없는 듯하다. 정말 그럴까?

예를 들어 20층쯤 되는 건물에 1,000명이 근무한다 치자. 그중 여직원이 200명이라 치고 돌봄이 필요한 아이가 있는 직원이 최소화시켜 2, 30명이라 치자. 남직원의 경우도 가능하니 그쯤의 숫자는 채울 수 있다. 기업은 가능한 한 아웃소싱하는 형편에 탁아시설을 직접 운영하기 꺼린다. 어떤 기업도 자체 내에서 직영하려 하지 않을 것이다. 그 비용보다는 차라리 고급인력이라 하더라도 퇴사하는 게 비용 면에서 낫다고 생각할 것이다.

대안은 없는가? 기업과 기관은 공간을 마련해서 제공하고 관리와 운영은 위탁하면 된다. 비용은 기업과 기관이 절반 부담하고 나머지 절반은 수혜자가 부담하면 된다. 한 건물에 단일 기업이 아니라 여러 기업이 있다면 공동출자하면 된다. 그러면 아이와 함께 출퇴근할 수 있다. 교통이나 회식 등 소소한 변수야 있겠지만 아이를 맡길 시설이 직장 내에 있으면 불안도 부담도 크게 줄어든다. 생산성도 높아지고 고급인력의 손실을 막을 수 있다. 그리고 그 기업에 대한 충성도도 높아질 것이다. 생각을 바꾸면 삶이 바뀌고 세상이 변화한다. 당면한 문제라면 구체적인 해법을 찾아야지 기껏 한다는 게 출산장려금 몇 푼 지급하는 따위의 미봉책이나 궁리해서야 되겠는가. 이미 육아는 엄마만의 문제가 아니다. 그것은 아빠의 몫이기도 하고 사회가 떠안아야 할 문제이기도 하다. 좀 더 넓고 길게 본다면(반드시 그래야 한다!) 그것은 국가가 나서서 해결해야 할 문제다. 그렇다면 현실적이고 미래지향적인 방법을 실현해야 한다. 기업이 직원의 육아와 보육에 들이는 비용보다 기껏 투자하고 양성한 고급인력을 놓치는 비용이 훨씬 더 크다. 당장 지갑에서 나가는 돈만 생각하는 기업이라면 아예 사업을 접는 게 낫다.

이제 막 은퇴해서 노년에 접어드는 부모들의 입장에서도 직장 다니는 딸이나 며느리가 맡기는 손자 손녀를 거절하는 게 곤혹스럽다. 조부모 세대를 '황혼육아'의 곤경에서 벗어나게 해줘야 한다. 그렇지 않아도 지금까지 힘든 삶을, 의무의 삶을 마치고 권리의 삶을 겨우 맛보기 시작하는 분들이다. 전업맘도 워킹맘도 힘겹게 하는 '기-승-전-육아'의 '맘고리즘'에 빠져 방전되게 할 일이 아니다. 육아는 엄마만의 몫이 아니다. 사회의 몫이다. 구체적이고 섹시한 대안과 대책을 모색해야 한다. 더 늦기 전에. 절벽이 바로 코앞이다.

유치원의 기적, '기적의 유치원'

EBS의 한 피디가 취재를 위해 일본에 갔다. 그녀는 세 아이의 엄마다. 아이들에게 늘 좀 더 나은 교육의 기회를 주려고 최선을 다했다. 첫 아이는 일찍부터 극성스럽게 가르쳤다. 그러나 결과는 별무신통이고 아이는 아이대로 부모는 부모대로 고생일 뿐이었다. 그래서 둘째는 그 반대로 가르쳤다. 대부분의 부모가 그렇듯 그녀도 많은 시행착오를 거쳤다. 그러다가 〈세계의 교육현장〉이라는 프로그램을 제작하게 되었고 여러 사례를 연구했다. 모범적인 사례도 많았다. 그러나 북유럽 국가들의 교육법은 훌륭하지만 우리 교육 현실과 너무나 동떨어져 그림의 떡과 같았다. 그러다 일본에 눈을 돌렸다.

그렇게 취재를 시작했다. 처음에는 잠깐 취재하면 될 거라 예상했다. 그러나 그녀는 예상보다 훨씬 긴 기간을 머물며 관찰했다. 그 계기는 일본의 '특별한' 유치원이었다. 여러 경로를 통해 만난 유치원을 방문해서 그 현장을 목격하며 입을 다물 수 없을 만큼 놀랐다. 그 결과를 담은 책이 『기적의 유치원』(조혜경 지음)이다.

첫 번째 놀라움은 아이들이 수행하는 능력이었다. 마라톤 거리를 뛰고, 2,500권의 책을 읽는 다섯 살 아이들, 복잡한 암산도 척척 해내는 아이들, 간단한 바이올린 연주쯤은 자유자재로 해내는 세 살 꼬마. 내가 처음 그 대목을 읽었을 때 반응은 '미친놈들의 미친 교육'이라는 불평이었다. 도대체 얼마나 들볶았으면 그런 결과가 나올까. 그러나 놀랍게도 그런 극성스러운 교육은 전혀 없다. 어떻게 그럴 수 있을까. 흥미롭게도 아이들은 햄버거보다 된장국을 더 좋아하고 간단한 요리도 해낸다. 요즘 흔한 아토피와 감기도 모르고 산다. 이렇게 '환상적인' 결과를 어느 누가 마다할까. 그래서 일본의 대도시 엄마들이 아이를 그 유치원에 보내기 위해 아예 이사하는 경우도 많단다. 규슈의 남단 작은 도시 가고시마에서도 더 들어가야 하는 궁벽한 시골에.

두 번째 놀라움은 그 운영방식과 교육의 내용이다. 아이들은 조기교육을 받지 않는다. 마음껏 놀게 한다. 그런데도 자연스럽게 스스로 공부를 찾아서 하고 운동과 음악 학습을 통해 창의력을 마음껏 키운다. 더 놀라운 것은 그 유치원에서 가르치는 선생님들은 정식으로 교육학이나 보육학을 전공한 사람들이 아니고 그 동네의 아주머니들이라는 것이다. 세이시 유치원은 아이들에게 무언가를 가르치고 배우는 데에 열을 올리지 않는다.

그 유치원에서 아이들은 매일 뛰고, 장난치고, 논다. 그런데 그냥 방치하는 게 아니다. 달리기를 통해서는 뚜렷한 목표의식을 스스로 키우게 한다. 뛰는 건 또한 건강을 챙기는 일이기도 하다. 모래 장난을 통해서 친구들과의 협력을 배우고 물놀이에서는 배려와 환경의식을 배운다. 도대체 '가르치는 일'이라곤 없다. 학습목표라는 것도 따로 없다. 그런데 수업에 대한 태도와 집중력이 뛰어나다. 이 유치원을 졸업한 아이들은 책임감이 강하고 친화력도 뛰어나며 친구들을 잘 사귀고 잘 논다. 환상적이지 않은가. 그런데 딱히 유난한 시설이 갖춰진 것도 아니다. 어떻게 이런 일이 가능할까.

세이시 유치원 등의 중심은 특별한 시스템이나 시설이 아니라 엄마와 선생님 등 '사람'이다. 아이의 건강뿐 아니라 두뇌 발달을 위해 맨발 달리기를 시키는 것이 사소한 듯하지만 큰 성과를 얻는다, 조금만 더 어려운 과제를 줌으로써 자신감과 성취의 경험을 만들어준다. 학교에서 개를 키우면서 생명의 소중함을 가르친다. 채소 농장을 직접 일구며 음식에 대한 소중함을 깨닫는다. 그건 우리의 가정과 유치원에서도 충분히 해낼 수 있는 일들이다. 모두 우리가 조금만 신경 쓰면 바꿀 수 있는 것들이다. 이 유치원은 '뭐든지 빨리, 남보다 먼저'라는 조바심과 극성과 '최대한 아이들을 자유롭게, 손대지 않고' 자라게 하는 무조건적인 자율과 방임 모두 아이를 위한 최선의 해법은 아니라는 것을 깨닫게 해준다.

마라톤으로 생각의 크기를 키우며, 달리기가 못 견디게 즐거운 아이들이 다니는 세이시 유치원은 작은 지식을 채우기보다 큰 그릇으로 키우는 것이 가장 큰 교육의 목표다. 잔소리도 훈계도 없이 기적을 일으킨 토리야마 어린이집에서는 아이들이 경쟁을 놀이로 느끼며 2,500권의 책을 읽는다. 프로그램의 피디며 책의 저자는 토리야마 어린이집 아이들을 보고 못하는 것 없는 천재 집단이었다고 토로한다. 세 살짜리가 어려운 책을 술술 읽고, 다섯 살짜리는 주산 7급 자격증을 따며 체육 시간에는 양손 텀블링쯤은 식은 죽 먹기고 제 키보다 높은 뜀틀을 새처럼 훨훨 뛰어넘는 모습을 보면 그러는 것도 무리는 아니다. 그래서 대도시 도쿄에 사는 엄마들이 요코미네 식 교육법으로 유명한 토리야마 어린이집에 입학시키려고 가고시마 현으로 이사한다.

이쯤에서 잠깐 생각해보자. 아이를 위해서라면 어떠한 희생을 치르고서라도 더 좋은 교육환경이 있는 곳으로 가고 싶은 게 부모의 마음이다. 그래서 어떤 수단을 동원해서라도 강남으로 몰린다. 그걸 탓할 수는 없다. 그러나 강남보다 시골의 유치원이나 학교가 훨씬 더 멋지고 결과도 뛰어나며 무엇보다 아이들이 행복할 수 있고 미래 잠재력이 더 월등하다면 굳이 그럴 필요가 없다. 오히려 토리야마 어린이집처럼 아예 시골로 이사할 수도 있다. 그런 방식을 찾아야 한다. 시스템이나 설비 등의 환경이 중심이 아니다. 우리도 할 수 있다. 해야 한다.

저자가 일본의 유치원이나 어린이집을 취재하면서 놀란 것 중 하나는 대부분 원장이 남성이며 가업으로 이어지고 있다는 점이다. 선생님들은 거의 여성이며 나이가 중년이다. 집안일 하는 엄마들처럼 티셔츠 차림에 트레이닝 바지를 입고 앞치마를 두르고 있다. 왜 그 복장이 필요한지는 책을 읽어보면 절로 감탄하며 알게 될 것이다. 선생님들 가운데 유아교육을 전공한 사람은 아무도 없는, 그냥 보통 아줌마, 그냥 시골 아줌마다. 요코미네 원장이 말하는 좋은 선생님의 정의가 신선하다. "좋은 선생님은 아이를 관찰하는 능력이 있는 사람, 그리고 손을 놓을 수 있는 사람입니다." 아이들 한 명 한 명을 세심하게 지켜보고 미세한 변화라도 재빨리 알아내며 아이를 믿고 지켜볼 줄 아는 선생님, 유아교육을 전공하지 않았지만 아이들을 가르친 경험도 풍부하고 그런 경험을 교육에 잘 활용하는 선생님들이다. 그 선생님들은 결코 서두르지 않는다. 그리고 단 한 명도 포기하지 않는다. 물구나무서기를 하는데 못하는 아이들도 기다리면 끝내 해낸다. "삼 년을 기다려도 못하는 아이는 한 명도 없어요. 아이에게 적절한 자극을 주면서 기다려줍니다." 저자의 말처럼 '정말 대단한 시골 아줌마 선생님들'이다.

이 밖에도 귀로 아이의 마음을 읽고 음악과 예절로 아이들의 품격을 키우는 스즈키 음악교육원 가큐슈인, 아이의 품성을 키워주는 메구미 동물원유치원과 성 마거릿 초등학교, 밥이 세상에서 제일 맛있다는 아이들의, 먹을거리 교육의 기적을 만든 요시노 어린이집 등 우리가 조금만 눈을 돌리고 찾으면 실행할 수 있는 멋진 교육 프로그램들이 많다.

유아기는 앞으로 긴 인생을 살아가야 하는 아이들에게 매우 중요한 시기다. 선행학습 따위로 고통을 학습하고 불필요한 인내를 키우는 게 아니라 평생을 살 수 있는 힘의 토대를 마련해야 한다. 무엇보다 행복해야 한다. 조기경쟁은 무의미하다. 당장은 캠퍼주사처럼 효용이 있는 것처럼 보일지 모르지만 미래가치를 만들어내고 자신의 삶을 역동적으로 이끌어가는 힘을 마련해주지 못한다. 환상도 이상도 아니다. 마음만 먹으면 할 수 있다.

당장에 그런 모든 조건을 만족시키는 유치원을 만들 수는 없을 것이다. 하지만 『기적의 유치원』에서 보여주는 사례들은 우리가 큰돈이나 예산 없이도 당장 실천할 수 있는 많은 가능성과 기회를 제공한다. 어린이집이나 유치원이 그냥 직장 다니는 엄마 대신 육아를 담당하고 남보다 뒤처지지 않기 위해 체계적인 학습을 수행하는 곳이 아니어야 한다. 물론 그런 교육철학 가진 유치원들도 있다. 하지만 이제는 생각을 바꾸고 더 멋진 유치원을 마련해서 기적을 만들어야 한다.

나는 이 프로그램을 전국 여러 곳에 설립된 '기적의 도서관'을 중심으로 연계하는 방식을 제안하고 싶다. '기적의 도서관'은 이미 많은 '기적'을 만들어냈다. 어린이들을 위한 도서관이 전혀 없었던 것은 아니지만 '기적의 도서관'은 철저하게 어린이들의 눈높이에 맞춘, 그리고 그들의 상상력과 호기심을 키우는 데에 초점을 맞춘 본격적인 어린이 도서관이었다. 아이들만 이 도서관을 이용한 게 아니다. 부모들이 함께 이 도서관을 찾으면서 새로운 시각과 해석이 형성되었고, 아이들과 부모들의 연대가 왜 필요하고 얼마나 큰 힘을 갖는지 깨닫게 했다. '기적의 도서관'을 경험한 사람들은 어렸을 때부터 책과 친근해질 뿐 아니라 타인에 대한 배려와 공존공생의 필요성을 경험한다. 그런 도서관이 아직 만족할 만한 수준과 수에 미치지 못하는 건 안타깝다. 그리고 그 도서관들도 이제는 어느 정도 매너리즘에 빠진 점도 지적하지 않을 수 없다. 시민들의 만족도가 높다는 것에 만족하거나 다양한 시도와 발전적 연구에 매달려 그보다 훨씬 중요하고 큰 힘을 키울 수 있다는 점에 대해서는 눈을 돌릴 여력이 없기도 하다. 그런 점에서 '기적의 도서관'이 새로운 시대에 새로운 역할을 담당하는 것도 의미가 있을 것이다.

분명 '기적의 유치원'은 '기적의 도서관'과 연계할 수 있다. 현재 각 초등학교에서 병설유치원을 운영하는 것처럼. '기적의 도서관'에는 많은 학부모들이 자원봉사활동을 한다. '내 아이'만 살피는 게 아니라 '우리 아이들'을 챙기며 함께 읽고 생각하고 토론하는 일들을 돕는다. '기적의 도서관'은 또한 다양한 프로그램을 개발하고 다른 여러 '기적의 도서관'들과 연대하며 연구하고 그 내용을 증강시킨다. 따라서 자원봉사자 학부모들은 '기적의 유치원'에서 그 역할을 확장하고 체계화함으로써 자연스럽게 '기적의 도서관'에서의 프로그램을 연계할 수 있고, 도서관은 다양한 프로그램을 유치원과 연동하여 구체화시킬 수 있다. 거기에 『기적의 유치원』에서 발견하게 되는 다양한 시도와 응용으로 내용을 농밀하게 만들 수 있을 것이다.

물론 저항이 없지는 않을 것이다. 무엇보다 기존의 유치원들이 자신들의 고유한 영역을 침해하고 비전문적인 사람들이 유치원을 운영하게 되면 유치원이 갖는 전통적이고 정통적인 내용이 훼손될 수 있다고 비판할 것이다. 그러나 그것은 영역의 침해가 아니라 상호 보완과 확충으로 이어질 수 있다. 문제는 그 연계를 어떠한 방식으로 질적 성장의 문제로 발전시킬 수 있느냐 하는 것이다. 모든 유치원들이 최선을 다해 나름의 역할을 하고 있음은 의심의 여지가 없다. 그러나 아이들을 위탁 보육하거나 선행학습 아닌 선행학습의 역할을 수행하고 있는 것 또한 사실이다. 부모의 입장에서 충분한 유치원 체계와 시설이 있다고 여기지 못하고 비용의 면에서도 결코 가볍지 않다는 점을 고려해도 좋은 대안이 될 수 있을 것이다.

우선 '기적의 도서관'들 가운데 한 곳을 시범적으로 운영해보면서 장단점을 파악하고 개선하여 점차 다른 도서관들로 확장하는 것도 하나의 대안일 수 있다. 무조건 일단 저지르고 보자는 게 아니라, 할 수 있는 일이고 해야 하는 일이라면 더 이상 미루거나 머뭇거리지 말고 최선을 다해 대안을 마련해야 한다. 그게 우리의 미래를 건강하게 만들어가는 주춧돌이 될 수 있다.

대한민국
청년들에게

얼마 전 한 TV 프로그램을 보다가 눈물이 핑 돌고 가슴이 답답했다. 이 나라에서 도저히 희망이 보이지 않아 모든 것을 버리고 다른 나라에 가서 몸으로 부딪치며 고군분투하는 청년들의 모습이었다. 얼마나 절망했으면 저렇게 처절한 선택을 했을까! 물론 더 좋은 일 찾아 외국에 나가는 건 바람직한 일이다. 그런 청년들도 있다. 그러나 그건 극소수고 그나마 대부분 금수저들이다. 한 청년의 쓸쓸한 고백에 결국 평평 울었다.

"택배 아르바이트를 신청했어요. 정식 직원도 아니고 시급 받고 몸 쓰는 일이니 당연히 될 줄 알았죠. 그런데 떨어지더라구요. 다른 지원자 스펙을 보니 장난이 아니더군요. 도대체 왜 저 스펙을 갖고 있는 사람들이 이런 험한 일에 지원할까 싶었습니다. 도저히 희망이 보이지 않습니다. 그래서 떠나기로 했습니다."

아, 도대체 이게 무슨 꼴이란 말인가! 감상(sentiment)의 문제가 아니다. 엄연한 현실이고 분노할 현재다. 그리고 이런 세상을 만들어놓은 기성세대로서 한없이 부끄러운 일이다. 그런 처지에 청년들에게 무슨 말을 할 수 있는가. 죄인일 뿐인데. 청년을 절망시키는 시대는 끝장난 사회고 국가다. 이제라도 정신 바짝 차리고 고쳐나가야 한다. 일차적 책임과 의무는 기성세대의 몫이다. 그러나 청년들도 당당히 맞서 싸우고 능동적으로 사회를 변화시킬 수 있는 선택을 해야 한다. 원망하며 투표를 포기하는 건 최악의 선택이다.

청년은 원대한 꿈을 갖는다. 불완전한 청소년기를 지나 독립적 주체로서 살아가는 성인의 세상에 들어섰다. 품었던 기대를 하나씩 실천하고 완성하는 과정에서 존재의 의미와 가치를 실현하는 시작을 다양한 방식으로 누리는 세대다. 아직 모든 것이 영글지 않고 서툰 것도 많지만 할 수 있는 능력이 훨씬 더 많으며 그것을 실현할 수 있는 기회를 만들고 토대를 쌓은 시기의 주인공이다.

그러나 현실은 맵다. 오로지 공부에만 매달려 정작 꿈을 꿀 시간도 얻지 못한 청소년기의 보상도 막상 별로 얻지 못했고 설령 좋은 대학에 진학했더라도 아무런 미래도 보장되지 않는다. 2013년 기준으로 연세대학교 학생들이 졸업할 때 정규직(좋은 일자리가 아니라) 일자리를 얻은 비율이 고작 28%라는 통계가 우리를 깜짝 놀라게 했다(물론 여기에는 '통계의 함정'이 있다. 요즘은 졸업 이후에도 계속해서 취업이 이루어지기 때문에 '졸업할 때'를 기준으로 한 이 통계가 모든 것을 대변할 수는 없다). 기성세대들은 상상도 못 하는 일이 지금의 청년들에게는 태연하게 자행되고 있다. 그러니 그대들이 얼마나 아프고 힘들겠는가.

이미 대한민국은 1997년 이전과 이후로 나뉘게 되었다. 지금의 청년들은 대부분 그 직전 혹은 이후에 태어났다. 고도성장의 모습도 경험하지 못했고 성장의 과실도 맛보지 못했다. 그리고 그 부채만 떠안고 있다. 그 현실이 개선되기는커녕 오히려 악화되기만 했다. 지금의 기성세대가 부모 세대보다 본격적으로 잘살기 시작한 첫 세대였다면 지금의 청년세대는 부모들보다 가난하기 시작한 첫 세대라고 한다. 오죽하면 매일 7명의 청춘들이 스스로 귀한 목숨을 버리겠는가. 그런 점에서 청년들에게 미안하고 안타깝고 송구하다. 청춘을 마음껏 누려야 하는 시기에 일자리 얻기에 급급하고 사랑마저 미루거나 포기해야 하는 현실이 얼마나 원망스럽겠는가.

그런 처지의 청춘들에게 감히 '청춘은 아프면서 크는 것'이라 말하지 못하겠다. 그건 뻔뻔하고 비겁한 변명이다. 그렇다고 기성의 세상과 사회구조를 혁명적으로 바꾸지도 못하면서 무조건 싸워 이기라는 말할 자격도 없다, 기성세대인 내겐. 그러나 모순과 불의를 보면서 비판하며 저항하지 못하고 금세 절망하고 체념하는 것은 결코 스스로 허용하면 안 될 일이다. 길고 긴 남은 삶을 노예처럼 살 수는 없는 노릇이다. 게다가 그대들 청년들이 노예로 살아서는 안 된다. 어떠한 상황에서도 '나'를 잃어서는 안 된다.

독일의 철학자 피히테(Johann G. Fichte)는 '지성이란 아는 것이 아니라 행동하려는 도덕적 의지'라고 말했다. 피히테는 '나'를 강조한 철학자다. 그에게 '나'란 자아결정 능력을 의미하는 창조적이고 역동적인 힘으로서의 절대적이며 무조건인 단순한 '나'이다. 그것은 그 자신 스스로를 정립하는 주체로서 의심할 수 없는 존재인 동시에 모든 대상을 정립하는 자발적 활동성이다. '나'는 사유와 존재의 온전한 통합이며 주체와 객체의 합일이다. 쉽게 말하자면 모든 생각과 행동의 주인이 되어 책임과 결과를 온전하게 껴안는 것이다.

피히테의 말을 지금의 현실에 그대로 받아들일 까닭은 없다. 당시 독일의 상황 탓이기도 하겠지만 『독일국민에게 고함』에서 보이는 그의 주장에는 분명 국가주의 혹은 전체주의의 요소도 들어 있기 때문이다. 그러나 그가 독일 역사상 처음으로 사회주의국가 이념을 제시했으며 경제를 자본주의적 자유경쟁의 매커니즘에만 맡길 게 아니라 노동의 대가를 전체 국민총생산에서 모든 구성원들에게 공정하게 분배해야 한다고 주장했다는 점을 주목해야 한다. 그런 점은 외면하고 위기의식이나 분위기를 조성하면서 국가주의나 전체주의를 꾀하는 기성세대는 마땅히 비판과 저항의 대상이어야 한다. 그게 보수를 가장한 수구세력의 면목이다.

분명 지금 여러분들의 처지는 암울하고 절망적이다. 청년들을 절망시키고 체념을 학습시킨 중요한 계기는 이명박 정권 때 광우병 저항운동이었다. 청년들에게 돌아가야 할 몫을 엉뚱하게 조국의 산하를 망가뜨리면서 막대한 돈을 쏟아붓고 자신들의 이익만 취한 이명박 정권이 미국에 가서 졸속과 독단으로 검역주권을 포기했을 뿐 아니라 다른 나라에 비해 형편없는 조건으로 미국산 쇠고기를 들여오기로 결정하자 많은 이들이 분노했다. 광우병 운운은 지엽적인 것인데도 정부는 그 문제만 부각했다(심지어 그다음 정권에서도 그런 평가는 변하지 않았다). 수십만 명의 시민들이 광장에 모여 평화롭게 시위했다. 청년들도 대거 참가했다. 무려 두 달 동안 이어진 집회와 시위는 이전까지 역사상 가장 평화로웠고 심지어 축제에 가까웠다. 그러나 정권과 대통령은 거짓 사과를 했을 뿐이고 달라진 것은 아무것도 없었으며 오히려 참여한 시민들과 학생들을 괴롭혔다. 이 과정에서 청년들은 절망을 넘어 체념을 학습했다. 그건 매우 심각한 퇴행이고 손실이었다. 나 살기도 버거운데 사회나 정치문제에 관심 가질 여력도 없다. 돌아오는 건 더욱더 무거운 짐과 절망뿐이다.

그러나 그러한 퇴행을 묵인하거나 재빨리 체념을 학습해서는 안 된다. 미래는 여러분들의 몫이기 때문이다. 조금이라도 나은 삶과 사회를 요구해야 한다. 여러분들의 권리와 의무를 위해 의연히 싸워야 한다. 동시에 그러한 싸움에서 빠져 자신의 잇속만 추구하고 나중에 그 결과물만 나눠 먹으려는 청년들을 가려내야 한다. 그런 자들은 미래를 망칠 부역자가 될 사람들이다. 선배들이 경험한 오류를 반복하지 말아야 한다.

여러분들은 반드시 싸워서 이겨야 한다. 비단 그것이 사회적 투쟁에만 그치는 게 아니다. 누구에게나 무용담이 필요하다. 무용담은 승리 혹은 최소한 투쟁적 방어의 경우에만 해당된다. 하지만 승리가 반드시 눈앞의 그것만 있는 것은 아니다. 긴 호흡으로 싸우고, 함께 싸우며, 큰 싸움에서 승리해야 한다. 혼자만의 승리가 아니라 동시대와 호흡하며 동시대의 청춘들이 함께 그 승리를 누릴 수 있는 그런 싸움, 그런 승리를 추구해야 한다. 흔히 "자신의 스토리를 만들라."고 말하지만 그건 달리 말하자면 '내가 싸워서 이긴 이야기'여야 한다. 더 나아가 '우리가 싸워서 이긴 우리의 이야기'여야 한다. 싸움은 끝나지 않았고 아직 결과는 없어서 이긴 건지 진 건지 모를 때도 많지만 정당하게 싸우는 것 자체가 이미 승리한 것이고 그게 자신의 무용담이며 스토리다.

일단 싸우면 반드시 이겨야 한다. 이긴다는 게 꼭 상대를 꺾고 당장의 승리와 이익을 획득하는 것을 의미하는 건 아니다. 먼저 시민민주주의의 측면에서 더 우월해야 한다. 그게 시민주권의 도덕적 우월성의 근거다. 그리고 어설픈 야합을 배격해야 한다. 함께 싸우되 그 싸움에서 뒷짐 진 채 방관하다 결과물만 받아먹으려는 얍삽한 군상을 가려내야 한다. 혼자 싸우면 힘들고 지치며 때론 손가락질 받기 십상이지만 함께 싸우면 서로 힘이 되고 이겨낼 수 있다. 기성세대들이 그 싸움에 든든한 울타리가 될 수 있는 멋진 투쟁을 기대하며 응원한다.

거듭 말하지만 청년들이 가장 경계해야 할 것은 포기와 체념이다.

생존해야 한다. 생존하는 자가 승자다. 물론 지금의 처지가 너무나 버거워서 생존 자체가 힘들 것이다. 하지만 지금의 상황은 결코 오래가지 않을 것이다. 오래가지 않아야 한다. 그렇게 되면 전체가 망하기 때문이다. 분명 지금 같은 태도가 바뀌지 않는 한 기성세대에게는 믿음을 기대하기 어려울 것이다. 개인적 탐욕에만 몰두하고 사회가 붕괴하는 것을 방임한 책임이 분명히 있다. 그래서 그들의 말이 달갑지 않고 설령 편을 드는 말을 하는 경우에도 양에 차지 않거나 미덥지 않을 수 있다. 그러나 어떤 부모들도 자식들이, 자식 세대들이 더 나쁜 세상에 살기를 바라지는 않는다. 기성세대에 의존해서도, 그들을 외면해서도 안 된다. 연대해야 승리한다. 어차피 미래는 당신들의 것이다. 당신들이 미래의 운전대를 잡게 된다.

나는 청춘들이 동시대의 세계인들과 함께 호흡하기를 희망한다. 우리 사회에만 갇힌 채 절망과 분노만 하는 것은 여러분들에게 어울리지도 않고 그래서도 안 된다. 그러려면 늘 세계의 흐름을 주시하고 면밀하게 분석 비판할 수 있어야 한다. 그러니 신문이건 잡지건 지속적으로 읽어서 나라 밖의 흐름을 주시해야 한다. 여러분들의 컴퓨터 화면에 〈뉴욕타임스〉 등을 띄워놓고 헤드라인이라도 훑어보며 하루를 시작하기를 권한다. 여러분들이 살아갈 세상은 한국에만 갇히지 않고 세계의 삶이어야 한다.

지금 여러분들의 시간은 결코 포기하는 시간일 수 없다. 그래서도 안 된다. 포기하는 청춘은 청춘이 아니다. 맵고 시린 현실에서 청춘 여러분들이 얼마나 힘든 나날을 보내고 있는지 알고 공감하며 응원한다. 시련은 끊임없이 다가오겠지만 우리 모두 힘을 합치면 이겨낼 수 있으리라는 희망을 버리지 말자. 이게 바닥이라 여기고 박차고 올라가자. 그게 여러분들의 몫이고 권리다.

누구에게나 마찬가지지만 여러분들의 삶을 다른 누군가에게 맡기지 말기를 간절히 바란다. 여러분들의 삶은 여러분들이 어떤 생각으로 대하느냐에 따라 결정된다. 이상을 포기하면 안 된다. 이상은 실현되지 않거나 실현되기 매우 어렵다. 그러나 이상을 품을 때 거기로 한 걸음씩 나아간다. 이상을 포기하면 퇴행한다. 밤하늘의 별처럼 어둠 속에 길의 방향을 잡아주는 든든한 별자리가 여러분들의 이상이다. 그 이상이 함께 모여 여러분들이 꿈꾸는 세상으로 나아가라. 그런 여러분들의 삶을, 세상을 응원한다. 여러분들의 삶과 미래에 축복을!

끊임없이 고민하고 투쟁하며 연대하라. 미래에 대해, 여러분들의 세상을 위해!